实践 反思 创新

北京市通州区玉桥中学教学论文集锦

武长亭　主编

台海出版社

图书在版编目（CIP）数据

实践　反思　创新：北京市通州区玉桥中学教学论
文集锦 / 武长亭主编. -- 北京：台海出版社，2022.4

ISBN 978-7-5168-3291-2

Ⅰ. ①实… Ⅱ. ①武… Ⅲ. ①中学—教学研究—文集
Ⅳ. ①G632.0-53

中国版本图书馆CIP数据核字（2022）第063315号

实践　反思　创新：北京市通州区玉桥中学教学论文集锦

主　　编：武长亭

出 版 人：蔡　旭　　　　　封面设计：文人雅士文化传媒
责任编辑：王　艳　　　　　策划编辑：魏善进

出版发行：台海出版社
地　　址：北京市东城区景山东街20号　邮政编码：100009
电　　话：010-64041652（发行，邮购）
传　　真：010-84045799（总编室）
网　　址：www.taimeng.org.cn/thcbs/default.htm
E-mail：thcbs@126.com

经　　销：全国各地新华书店
印　　刷：廊坊市海涛印刷有限公司
本书如有破损、缺页、装订错误，请与本社联系调换

开　　本：710毫米×1000毫米　1/16
字　　数：290千字　　　　　印　　张：18.5
版　　次：2022年4月第1版　　印　　次：2022年4月第1次印刷
书　　号：ISBN 978-7-5168-3291-2

定价：80.00元

本书编委会

主　编：武长亭

组　编：李景峰　卢宝利

编写组名单：（按姓氏首字母拼音顺序排列）

曹海霞　　曹晓春　　陈淑焕　　董　慧　　范君宇

高春杰　　耿玉梅　　何　崴　　金　花　　金满成

金玉香　　李　红　　李宝新　　李景峰　　李景艳

李舒婷　　梁利霞　　刘荆京　　刘利娟　　卢宝利

陆文斌　　马丽明　　潘海平　　彭月芳　　王　新

王富春　　王秀芬　　王雪琴　　王永平　　武长亭

喜　讯　　杨储良　　杨京梅　　尹春录　　岳国新

张　鑫　　赵美英　　郑春红　　周金秀

序　言

　　1994年8月，通州区玉桥中学应运而生，斗转星移，已走过了二十三个年头。今天的玉桥中学以其丰硕的办学成果和独特的学校文化赢得了社会的广泛认可和赞誉，成为莘莘学子向往之地，成为通州区基础教育的一颗璀璨明珠。

　　二十三年来，学校秉承"立足养成教育，促进健康发展"的办学理念，坚持"保障每个学生健康快乐成长，为每个教师搭建成长的平台，为每个家庭培养未来希望"的办学宗旨，以"办学条件标准化，教师队伍专业化，学校管理科学化，校园建设规范化，在本区域内具有一定影响力"为办学目标，注重育人实践和理论探索的结合，鼓励教师从教学中的问题出发，以研代培，以研促教，有效促进了教师专业素养的不断提升，在通州区人民政府三年一次的教育教学成果评优中，获奖成果数量逐年提升：第一届四项、第二届六项、第三届十二项，还有多项成果在市级评奖中获奖。教书育人、读书育己、写书育世，将自己对教育教学的探索与思考、成败与得失撷取下来，相互学习与激励，相互借鉴与促进，以期共享资源、共同进步，这便汇成了这本《实践　反思　创新：北京市通州区玉桥中学教学论文集锦》。本书汇集了2012年以来学校干部教师在教学管理及课堂教学实践中的总结、反思和多种形式的教科成果，其中既有论文或经验总结，又有教学设计，内容涉及教师专业发展、学生学法指导、中小衔接、高效课堂、国学教育、形体健康等多个方面。虽然有的地方显得不够成熟甚至还很稚嫩，但也不乏真知灼见。鸿篇大论不厌其详，点滴之语不争其陋。它凝聚了我校教师在教研、科研方面大胆实践、深入反思、潜心研究的点点心血，展示出我校教师求真务实、奋进创新的感人风采。

　　细读论文集中的一篇篇文稿，可以感受到我校教师谆谆育人的脉动，伏案疾书的身姿，凝神思索的倩影……教育是一门艺术，是一种智慧，是一项智者的工作。希望全体教师认真研读，见贤思齐，吸纳其中的经验，提炼出相应的对策与科学的方法，再回到教学实践中去；坚持与时俱进，把握好教育教学的方向，让睿智充盈自己，让思想强大自己，让人格靓丽自己，让工作伟岸自己，始终走在教育教学改革的前沿。每一名教师都要不断创新，努力提高教研、教科研水平，争做学科带头人和专家型教师，为全面提高教育教学质量，推进素质教育做出更大贡献。

愿本书的出版，成为开启我校教育发展的新篇章。当然，论文集中一些文章尚有观点稚嫩、偏颇、思之未深之处，而且，由于时间仓促，人力有限，也难免疏漏，诚请各位领导、专家及同仁批评指正！是为序。

校长签字 武长亭

2017年9月1日

目录
CONTENTS ■■■

立足校本研究　创科研特色校……………………………………武长亭　001

从学法指导入手培养初中生的良好学习习惯…………………………武长亭　007

利用翻转课堂提高课堂有效性……………………………………武长亭　015

以发展性评价培养学生的良好习惯………………………………武长亭　021

研训一体促进青年教师专业发展…………………………………武长亭　024

走出学校管理的一条智慧路………………………………………武长亭　030

聚焦课堂　改进方法　提高质量…………………………………金玉香　037

强化以人为本　实现教学合一……………………………………金玉香　043

落实小组合作学习　实现师生共赢………………………………李景峰　048

将信息技术应用于课堂　提高教学有效性………………………王　新　053

初中生形体健康问题的成因

　　及对策研究……卢宝利　李宝新　岳国新　曹晓春　郑春红　陆文斌　058

创设教学情境　实现高效课堂……………………………………耿玉梅　069

运用现代信息技术　助力地理实践活动…………………………王秀芬　076

注重课堂反馈　掌握真实信息……………………………………陈淑焕　079

放下架子　别再当"主持人"……………………………………高春杰　084

对初中生自评互评作文的实践与研究……………………………李　红　089

浅议初中数学教学中有序思维的培养……………………………杨储良　101

浅谈新课改下初中地理实验教学的一般策略……………………曹海霞　108

实施发展性评价　促进教师专业化发展

　　——玉桥中学教师专业化评价的反思与改进…………………武长亭　114

增强教育管理能力 提升教师专业素养……………………… 耿玉梅 123

浅谈初中数学课堂提问的设计……………………………… 李景艳 129

以学生为主体 创新初中物理概念教学…………………… 王雪琴 134

关注初中英语复习技巧 让学生"拾零为整"…………… 喜 讯 139

浅谈初中历史教学中学生时空观念的培养……………… 王富春 143

从"被合作"走向"会合作"
　　——初中英语教学合作学习设计略谈…………… 刘利娟 148

运用"培养良好习惯，促进形体健康"记录手册
　　促进学生的形体健康…………………………………… 曹晓春 155

在历史教学中培养学生的创造性思维…………………… 李舒婷 160

勇做"翻转课堂"的实践者………………………………… 高春杰 164

"翻转课堂"在初中物理教学中的实践与思考
　　——以《电功率的计算》一课为例…………………… 梁利霞 170

"翻转课堂"下的初中物理实验教学初探………………… 王雪琴 174

在"翻转课堂"模式中进行记叙文教学………………… 刘荆京 179

美诗美教 陶情润心
　　——浅谈诗词教学中的德育渗透………………… 岳国新 184

春日宴 绿酒一杯歌一遍………………………………… 范君宇 189

对主题吟诵的几点思考………………………………… 董 慧 192

玉桥中学初一学生中小衔接现状调查报告…………… 卢宝利 197

培养学生的学习习惯 做好中小学衔接……………… 何 崴 206

关于中小学文言文教学衔接的实践和思考
　　——教学第十三册语文教材文言文单元案例分析… 马丽明 212

作业习惯养成记………………………………………… 王 新 218

探究中小学音乐课五线谱教学衔接问题……………… 张 鑫 221

培养语文学习习惯 促中小衔接…………………… 尹春录 226

引导学生使用工具书学习文言文……………………… 彭月芳 232

快乐完形直通车………………………………………… 喜 讯 235

对中学篮球课教学现状的研究……………………… 陆文斌 241

培养学习兴趣　提高生物课堂实效性……………………金　花　249

以"问题"为引领　提高学生认知能力……………………王　新　253

如何提高中学生上体育课的积极性………………………金满成　257

利用语篇教学　提高英语阅读能力………………………杨京梅　262

预习是求知过程的良好的开端……………………………潘海平　268

让英语课堂成为学生的"乐"堂……………………………赵美英　274

运用数学错题集　促进学生复习习惯养成………………王永平　278

寓环保教育于生物教学之中………………………………周金秀　283

立足校本研究　创科研特色校

武长亭

科研兴校是教育发展的必然趋势，是学校发展的客观要求，是提升教师专业素养、提高教育质量的有效手段。作为一所普通的初级中学，自1994年建校以来，学校一直坚持严格管理，狠抓课堂教学，教学成绩稳步提高。为了突破学校发展瓶颈，2006年，学校在五年发展规划中明确提出把"科研兴校"作为特色发展方向。经历了"十五"、"十一五"再到"十二五"，我校的教科研能力不断得到加强，学校的科研管理和研究水平不断提高，教科研研究成果显著。在第一届通州区教育教学成果评比中我校获奖四项，在第二届评比中共获奖六项，在第三届评比中获奖十二项。从2003年开始，我校连续多次被评为北京市教科研先进学校，在通州区初中规范校建设过程中，我校教科研工作成果突出，2010年被通州区督导室评为科研特色校，初步实现了学校的科研特色发展目标。

总结十几年的教科研工作，我们深刻体会到，想要学校有发展，教师有成长，教育教学工作有提升，必须要走科研引领的道路，而要做好学校教科研工作，一定要立足校本研究。

一、规范科研管理，营造科研氛围，科研工作要上水平，组织管理是基础，制度管理是保证

（一）抓组织管理，保证教科研工作全面落实

学校领导班子对教科研工作非常重视，成立了教科研工作领导小组，由校长担任组长，并把教科研工作纳入学校的中长期发展规划和每学期的学校工作计划。教科研组活动时间由学校统一安排，保证每月一次的集体活动时间。为了进一步提高教科研工作水平，2011年9月学校设立了教科研处，安排专职的教科研主任，并配有一名教科研组长具体负责，使教科研的管理得到了进一步加强。每学期初，学校教科研工作计划的制订都经过学校领导班子讨论决定，做到统筹安排、落实到位、注重实效。

（二）抓制度管理，保证科研工作质量

随着参与课题研究教师的增多，为了保证教科研工作的质量及课题研究的顺利开展，2010年9月，学校制定了《玉桥中学教科研工作管理办法》，对科研工作的管理、课题立项、成果交流评比等一系列工作提出了明确、具体的要求。2013年又制定了《玉桥中学教科研课题组教师管理办法》，对保证教师参与课题研究起了很好的促进作用。同时，学校在教师的职称评定、骨干教师评定以及各种评优的办法中，将教科研工作纳入其中，进一步调动了干部教师参与科研的积极性，促进了科研工作质量的提升。领导干部带头进行课题研究，教师们主动参与课题研究，学校科研氛围浓厚，2014年学校养成教育课题组招募实验教师，有四十九名教师自愿报名参加；本次"十三五"区级课题申报工作中，我校干部教师申报了二十二项课题，参与教师达百余人次。

二、把关研究课题，立足校本研究

课题研究虽不是学校教科研工作的全部，却是教科研工作的重点。而研究课题的确定更是关系着教科研的引领和导向作用的发挥。我们非常重视课题申报环节，提出教科研工作必须坚持以学校的发展为本，从学校的实际出发，围绕学校的中心工作，结合学校生源、师资和硬件现状，围绕学校发展目标和工作重点确定研究专题。要遵循学生的身心发展规律，尤其要解决学生发展过程中存在的疑难问题，促进学生的健康发展。也就是教科研不仅要研究如何教，而且要研究如何学，二者有机结合，共同发展，不断提高教科研工作的实效性。

作为通州区教育科学"十二五"规划重点课题实验校，近五年学校共承担市级课题两项，区级课题十四项，校级立项课题三十九项。这些课题源于学校、教师和学生的现实发展需要。如"改进学习方法，促中小衔接"课题的研究，是面对初一新生的适应需求进行的；"运用发展性评价理论，培养学生良好习惯"的课题研究，是结合学校德育工作重点之一——学生的养成

教育而进行的；"心理教师与班主任密切合作实施心理健康教育的策略"课题研究，则是针对学生心理问题逐渐增多但学校教育力量不足而进行的。由于这些课题的研究与教师的日常工作密切相关，所以得到广大干部及教师的认可和支持，均取得很好的成果。

教师个人课题的确定更是结合教师个人的工作和专长，根据所教班级学生的特点而确定的。如高春杰老师的"初中生青春期逆反心理行为及对策的研究"，耿红香老师的"以改善初中生亲子关系为突破口促进学生心理健康的行动研究"，陈淑焕老师的"初中数学课堂教学反馈与矫正策略研究"等课题都源于教学实践，源于现实问题，这就保证了课题研究扎实而有效的开展，避免了课题流失问题的出现。

在参与市区级课题研究的过程中，我们遵循"两不两有"的原则，即"不跟风，不盲从，有自己的子课题，有本校的特色"。"十二五"期间，我们参与了多项市级课题的研究，如北京市教委委托北师大进行的北京市"实施发展性评价，促进中小学教育质量提高"课题的研究，由区教科所承担的北京市教育学会课题"中小学生形体健康四维干预体系构建的行动研究"，区德育部承担的市级课题"中小学生涯发展指导课程开发、应用与推广项目"的研究及"北京市教育评价与督导研究课题"、"翻转课堂教学模式"等研究课题。在参与研究的过程中，我们分别确定了自己的研究子课题，并借助高校和专家的优势，促进了学校课题研究的规范性和科学性水平的提高。这些课题无论已经结题，还是正在进行，在总课题组的引领下，均取得了很好的研究成果。

三、在研究中成长，促教师专业发展

教科研工作要提高水平，必须确立教师在教科研工作中的主体地位，让教师成为研究的主人，通过教科研来培养教师、提高教师，为教师的自我发展、价值实现服务。通过参与课题研究，既促进了教师的教育思想、教育观念的更新，又强化了教师专业知识和能力的提高，实现了在实践中研究，在研究中成长。

一是紧紧把握时代脉搏，开展专题研究。"十二五"期间，围绕现代信息技术的应用、新课程教材改革的需求，开展了新教材中想一想和议一议题目

的处理研究、校本教材的编写和使用研究、教师专业发展课题研究等。这些课题的研究为新课程的实施提供了宝贵的经验，取得了良好的效果。如地理教师王秀芬老师所编写的校本教材《生活中的文化地理》获得通州区校本教材评比一等奖，由她所撰写的研究报告还荣获北京市基教研中心课改论文评比一等奖，并在《北京教育教学研究》发表。在"十三五"课题申报中，老师们很好地把握教育改革的方向，确定了"物理开放性科学实践课""历史与语文间的学科渗透""国学经典诵读与健康人格培养""数学教学中的积极心理品质培养""英语教学中的中国传统文化渗透"等研究课题。

二是人人参与，分层管理，抓基本素质、基础教学工作研究。我们按照教师的任教学科、自身科研能力、兴趣、参与度，划分出不同层次，选派科研能力较强、积极性较高、有一定工作经验的骨干教师承担市区级重点科研课题，给任务、压担子。对于新教师和教学能力一般的教师，鼓励他们从研究教材、教法及学生入手，以骨干教师协作组的方式，由骨干教师带动一般教师，以老教师带新教师，实现人人参与课题研究。全体教师以课题为引领，定期组织备课组、教研组集体研讨交流，使教师们养成了在实践中发现问题、在研究中解决问题的习惯。

三是加强教科研培训，提高科研素质，激励教师做学者型、研究型教师。每学期学校都制订详细的科研培训计划，并纳入学校整体工作安排，做到时间、内容、人员三落实。学校以课题研究为引领，边学习，边研究，边培训，使每一个研究课题的完成就是一个系统的培训过程，真正实现让教师在实践中研究、在研究中成长。

通过参与课题研究，教师的科研意识、科研知识和能力有明显进步，一大批科研骨干成长起来。他们不仅自己搞课题，还带动本学科组的教师搞研究；他们不仅是科研工作的骨干，也是学校教育教学工作的中坚力量，教育教学成绩也居于同学科教师的前列，多名教师被评为市区级骨干。

四、注重成果总结推广，发挥引领和示范作用

课题研究的过程其实就是不断地解决问题发现真理的过程。在这一过程中，由于教师的教学经验、教育能力、科研素质参差不齐，教科研的引领和示范作用就显得非常重要。在课题管理过程中，我们注重抓好成果的总结

和推广工作。每学期学校适时组织观摩和研讨活动，组织教师论文、教学设计、课堂教学评优，进行校级教科研成果评比表彰等。此外，在近五年的时间里，我校组织承担了多次市区级的科研成果交流和展示活动，如2011年3月，区形体健康课题组到我校组织研讨观摩活动；2011年5月31日，在我校召开北京市"实施发展性评价，促进中小学教育质量提高"项目组"教师专业化发展"评价研究成果分享交流会，我校干部教师的发言和展示课得到与会的全市九所实验校的领导和老师的好评；2012年12月21日，在我校召开通州区"十二五"课题研究中期成果交流展示会，我校的市级课题"运用发展性评价理论，培养学生良好习惯研究"和区级课题"初中心理健康教育中心理教师与班主任合作策略研究"两个课题的中期研究报告和教师的发言、汇报课都得到了与会领导和教师的认可。2013年3月和2014年12月，通州区德育部在我校召开生涯教育观摩研讨会，北京市教科院、区德育部有关领导教师、全区心理教师参加了活动。2015年12月初，我校的高春杰老师在教育部语言文字应用研究所、教育部语文出版社组织的"语文名师成长大讲堂"第九届主题研修班上为来自全国的校长和语文教师做翻转课堂教学示范课。

这些交流和展示活动不仅为学校和老师提供了更多交流、展示的平台和学习锻炼的机会，也促使我们不断地总结和反思，还让我们了解了更多的教改信息和先进的教育理论与思想，并面对面聆听专家们的指导，受益匪浅。

五、几点体会

回顾发展的历程，有以下几点体会：

（一）校本研究是推动学校发展的发动机

我们以课改实验中的问题为导向，以教师的研究为主体，以调动广大学生学习的主动性、自觉性以及提高教学质量为目的，开展理论紧密联系实际的教学研究，并以此来促进教师的学习，使学校成为"学习型组织"，从而正确把握教育改革的方向，积极推动学校的内涵发展。

（二）科研是教师专业发展的必由之路

通过参与课题研究，老师们不断地学习、思考、实践、总结、提炼，使科研意识得到提高，科研知识逐渐丰富，科研能力不断增强。在十几年的时间里，老师们从对教科研工作的误解中走出来，从对教科研知之甚少到侃侃而谈，从不知教科研论文为何物到学会运用复杂的教育统计方法，从参加教科研小组活动的被动强迫到教师的主动要求，从参与别人的课题到能够独立承担市级课题……在这一过程中，教师的专业素养得到大幅度提升。

（三）浓厚的科研氛围是做好学校科研工作的基础

在过去的管理工作中，我们强调规范和严格有余，忽视了师生主观能动性的发挥。而现在我们在讲规范的同时，鼓励创新和发展，提倡出精品、出特色，全体干部教师的科研意识大幅度提高：校长亲自组织并参与课题研究，干部人人有研究专题，教师积极参与教研教改教科研，不断有贴近课堂、贴近学生、贴近课改一线的研究成果涌现，使我校的教科研工作扎扎实实开展起来，并迈进市级先进校的行列。

在教科研工作中，我们有收获的喜悦，当然也有未能尽如人意的懊悔与伤感，但我们走科研兴校之路的决心始终没有变。为了实现"办学条件标准化，教师队伍优良化，教学管理科学化，校园建设规范化"的总体办学目标，我校教科研工作将继续以扎实的工作作风、认真务实的工作态度、积极向上的工作热情和无私奉献的精神，积极投入教育改革的大潮中，为玉桥中学的发展，为通州教育的振兴贡献我们的一分力量。

从学法指导入手培养初中生的良好学习习惯

武长亭

一、问题的提出

良好的学习习惯对学生学习成绩的提高具有重要的作用，国内外教学研究统计表明，对于绝大多数学生来说，学习的好坏，20%与智力因素相关，80%与非智力因素相关。而在信心、意志、习惯、兴趣、性格等主要非智力因素中，习惯又占有重要位置。尤其对于中小学生而言，养成良好的学习习惯就显得更为重要。

然而，受升学压力的影响，家长以及老师往往更关注学生的学习成绩而忽视了学生良好行为习惯的培养。2007年9月，我校使用周步成教授主编的学习适应性测试问卷（AAT）及座谈等方式，对初一年级四个班的一百七十五名学生进行了调查。发现学生在"学习技术"所包含的"读书笔记""记忆方法""应试方法"三方面得分在中下等以下（在这一等次的已经成为影响学习的重要因素）的分别为28%、31.5%、39.4%，问题较为严重。

另据2009年9月北京市"利用发展性评价，培养良好习惯"项目组对我校初一学生所做的初中生习惯培养现状测评结果显示，我校学生在行为习惯的四个维度（道德习惯、生活习惯、健康习惯、学习习惯）中学习习惯分数也比较低，仅为72.9分，低于全市平均1.8个百分点，位于参评的八所学校的第七位。学生的学习习惯问题严重影响了学习效率，如果不能得到及时的纠正，将影响其一生的学习和发展。正因为如此，长久以来，国内外对于学生学习习惯的研究给予了充分的重视，并取得了丰硕的成果。概括起来可以分为两大类：第一类是从学习过程出发，重学习技术的指导，从而达到转变学习行为的目的；第二类是从提高认识、转变观念入手，重学生的管理和训练，最终达到行为的转变。我校的课题研究工作从学法指导入手，以课堂教学为主渠道，抓住学习过程的各个环节，既强调思想认识的转变，也强化行为的训练，从而促进学生良好学习习惯的养成，提高学习的效率，做到爱学、会学，为终身学习打下良好的基础。

二、研究的主要内容

我校子课题研究的主要内容为：以课堂教学为主渠道，探索培养学生良好习惯的有效途径与方法。研究的主要问题包括：

（1）初中生不良学习习惯的表现和成因；

（2）教师学法指导的途径与方法；

（3）良好学习习惯所包含的主要内容；

（4）年级和班级在良好学习习惯的培养和训练上的途径和作用等。

三、课题研究的方法、过程和手段

（一）研究方法

本课题的研究以行动研究法为主，辅之以实验法、调查法、个案研究法等。以初一年级为研究对象，在校级课题组的统一安排下，每位实验教师根据不同学科、不同班级学生特点等确定不同研究子课题，以课堂教学为主渠道，通过理论分析—实践检验—总结归纳—再实践，最后达到获得科学结论的过程，实现研究的目的和任务。

（二）研究过程手段

1.分析，反思，确定研究方案

收到市课题组反馈后，学校课题负责人立即就前测试结果进行了认真分析并写出详细的反馈报告。随后我们组织召开初一年级组全体班主任及任课教师会，将学校的总体情况通报给教师，并要求每个班主任写出本班的反思改进报告。参与教师虚心学习，认真分析反思，写出了详细的改进计划。

2.培训，研讨，确定研究重点

课题组主要成员利用网络、图书、杂志等查询资料，多次召开课题组会，最终确定学校课题研究的重点，即以课堂为主渠道培养学生良好学习习惯的途径与方法。学校将校级课题研究方案打印下发至每名实验教师手中，并要求十三名实验教师每人确定自己的研究子课题（学校给出推荐课题），并提出要求：每人确定2—3名个别生，作为重点研究和辅导对象，制订转化计划，填写个案记录表。做到个案转化工作有计划、有记录、有效果。

3.抓实验教师培训，提高干部教师科研意识和能力

要保证本课题得以顺利开展，并取得良好的效果，实验教师是关键。而且，参与本课题研究的多数教师都比较年轻，从没有参与过科研课题的研究，所以，在研究过程中，我们从研究课题的确定，到研究方法的选择、数据分析方法、个案的写法、科研论文的写作等，对实验教师进行了系列培训，促进了干部教师科研意识和能力的提高。

4.讲座，指导，培养学生的良好学习习惯

课题研究的最终目标要落实到学生学习习惯的养成上。贯穿整个学年，在初一年级开展"良好学习习惯伴随我成长"主题教育活动。活动分为三个阶段：第一阶段——学习习惯大家谈，以班级为单位宣讲养成良好习惯的重要意义，了解良好学习习惯所包含的内容，请学习习惯较好、学习成绩优异的同学介绍自己的经验和方法；第二阶段——纠正不良学习习惯，引导学生总结反思自己在学习习惯上存在的问题，制定改进提高措施；第三阶段——"快乐学习之星"评比，在学年末评选班级、年级"快乐学习之星"，进行隆重的总结表彰，并总结他们好的学习经验和做法，编辑成册。

配合此项活动，课题组安排实验教师为学生做如何预习、如何提高听课效率等内容的专题讲座多次；各班以主题活动课的方式开展学习方法的交流学习；在课堂教学过程中，教师有针对性给予学法指导，如如何听课，如何记课堂笔记，如何进行总结和归纳等，并有检查有评估。除此以外，课题组召开成果经验交流会，评比表彰优秀论文，起到相互学习和促进的作用，并使研究成果及时得到推广。

四、研究成果

（一）准确把握初一学生不良学习习惯的表现及成因，确定习惯培养目标

通过课题组的前期测试及学校组织的调查问卷、座谈等方式，我们了解到初一新入学学生的不良学习习惯主要表现为以下几方面：一是绝大多数学生没有课前预习、课后复习的习惯，更谈不上有效预习和复习的方法；二是近三分之一的学生不会听课，听课时抓不住老师讲课的重点和难点；三是没有记笔记的习惯，也不知记笔记的用途和方法；四是学习被动，缺乏计划性和条理性，作业用时长，质量差；五是应试心理和应试方法欠缺，大部分学生没有听老师讲过应试方面的知识。造成这些问题的原因主要包括内因和外因两方面。内因：初一新生年龄小，自主学习的意识和能力还不强，而且刚刚升入中学，还没有适应中学的学习生活，学习的难度、压力大幅度增加，很多学生感觉不知所措。外因：小学阶段书本知识难度不大，很多学生边玩边学就能取得较好的成绩，因而教师对习惯的养成关注不够；教师、家长只关注孩子的学习成绩，包办代替、强迫命令、紧盯陪护较多，而忽视孩子学习兴趣、学习习惯的培养；从整个社会的大环境来说，社会对学校的评价更看重升学率，有多少人考上了重点大学，而学校对教师评价的标准也是更关注学生的学习成绩，对学生的基本能力、素养重视不够。

（二）了解良好学习习惯包含的主要内容，实施过程性评价

从学习过程的角度看，我们认为，学习习惯应包含预习的习惯、课堂听课的习惯、记笔记的习惯、作业的习惯、总结复习的习惯、自习的习惯、读书的习惯、资料整理的习惯等。制定了《玉桥中学初一年级学习习惯培养目标及教师工作要求》，其中对每一个学习环节所应具有的良好学习习惯提出明确具体的目标，对班主任及任课教师提出具体的要求，使广大师生在学习习惯培养方面有章可循、有标可依。同时，它还是过程管理的依据，通过对学生的过程性检查、评价，促进学生不断总结反思，改进提高。

（三）从学法指导入手，总结出教师学法指导的有效途径与方法

所谓习惯，就是经过重复练习而巩固下来的思维模式和行为方式。学习习惯，就是在不间断的学习实践中养成的那种自自然然表现出来的学习上的习性。初中生良好学习习惯的养成，离不开教师的指导和培养。而好习惯的养成必须以好的学习方法和技巧的掌握为基础，好的学习方法与技巧更多源于教师的传授。所以，我们确定了从学法指导入手，培养学生良好学习习惯的研究重点。经过一年的尝试，老师们总结出了多种学法指导的方法，即：

1.专题式指导

举办学法指导专题讲座。

2.领悟式指导

学生在教师的提示启发下，自悟学法。

3.迁移式指导

通过教师"举一"，培养学生"反三"的能力。

4.点拨式指导

教师在教学中抓住契机，用画龙点睛、留有余味的方法点拨学生学法。

5.反馈式指导

教师根据学生的学习过程以及学习结果中反馈的信息，对学生进行有针对性的学法指导。

6.训练式指导

教师反复指导学生训练科学的学习方法，达到熟悉掌握、熟练运用的程度。

7.示范式指导

教师运用启发式教学，示范学习方法，然后指导学生进行模仿练习。

8.尝试式指导

教师在讲完某一类学习方法之后让学生尝试着"对号入座"。

9.单个运用

教师在知识学习的关键处暗示某种学法，让学生去探究、去归纳、去发现。

10.归纳式指导

指导学生归纳总结出学习活动中带有规律性的学习方法。

11.矫正式指导

在了解学情的基础上，有针对性地对学生学法上存在的问题进行"矫正治疗"，从而使学生掌握科学的学习方法。

12.交流式指导

教师组织召开先进学法交流会，进行学法指导。

13.对比式指导

通过学生试用或教师试讲不同的学法有不同效果的事例等方式，对学生进行学法指导。

14.兴趣指导

教师通过典型、生动事例，诱发学生对学习学法的兴趣，然后再对学生进行学法指导等。

教师需要针对不同学生、不同学科、不同场合，采取相应的指导方式，追求最好的效果。

（四）实施监测反馈，促良好学习习惯养成

课题研究的重点应放在实施的过程中，而过程中及时的监测、反馈，可以有效把握研究的进程和重点，及时了解研究的成效和问题，保证课题研究的科学性。在课题研究之初，学校进行了"学生学习习惯现状"的调查问卷，认真分析了学生在学习习惯方面存在的主要问题；在市课题组前测数据反馈到学校后，课题组主要成员进行了认真的分析研究，写出了详细的反思改进报告。在课题研究过程中，我们及时召开师生座谈会，了解课题实施的情况，结合学生的平时表现和学习成绩，全面了解学生的现状、变化，有针对性

地提出反思改进意见。

经过深入扎实的工作，我校的课题研究工作取得了明显的效果，学生基本形成良好的学习习惯：早晨到校自觉拿出书本学习，课上积极主动回答问题，作业质量明显提高，很多学生自觉预习、复习，自己整理难题、错题等。很多老师及家长反映，孩子们的学习自觉性较以前有较大提高，知道自己每天该干什么了。

由北师大认知神经科学与学习国家重点实验室心理与学习评价中心进行的对参与课题研究的八所实验校所进行的"学生学习习惯"诊断测试中的前后两次测试数据表明，我校由原来的第七位上升到第五位，尤其在"学习讲效率"这一点上进步较为明显，本校得分与参评学校全体平均分的差值由前测的1.1分下降到0.6分。良好的学习习惯促进了学生学习兴趣、学习成绩的提高，整个初一年级学生学习气氛浓厚，学习成绩不断提高，在第二学期期末考试中，语、数、外三科的优秀率、及格率、平均分均列全区前列。

五、问题与讨论

（一）问题

1.忽视了班级在学生习惯培养中的重要作用

班级是学生生活和学习的集体，对于学生的成长起着重要作用，其相互合作、相互促进的作用同样适用于学生学习习惯的培养。而且，班级是教师授课的最基本形式，学生身心发展的共性更为习惯的培养提供了非常有利的条件。而我们却更关注集体讲座、个别辅导等方式，对班级群体层面关注不够。

2.研究工作缺乏系统性

良好学习习惯的培养不是仅凭几次讲座、几次班会活动就能达到目的的，它需要全体任课教师（尤其不能忽视非中考学科教师的作用）及广大学生家长密切配合才能实现。而我们在实验的过程中对家长和非中考学科教师的作用关注不够，这较大地影响到课题研究效果。

3.对行为训练重视不够

一种习惯的养成有赖于长期的训练（有人认为必须经过21天以上的重复），而我们对学习方法的传授很具体、很丰富，却忽视了行为训练。将方法转化为习惯做得很不够，导致有些学生说起来头头是道，做起来却愁眉苦脸。不仅没有促进学习，还助长了学生夸夸其谈的浮躁之风。

（二）讨论

1.正确处理学习方法传授与习惯培养的关系

很多初中学生尤其是初一的学生缺乏好的学习方法，而良好的学习习惯也需要巩固和形成，但二者之间到底是什么样的关系？有什么样的区别和联系？这些问题必须弄清楚，才能使二者相互促进。这是今后需要进一步研究和讨论的问题。

2.通过科学的量化标准评价学生的习惯水平

教育的量化评价是一个难点，对于学生学习习惯的评价更难把握和实施。本课题研究所实施的测评虽然经过市级专家的精心研究和辛苦操作，但在操作过程中受到家长、教师和学生的主观影响较大，评价结果的某些地方与教师的观察有出入，因而如何将测评实施过程中的人为影响降至最低，如何使测评工作更加科学，如何全面科学地看待测评的结果，也是今后需要研究的问题。

在市课题组专家的指导下，在学校领导和广大初一年级教师的支持和参与下，在全体初一学生的积极努力下，本校课题组基本完成了课题研究方案确定的研究目标，积极探索和总结初中生学习习惯的培养规律，促进了学生学习习惯的养成和学习成绩的提高。但由于种种原因导致干部和教师对课题的投入不够，影响到课题研究的最终成果，需要在今后的工作中改进和提高。

利用翻转课堂提高课堂有效性

武长亭

一、研究背景

关于课程改革中学习方式的变革，《教育规划纲要》中明确指出："信息技术对教育发展具有革命性影响，必须予以高度重视。"信息技术深刻影响着教育的各个方面，教育信息化对教育的改革与发展将起到支撑和引领作用。《国家教育改革与发展纲要（2010—2020）》第三十二条指出："要创新人才培养模式，深化教育教学改革，创新教育教学方法，探索多种培养方式；注重学思结合；倡导启发式、探究式、讨论式、参与式教学，帮助学生学会学习。"现代社会要求青少年应具有很强的适应社会的能力，应学会从多种渠道获得稳定与不稳定、静止与变化的各种知识。教学过程是学生在教师指导下，通过积极参与教学实践活动的主动构建过程和能动的改造过程，从而得到生动活泼主动的发展。因此，课堂教学必须改革。

二、互联网 + 对教育的作用

伴随着新课程改革的实施和信息技术的广泛运用，教学理念的更新已经形成共识，如何运用信息化进行教学模式和学习方式的改革迫在眉睫。课堂教学不再是师生间单一的"教与学"的关系，更多的是主体间平等的对话与互动，传统的课堂教学已无法满足人们的教育需要。然而，在翻转课堂中，信息技术和活动学习为学习者构建出个性化协作式的学习环境，有助于形成新型的学习文化。

基于学校教师和学生核心素养发展的需求，北京市通州区玉桥中学作为通州区第一批教育信息化试点单位，构建学生在信息技术辅助下的自主探究学习教学模式是我校的实验任务。翻转课堂将信息技术与教学融合，凭借信息技术实现课前的自主学习，并且在翻转课堂下，信息技术已经远远突破教学辅助的概念而成为教育不可或缺的工具和要素。同时，我校教师年龄分布出现断档现象。年龄较大的教师，仍然采用传统的课堂教学方法与教学模式；三十岁以下的教师富有活力，渴望研究，但教育科研投入不足，教师参与教育科研的数量和质量不高。面对这一现状，提高教师参与科研的能力和水平，成为学校发展的重要环节。

三、研究目标

本课题通过调查初中课堂教学现状，了解课堂教学当中存在的问题，利用翻转课堂，研究出提高初中课堂教学有效性的教学策略。

四、研究内容

翻转课堂导学案设计与应用研究；翻转课堂微课的使用研究；翻转课堂小组合作学习方式的研究；翻转课堂教学有效性的评价研究。

五、研究方法

行动研究法，选择一线骨干教师，发挥亲历教学实际的优势，在教学实践中研究；文献研究法，搜集整理相关研究资料，为研究做准备；个案研究法，根据不同的教学案例找出其中与信息技术有关的优点和不足；经验总结法，通过记录研究过程中的具体情况，对其进行归纳与分析，使之系统化、理论化，最终上升为经验。

六、研究过程

准备阶段进行课题研究的前期准备工作，收集相关课题信息，多方论证后成立学校课题组，确定成员分工及具体研究内容，撰写课题研究方案，进行课题申报。

研究实施阶段召开课题研究开题会，区研修中心专家到校指导，提出修改意见；请专家对参与研究的教师进行辅导，通过案例观摩、面对面指导、听评课等方式，对教师、学生进行全方位指导；根据研究方案，启动课题研究；及时收集研究信息，注意调控，不断完善操作过程；定期召开研讨会，总结交流经验。

总结阶段与结题阶段进行课题研究成果的收集与整理：收集整理论文、课例、课件、典型案例光盘等，总结经验；完成课题研究报告。

七、研究成果

（一）发挥导学案作用，满足学生自主学习的需要

翻转课堂把知识的传递放在课外，把知识的内化放在课内，无论课内与课外都突出了学生的自主学习。导学案的使用，让学生可以始终清楚本节课的学习目标，为学生指明学习的方向。层次分明的导学案能给学生指明具体的学习任务，不同的课堂环节学生知道自己该做什么；精练的导学案能提高学生的阅读效率，减轻学生从复杂背景中提取有效信息的负担。

（二）微课教学，发挥信息技术优势

微课在课堂教学中的应用，使得教师能更精准地把握所讲内容的情绪和状态，以期达到最佳的教学效果；可以围绕教学的内容进行进一步深化和讲解，将教材内容与实际生活、社会科学等联系到一起，丰富教学的形式，促进学生的理解；教师的角色从内容的呈现者转变为学生的教练，让教师有时间与学生交谈、回答学生的问题、参与学习小组、对每位学生的学习进行个性指导。

（三）运用小组互助合作策略，促进学习目标的达成

小组合作学习旨在促进学生在小组中互助合作，达成共同的学习目标。翻转课堂全面提升了课堂的互动，但真正行之有效地开展小组合作学习需要理性的观察和分析课堂，而小组合作学习不同程度地存在花架子和假合作的问题，对此，课题组经讨论，就如何进行合作交流达成以下几个共识。

第一，合作式探究小组的创建。一是遵循一定的原则，按"组间同质，组内异质"的原则，把不同层次的学生重新组合为多个学习小组。二是有一个卓越的组长。三是建立小组共同的愿景，愿景的设置要切实可行，必须是大家一致同意的共同规划。四是全方位进行沟通和交流，小组内部沟通遵循平等原则，沟通过程遵循畅通原则，要让各种观点相互碰撞，让小组成员观

点在沟通中达成一致，进而行动一致。五是讲究课桌的排列，比较好的就是圆形的台子或排成"O"形，还可以把桌子排成"田"字形。

第二，合作式探究的问题设计。首先，探究问题的特征。一是问题设计要有思维含量，问题的选择要具体考虑教学目标以及学习者的知识、技能水平和动机、态度等因素。二是问题应靠近学生的"最近发展区"，从最近发展区出发，设计问题串，难度要适中，由浅入深。三是问题应是学生感兴趣的，能够激发学生的兴趣。四是问题的设置要有一定的梯度，由易到难，让不同层次的学生都享受解决问题、获得成功的愉悦。五是问题的设置应具有生成性，教师应以巨大的热情去分析这些问题，以敏锐的眼光区别、归纳、综合这些问题，及时设计相应问题，把它们纳入学生的探究活动中。其次，探究问题的呈现。一是问题的呈现方式，包括传统的口头提问和书面提问。教师应该设计关键性的问题，并给学生充分的思考时间。二是问题的呈现时机。提问的时机应是预见性的，当教学达到关键处时，当教学达到疑难处时，当教学达到提升处时，当教学达到矛盾处时，都是呈现问题的好时机。三是问题的呈现密度。提问要切中要害，就必须少而精，应该抓住关键性和本质性的问题。

第三，合作式探究的课堂组织和调控。首先是对于合作式探究的课堂组织。一是探究之前要引导。教师先有计划地引入教学的内容；然后有步骤、按计划地向学生提供诱发、引导性的线索；最后则强调由学生自己归纳探究的整个步骤，以做到心中有数。二是探究之中要点拨。教师要深入各讨论小组，及时了解探究的进程、遇到的困难，并给予恰当的指导。三是探究之后要总结。有时学生探究得很顺利，教师要加以赞赏；有时学生探究并不顺利，教师要针对探究中存在的问题进行分析指导，并提供合理有序的操作方法。其次是合作式探究的课堂调控。一是练习的控制。练习的难易应考虑学生身心发展的客观规律。二是教学反馈信息的控制。要把握正确的教学反馈信息，反馈信息要简洁，反馈要及时。三是教师的自我控制。教师必须充分利用感官捕捉学生反馈的信息，以随时修正讲授速度及方式。四是纪律的控制。课堂纪律必须由师生共同管理，师生间的融洽关系需要建立在良好纪律的基础上。五是时间的控制。限制讨论和汇报时间，制定常规流程。

（四）多方位评价，提高课堂教学有效性

一是评价标准要因人而异。对于不同层次的学生，教师要有不同的评价标准，在评价过程中要区别对待，注重发展性评价。二是评价内容要多样化。除了学习上的良好表现，对于学生在课堂上表现出来的良好的思想品质和道德情操、正确的文化观等都要给予及时的肯定和表扬。三是注重过程性评价。在具体的学习过程中，教师要有目的地选择合适的科学探究问题，对应探究要素的各个环节中学生分担的任务和完成情况进行自评和互评。在课题研究过程中，课题组教师在不断反思改进提高中，终于形成了课堂教学评价的准备、倾听、互动、目标等二十个方面六十八个观察点，以此来评价教学的有效性。

八、研究结果

更新了教师的教学理念。一是教师成为探究学习活动的开发者和营造者。教师开始善于启发学生发现问题和提出问题，培养学生发现问题的能力；努力创造宽松、愉快、和谐、民主的良好氛围，给予学生畅所欲言的安全学习环境。二是教师成为合作式探究学习的组织者和调控者。教师在转变教学观念、优化自身教学行为的同时，还要十分重视转变学生的学习观念，对探究过程中出现的错误或不良行为进行调控，促使学生学习方式的改变。三是教师成为合作式探究的参与者、引导者和追问者。四是教师成为学生交流评价的指导者和全面发展的促进者。合作式探究学习完成后，教师应对学生合作式探究学习的情况进行反馈、评价，评价方式以激励为主，依据小组总体成绩决定奖励或表扬，形成"组内成员合作、组间成员竞争"的新格局，使整个评价的重心由鼓励个人竞争达标转向促使伙伴合作达标。

提高了教师的信息素养、教学水平和研究能力。教师的现代教学理念能够较好地通过教学体现出来，能够确立正确的教学目标，并科学地将信息技术整合到教与学的过程中。教师有意识地将信息技术应用到各学科教学过程中，使各种教学资源、各个教学要素和教学环节，经过整合、融合，在整体优化的基础上产生聚集效应，从而促进以教师为中心的教学结构与教学模式的变革，达到培养学生创新精神与实践能力的目标。此外，通过课题活动，

教师的教育科研意识和能力都得到加强，新的课程观、质量观、教学观逐步形成。课题组成员在实践中，不断地总结经验教训，养成了及时总结写出论文、案例的习惯，取得了一系列成绩。在参与课题研究过程中，课题组成员积极参加各类比赛，有四十余人次撰写的参与课题研究的论文、教学设计、微课、课例在全国、市、区获奖。

激发学习兴趣，促进了学生的能力发展。一是提升了学生的反思能力。学生将自己的反思总结在组内展示交流，通过这种形式总结自己的进步，反思自己的不足，汲取他人值得借鉴的经验。二是培养了学生阅读教材的习惯和能力。实施翻转课堂，学生在课上通过阅读教材，良好的阅读习惯初步形成，阅读能力不断提升。三是提高了学生的问题意识和创新意识。每一节课，学生始终处在思考、分析、探索、提高的状态中，思维活跃，认识深刻，分析问题、解决问题的能力逐渐提高，创新意识明显增强。

促进学校信息技术环境建设，提高了整体办学水平。自课题开展以来，我校校长深入课题研究，积极开展各项活动，组织课题组教师深入课堂进行听课、评课，亲力亲为，为课题的有效开展奠定了坚实的基础。特别是得到了区教委的鼎力支持，投入专用资金为学校配备Pad，建立Pad专用教室，保证了我校教师的信息技术水平位于全区前列。2018年4月12日在我校召开全区"信息技术下的教学改革实践"现场会，全区近三百人观摩，并且得到了北师大专家的好评。

可以说，课题的开展对学校的信息技术环境建设起到了一定的促进作用，进而提高了整体办学水平。

以发展性评价培养学生的良好习惯

武长亭

一、研究背景

习惯决定命运。一个人从小养成的良好行为习惯，不仅会使他的那些好的行为方式得到巩固，而且可以转化为他内在的性格、情操、道德观念，成为他为人处世的基础、建功立业的基础和一生幸福的基础。

2009年北京市通州区玉桥中学参与了北京市教委委托、北京师范大学认知神经科学与学习国家重点实验室心理与评价中心承担的科研课题"实施发展性评价，促进中小学教育质量提高"项目组的研究。在参与本课题研究的过程中，学校对发展性评价理论有了进一步的了解，而且该课题组研制出了一套"初中生习惯培养"网络测评工具。在此基础上，学校确定了"利用发展性评价理论，培养学生良好习惯的方法研究"的研究专题，试图通过此课题的研究，促进学生良好习惯的养成，推动学校养成教育工作的系列化、科学化。

二、主要概念界定

发展性评价。发展性评价是20世纪80年代以后发展起来的一种关于教育评价的最新理念。通过系统地搜集评价信息和进行分析，对评价者和评价对象双方的教育活动进行价值判断，实现评价者和评价对象共同商定发展目标的过程。

习惯及习惯培养。习惯的力量是巨大的，人一旦养成一个习惯，就会不自觉地在这个轨道上运行。良好的行为习惯不是先天遗传的，也不是自然产生的，而是经历长期的环境熏陶、行为的重复训练、主观意志努力而形成的。

三、研究主要内容

发展性评价主要包含四个要旨，即它是对发展者的发展水平、发展潜力的评价，是自己与自己的纵向比较，是为了明确主体发展的优势与不足，强调过程评价、个体差异、评价主体多元化以及评价者和评价对象共同商定发展目标。本课题研究的主要内容，就是在这一理论的指导下，确定习惯培养的步骤，并将其高度抽象和概括，从而成为中学生习惯培养的具有较强操作性的一套完整的方法。

四、研究方法、手段

本课题的研究采用行动研究法。本课题是基于校本研究而确定的，通过评价手段发现实践中的问题，然后确定反思改进计划，到实践中落实，再到评价、反思、改进，最后获得科学的结论。此外，在研究的过程中，将北京师范大学认知神经科学与学习国家重点实验室心理与评价中心研制的"初中生习惯培养"测评系统为评价工具。对学生进行实验和前测、后测，并辅之自编问卷，对部分学生及家长进行有关问卷调查。通过个案研究，探究出良好习惯养成和不良习惯纠正的规律，从个别经验中总结出初中生习惯培养的一般性规律。

五、实施过程

本课题研究计划从2010年9月至2013年8月，历时三年。课题组成员的组成包括现在初三年级的年级主任和12班的班主任（从初一开始，到初三结束）。

六、研究结果

依据发展性评价理论，学校提出了"四步八字"习惯培养法，即把习惯培养过程分为四步，每一步分别从教师及学生角度提出具体的要求或操作方法。具体做法如下：

第一步："知"和"明"。所谓"知"，即教师要知道学生习惯培养的意义和内容，了解学生习惯发展的现状。所谓"明"，即学生要明确习惯培养目标，明确自身发展的不足。

第二步："立"和"定"。所谓"立"，即教师确立行为的规范。所谓"定"，即学生制订自己的习惯培养行动计划。

第三步："导"和"行"。所谓"导"，即教师引导学生落实行动计划。所谓"行"，即学生按照计划去行动和实践。

第四步："评"和"思"。所谓"评"，即组织多元评价主体参与习惯培养的过程性评价。所谓"思"，即学生反思自己的进步与不足。

习惯培养并非只经过以上四步就可以完成，它是一个循环往复的过程。学生通过反思进一步明确自身发展的不足，明确新的培养目标，开始新的行动。

七、初步结论

此课题的研究经历了两年多的时间，取得了初步成效。其间得到了教科研部的领导和老师们给予的具体有效的指导，从而保证了此课题得以顺利地开展。其研究效果主要表现在：一是实验班学生的行为习惯发生了明显的变化；二是促进了干部教师科研意识和科研能力的提升；三是提高了全校养成教育工作的科学性和实效性。在此课题的研究中学校虽然取得了很好的效果，但也存在一些问题，如在此课题的研究过程中，班主任、年级组投入较多，而多数任课教师还没有积极参与进来；研究的结果需要进一步的总结和概括；研究过程中一些好的做法及成果的总结、提炼不够及时，成果的交流和推广不够等。

下一阶段学校将继续落实《玉桥中学行为习惯培养实施方案》，重点落实校本教材《养成教育读本》的使用，使其作为教师实施养成教育、培养良好习惯的抓手，使习惯培养工作更加系统而规范。进一步加强成果的总结和交流，促进学校养成教育工作的全面开展，使习惯培养不仅仅关注学生行为的转变，而且站在培养学生健全人格的高度，为学生的健康成长而不断探索和努力。

研训一体促进青年教师专业发展

武长亭

长期以来，教育在研与训上一直是"互不理睬"。研，由教研部门开展教研活动；训，由师训部门实施培训课程。二者各行其道，无法形成合力，制约了教育的发展。因此，"研训一体"培养模式应运而生。"研训一体"提高了学校教师培训工作的实效性，促进了青年教师专业素养的全面快速提升和一支高水平教师队伍的形成。

一、研究背景

（一）选题缘由

一是教育的发展需要一大批高素质的教师。教育强国的新要求、新课程改革发展、现代网络和信息技术应用等都要求必须要重视和加强教师培养培训工作。建设高水平的教师队伍，必须提高教师队伍的总体素质和专业化水平，要按照"有理想信念、有道德情操、有扎实学识、有仁爱之心"的标准，做好教师培养和培训工作。

二是青年教师数量多，培训任务重。最近几年，学校青年教师数量和比例逐年提高。在一百二十二名专任教师中，处于适应期（入职三年以内）和成长期（三至五年）的教师占48%，五年内将退休的（停滞期）占30%，而成熟期的中青年教师只占20%左右。这一年龄结构带来的问题是青年教师的培养任务重，学校中坚力量不足，对学校教学工作的正常开展产生了一定的不利影响。这些青年教师在职业理想、教育观念、专业知识水平、教学监控能力及教学行为与策略等方面存在这样或那样的问题。因此，如何使青年教师快速成长起来，全面高效地做好青年教师培训，是学校现阶段面临的一个紧迫任务。

三是以往培训工作中研训分离，导致资源和时间浪费。学校以往的青年教师培养工作，团委、工会、教务、政教等各部门都在做，但是培训内容随意性大，针对性不强；各部门培训活动时间安排经常发生冲突；有时也会出现多个部门在同一时间段培训内容相同或相似的问题。这些问题可以简单概括为"四多四少"：即重叠、重复性培训多，有特色的培训活动少；专家集体讲座多，针对教师个体的培训少；听课、观摩多，具体方法的指导少；学校强迫要求多，教师主动参与的少。这些问题不仅导致资源和时间的浪费，也增加了教师的负担，影响了教师参与培训的积极性，使培训效果大打折扣。

（二）研究目的与意义

通过"研训一体"培养模式，对教研、教育科研和教师培训三者在目标、内容和形式上做总体设计，相互融合，有机整合，保证教师专业发展培训工作的多维、持续和高效，激发青年教师参与培训的积极性，提高学校教师培训工作的实效性，促进青年教师专业素养的全面快速提升和一支高水平教师队伍的形成。通过该课题的研究，不仅为学校青年教师培养提供有效的策略与方法，还将带动学校教师队伍的整体建设，为学校健康发展奠定基础。

二、概念界定

研训一体。研即研究，包括教研和教育科研；训即教师培训。所谓"研训一体"，就是将教研、教育科研和教师培训相互关联的三者在目标、内容和形式上有机整合，全面促进教师专业发展。

教师专业发展。教师专业发展就是以教师为主体的教师成长过程，在这个过程中，教师的专业知识得以丰富，教学技能日渐纯熟，与教学活动相关的理论、能力、情感特质都得以发展。这方面我们更认同申继亮教授的提法，即教师专业发展的内容包括职业理想、教育观念、知识结构和教育教学能力。

策略。《现代汉语词典》中的解释为：①在政治斗争中，为实现一定的战略任务，根据形势的发展而制定的行动方针和斗争形式。②泛指善于灵活运用适合当时情况的斗争方式和方法。《现代经济词典》的解释为：在博弈论中，指博弈参与者在给定信息集的情况下的行动规则。

本课题研究所指的教师培训策略，是指学校在教师培训中所采取的原则、手段和方法。

三、研究目标和内容

研究目标为通过本课题的研究，理清教研、科研、教师培训三者的关系，找到一套学校在青年教师培养、培训工作中"研训一体"培训模式下的组织领导、培养实施、效果评价的有效策略和方法，构建"以学校为基础（出发点和归宿），以教师为主体（价值取向），以教学为根本（操作方式）"的教师培养体系，切实提高青年教师培训实效，促进教师专业素养的全面提升，促进学校的全面发展。

研究内容一是研训分离的现状及问题分析研究。"研训一体"的教师培养方式，是针对传统的研训分离培训现状所产生的问题而提出的，所以，要想使"研训一体"的培训取得更好的效果，必须对研训分离的培训现状及问题有清楚准确的认识和了解。本课题研究的第一步就是对学校研训分离的现状及问题进行了解和分析，理清教研、科研、培训三者的关系，从而抓住问题的实质，为"研训一体"的培训提出更有效的策略奠定基础。

二是"研训一体"青年教师培养策略研究。从运行机制、管理方式、培养（培训）的实践操作等方面探索培养策略。

四、具体做法

加强组织领导，实现研训组织管理一体化。为了解决以往教师培训工作中随意性大和各部门间培训时间冲突、内容重复的问题，实现各部门培训工作的协调一致，学校调整了干部分工，成立了由笔者直接负责，由德育副校长、教学副校长、教务主任、工会主席、教科研主任、团委书记组成的教师培训工作领导小组和课题研究小组。

学校统一制定教师研训培养方案，学期初制订培训计划。党、政、工、团等部门在此基础上制订自己的培训计划。各部门计划做到各有侧重，内容不重复，人员不交叉，时间统一安排，保证了教师培训工作的有序开展，培训效率大大提高。

开展需求调查。不同发展时期、不同年龄阶段教师的成长需求不同。为了更好地了解教师的需要，使教师培养工作更有针对性，我们首先从教育观念、专业态度和动机、专业知识、教育能力、职业发展需求等方面对教师进行了问卷调查。

根据调查结果，学校干部专门召开会议，分析数据，讨论制定本学期教师培养的重点内容：青年教师以专业态度、动机和能力培训为重点内容，成熟期教师以新技术、新理论培训为重点内容，停滞期教师以专业的情感、信念培训为重点内容。

在此基础上，将教师培训对象和内容纳入各相关部门计划，如青年教师由继教办负责，教学人员的课程培训、骨干教师培训、课堂教学培训由教务处负责，团委、工会以师德、师风教育培训为主，科研处负责科研课题和项目研究指导，政教处负责班主任工作、心理工作方面的培训。这样，全校一盘棋，统筹安排，各司其职，各负其责，培训效果明显。

突出培养重点，抓好青年教师培养。由于青年教师数量逐年增多，本学期三十五岁以下青年教师占专任教师总人数的38%，所以，我们把青年教师作为培养的重点，学校责成一名中层领导干部专门负责。学期初有计划，期末有总结，过程中有检查评比。培训内容包括教师基本功、师德师风建设、教育教学管理能力等系列化内容；培训形式包括师徒结对、专题专家讲座、专家视导、征文演讲活动、听课评课、外出参观学习等，并每年评选和表彰校级优秀青年教师，通过学校广播和电子屏大力宣传他们的先进事迹，树立榜样，弘扬正气。

以研促培，用科研引领教师发展。课题研究的过程，既是问题解决的过程，也是教师专业素养提高的过程。由于我们的课题（项目）多数源于学校发展的需要和教师教育教学中的实际问题，所以课题研究过程中的理论观念、技术方法等就是教师培训的关注点。

在研究过程中，依据课题进展和需要，安排教科研常识性内容的培训。同时也会有与课题研究内容相关理论、政策的学习与解读，学科专业理论方法的培训等。如我们"心理健康教育校本课程设计与开发"的研究课题，曾组织教师研读教育部《中小学心理健康教育指导纲要》和《北京市中小学和职业学校心理健康教育工作纲要》，组织"中学生心理问题及对策""主题心理活动课的设计"等专题讲座。"信息技术环境下的电子白板和Pad混合式教学模式研究"课题研究过程,包括从最简单的白板和Pad的操作系统的使用,到课程的设计、相关软件的应用等系列内容的培训。

由于我们重视研究过程中的培训,我校的课题研究工作成果显著。2019年11月13日,通州区学习策略研究工作交流会在学校召开,学校教师主讲的四节观摩课和学校课题研究工作汇报得到与会六十多名领导和老师的好评。该年度国学教育、心理健康、翻转课堂等多项课题研究成果也在北京市科研成果评比中获奖,八项区级、三项市级课题顺利结题。

2019年,学校又有六项课题在区级立项,"现代信息技术与学科教学有机融合的方法研究"课题在北京教育信息中心立项。今年9月由笔者主持的"玉桥中学青年教师专业发展'研训一体'培养策略的实践研究"课题在北京教育学院教师培训立项。

五、效果

在上级有关部门的大力支持下,在本校老师的积极努力下,学校的教师队伍整体素质得到了全面提升,市区骨干数量不断增多,教学成绩稳中有升。2019年各学科承担了区级观摩课、研究课二十三节,论文、课例、教学设计在区级以上评比中获奖或文章发表二百四十余人次。

教师的信息技术应用能力和水平大幅度提高,微课、Pad引入课堂,激发了学生学习的兴趣和自主学习能力,提高了课堂教学的效率。2018年4月,区教委"信息技术下的课堂教学改革"现场会在学校召开,会上学校的经验总结发言和四位老师的观摩课受到与会者好评。

老师们用先进的理念和技术武装自己,在本职岗位上不断创新,成绩突出:高春杰老师在2018年第十一届全国中小学创新课堂教学实践观摩活动教学课评比中获一等奖,王新老师在2018年创新教育实践培训活动暨创新教学课例评比活动中获一等奖,在全国第三届中小学数字化教学评优中获得课例评比一等奖;耿玉梅等四名老师在全国第三届中小学数字化教学评优中获得二等奖;李美英老师荣获第三十一届北京市中小学紫禁杯优秀班主任一等奖;高春杰、禹海燕、耿红香老师分别在中国高等教育学会教师教育分会第二届年会举办的优秀科研成果评审中荣获教学论文类一等奖。

教研、科研和培训是不可分割的。两年来，我们以教研为基础，以科研为途径，以培训为手段，基本构建起具有学校特色的教师培养培训体系，取得了1+1+1＞3的效果。2019年11月，本课题研究报告《坚持"研训一体"，促教师专业素养全面提升》获北京市首届"教师专业能力"教育教学研究成果二等奖。

随着时代的发展，新的课程理念、新的教材、新的课程评价观，强烈冲击着现有的教师教育体系，对教育工作者提出了新的更高的要求。教师只有不断学习、提高，才能够适应新形势的需要。学校应努力为教师搭建发展的平台，满足教师发展的需要，才能建立起一支高水平、高素质的教师队伍，从而为学生的发展、学校的发展提供强有力的保障。今后我们将继续努力，不断实践创新，让学校成为教师专业发展的沃土，从而培养更多优质的学生，建成通州区最优质的初中校。

走出学校管理的一条智慧路

武长亭

"蓝色的天空像大海一样，通州的大地上洒满阳光。古运河畔，玉带路旁，一颗新星闪烁光芒……玉桥中学我的摇篮。我们在您的怀抱里，你的哺育下茁壮成长。"一曲动听的校歌唱出北京市通州区玉桥中学学生的心声，这是一所积极向上的校园，这是一所促进教师成长的校园，更是孕育优秀学子、助力生命发展的校园。

北京市通州区玉桥中学始建于1994年8月，是一所只有二十二年历史的年轻学校，学校占地17340平方米，建筑面积11585平方米，现有36个教学班，151名教职工，1280名学生。属于全日制公办初中校，也是通州区最大的初中校。

学校建校时间虽短，但早已跻身通州区办学优质校行列。从1997年首届毕业生开始的二十届毕业生中，有十六年学校被评为"初三毕业班工作优秀校"，六次被评为北京市"教育科研先进校"，2016年学校成为北京市第三批"学校文化建设示范校"。建校以来，学校先后培养出市、区级骨干教师三十名，北京市"紫金杯"优秀班主任八人，通州区优秀班主任十八人，十一位教师在通州区课堂评优活动中获得"春华杯""秋实杯"奖项。

建校以来，学校始终坚持"立足养成教育 促进健康发展"的办学理念，凝结出"自信和谐勤奋为国"的校训，"保障每个学生健康快乐成长，为每个教师搭建成长的平台，为每个家庭培养未来希望"是学校的办学宗旨；"办学条件优质化，队伍建设专业化，教学管理精细化，校园建设现代化，在本区域内具有一定影响力"是学校追求的办学目标。近年来，在办学过程中，学校又逐步形成了"养成为主，艺体为辅"的教育模式，并以此为基础，立志把学生培养成为具有良好的道德习惯、学习习惯、生活习惯、健康习惯的优秀少年，为学生的健康人生奠定坚实的基础。

一、打造养成教育，浸润师生成长

美国心理学家威廉·詹姆士说过这样一句话："播下一个行动，收获一种习惯；播下一种习惯，收获一种性格；播下一种性格，收获一种命运。"我国著名教育家叶圣陶先生也说过："什么是教育？简单一句话，就是要养成良好的习惯。"可见，抓好养成教育是一件多么重要的事情。小而言之，对于学生的全面发展，大而言之，对于提高全民族的综合素质都有着十分重要的作用。

二、为何以养成教育为学校工作之首

第一，习惯的培养与人的终身发展密切相关。俄国教育家乌申斯基说："好习惯是人在神经系统中存放的资本，这个资本会不断增长，一个人毕生都可以享受它的利息。而坏习惯是道德上无法偿清的债务，这种债务能以不断增长的利息折磨人，使他最好的创举失败，并把他引到道德破产的地步。"这一论断告诉我们：一个人从小养成的良好行为习惯，不仅会使那些好的行为方式得到巩固，而且可以转化为内在的性格、情操、道德观念，为正确地为人处世、建功立业和一生幸福奠定基础。

第二，初中阶段是孩子形成良好习惯的关键期。首先，初中阶段是学生个性发展特别是品德发展变化的关键期，许多良好的品德是在此阶段开始得到强化和巩固的；其次，中学生感知觉的发展，使其习惯培养能够由被动向主动、由无意向有意的方向发展，这就为转变不良习惯提供了可能；最后，中学生记忆、想象和思维的发展，为强调"智慧性习惯"的培养奠定了基础。

第三，培养良好习惯是玉桥中学持续、稳步发展的保证。玉桥中学地处城乡接合部，学生来源复杂，整体素质不高，学校周边环境不良影响较大，学生家庭对学生学习成绩关注有余而对学习成长过程关注不足，学生被动学习、应付家长现象普遍。为提高学校声誉，转变学生和家长的错误认识，自1994年建校以来，学校一直坚持把学生的良好行为习惯的养成放在首位，作为学校持续、稳步发展的第一要务来抓。怎样把养成教育抓出成效？学校抓养成教育的方法可以概括为五个字，即"知""导""悟""引""行"。

（一）"知"：熟知、深知

熟知：就是熟悉知道各种《规范》《守则》以及学校各项规章制度的内容，知道学校的要求和检查评比的办法。深知：就是深刻领会养成良好的习惯给个人学习与成长带来的好处，给班集体、年级、学校、家庭乃至社会带来的良好影响。

（二）"导"：引导、疏导

良好的行为习惯在"导"中明。"导"的本质就是加强过程管理。主要方法有：检查评比、典型引路、环境熏陶、班会教育。

（三）"悟"：感悟、领悟

良好的习惯在"悟"中"觉"。确切地说，就是通过各种活动引导学生逐渐把养成教育的要求，内化为自觉的行为。学校几乎周周有活动、月月有主题，逐步走向教育活动课程化。干部和教师高度重视，精心准备，注重过程，实效性强。

（四）"引"：课程引领，科研引导

随着学校的发展和社会的变革，学校的养成教育观念、目标、任务、内容和措施在不断地完善和更新，正在努力实现四个"转变"，即变培养合格的毕业生为培养身心健康的人，变学生被动接受为学生主动参与，变政教处、班主任单打独斗为多部门全体教师共同参与，变工作任务式为科研课题引领、学科化发展。

（五）"行"：躬行、共行

良好的习惯要以"行"为本。"行"是养成教育的根本和归宿，学校通过"知""导""悟""引"等环节和过程，为学生养成良好习惯奠定了基础，目前，学校基本实现"三告别、五带给、七无"的健康发展目标。"三告别"是向粗鲁告别、向陋习告别、向自私告别；"五带给"是把礼貌带给师长、把孝敬带给长辈、把关心带给班级、把谦让带给同学、把诚信带给社会；"七无"是校园无纸屑、墙壁无污迹、桌椅无刻画、出言无脏话、校园无吵闹、教室无嘈杂、课堂无违纪。

"美德大多都存在于良好的习惯之中。"养成教育不仅是稳定教学秩序的基本保证，更是为社会培养健康人才的重要举措。随着玉桥中学养成教育的开展，学校学生逐渐显现出阳光自信、热爱学习、尊敬师长的良好品质，这不能不说是养成教育带来的收获。

三、发展艺术教育，助力生命发展

众所周知，艺术教育是素质教育不可或缺的重要内容，对青少年提高审美修养、丰富精神世界、培养创新意识、促进全面发展具有其他教育学科所不可替代的作用。

（一）领导重视，经费保障

玉桥中学领导一直把艺术教育工作作为学校教育工作的重要组成部分，学校成立了玉桥中学艺术工作小组，由校长领导，分管副校长负责，以体音美主管主任、音乐美术教师为主进行学校艺术指导。小组成员团结协作，分工明确，责任到人。学校各级领导高度重视音乐、美术教育及相关活动的工作，经常深入艺术教研组具体指导艺术教育工作。

学校每学期都会根据需要拨出专门资金，设立专项艺术教育经费，确保学校艺术教育教学工作和艺术活动等正常进行。每学期都为艺术教师提供外出学习的机会，并鼓励艺术教师进行在职进修，学校多次派优秀艺术教师参加全国、省、市、区组织的艺术教研活动，并由教研组定购了相应专业杂志，确保了艺术教师专业素质不断提高。

（二）立足课堂，设备保障

在课堂教学中，学校严格执行中小学课程计划，在开足开齐基础课的同时，开发拓展型、研究型课程，将专业教育与非专业教育有机结合，将通用教材和校本教材和谐统一。学校还要求艺术教师把握好课堂教学的每个环节，认真做好"备、讲、辅、评"四个环节，注重指导过程，以探索、实践生成式课堂教学为主攻方向，用全新的教育理念引导学生以自主、合作、探究式学习，真正领会艺术真谛，开展扎实有效的教育研究工作。

学校为每个艺术教室配备了多媒体设备，为每位教师配备了电脑，方便老师查找资料。学校根据国家规定把音乐、美术列为期末考试科目，并列入学生成绩册。此外，从2013年开始，学校就组织全校艺术精干力量，并聘请校外优秀教师，编订了《玉桥中学数码摄影教材》《玉桥中学管乐团教材》等校本教材，采用"教师示范+学生练习"的授课方式，大面积普及，取得了良好效果。

（三）丰富活动，提高修养

学校建成艺术教育专用场馆，校内书法教室、管乐团排练室、音乐教室、美术教室、舞蹈房及其他专用艺术教室一应俱全，成为实施艺术特长教育的主阵地。同时，学校又投入大量资金用于美术专用材料和音乐表演服装、道具、乐器等的购置，为进一步加快学校的艺术改革步伐做好充分的准备。

学校把有艺术特长和有共同兴趣的学生召集在一起，组织学生的艺术社团，使之变成汇聚花季少年梦想的乐园，挥洒青春智慧的舞台。目前，社团活动已经做到了"四有、三定"，即有组织、有章程、有管理、有考勤，定时间、定内容、定方式。开展社团活动，丰富了学生的校园文化生活，使学生在琴、棋、书、画、音、体、美等各方面有了很大的进步，提高了学生的文化修养，丰富了学生的课外知识，开阔了学生的审美视野，提高了学生的社交能力，开发了学生的自主意识，促进了学生的全面发展，同时也为学校营造了浓厚的文化氛围，优化了校园的育人环境。

为了营造艺术教育的氛围，发掘新人，激励后学，给学生一个展示自我的平台，学校每学年都会举办校园艺术节，组织面向全体学生的艺术专业比赛，表彰优秀学生，赛后举办作品展览、节目展演等。

（四）课题引领，持续发展

学校依托两个市级课题"新课程背景下中小衔接教学"和"养成教育"，积极开展艺术科研。艺术教师努力在工作中提升自我素质，并不断挑战自我。作为音乐、美术教师，他们清楚地了解自己的教学职责，让全体学生在有趣、生动的艺术实践体验中懂得审美、学会鉴赏、表演。在教学中，教师结合艺术学科特点，认真钻研教学大纲，明确所教知识的范围和要求。认真钻研教材，精心设计教案，不断提高自己的教学水平和教学艺术。平时，他们还积极参与课堂教学研究，在教学中反复实践和探索，用自信与勇气挑战教学中的困惑，在一次次实践锻炼中发现自己的亮点。

四、发扬体育精神，强健师生体魄

如果说养成教育可以润养一个人的心灵，艺术教育可以陶冶一个人的情操，那么，体育则能强健一个人的体魄。在当前的素质教育之下，体育是学校教育的重要组成部分，学校体育又是学生终身体育的基础。广大青少年身心健康、体魄强健、意志坚强、充满活力，是一个民族旺盛生命力的体现，是社会文明进步的标志，更是国家综合实力的重要方面。

培养锻炼习惯。学校十分重视体育课程的开展，严格执行每周三课时的国家课程设置计划，加大体育课程改革力度，确保体育课堂规范化、内容科学化、组织严谨化、活动形式多样化，保证运动量足、安全无事故。坚持开展课堂过程性质量检测。检测做到公开、公正、公平，并将结果进行公布，促进教学质量不断提高。进一步强化中考项目的训练。确保100%及格率，努力提高优秀率和满分率。群策群力设计并上好课间操，保证出操人数、时间、质量，传承通州区"课间操标兵校"的荣誉。每年冬季，坚持利用课间操和大课间进行冬季长跑活动，保证运动量在1200米以上。坚持做好眼保健操，做到四到位，即时间到位、学生到位、动作到位、检查到位。

提高学生运动技能。体育"二一一二"活动，即每学期两次体育单项赛、每学年一次运动会、一次体育节活动。在丰富学生业余活动的同时，展示体育技能，增强集体凝聚力。体育技能训练活动采取与体育课外活动结合的方式。此外，学校的田径队、健美操队、篮球队、乒乓球队、轮滑队等，坚持每天训练，最终在区级体育比赛中取得了优异成绩。

保证学生锻炼时间。学校按照要求在没有体育课时，安排了体育课外活动，活动做到"三保证"，即保证活动时间、保证活动场地、保证活动器材。活动的内容多样，如跳绳、跳箱、篮排球、实心球、乒乓球、羽毛球、立定跳远、引体向上等。活动由班主任全程组织，体育老师分片指导，保证了课外活动的安全有序。为保证学生体育锻炼一小时的落实，学校每到寒暑假都给学生布置每天锻炼一小时的作业，发放记录表，由家长监督完成，推进学生体育锻炼习惯的养成。

切实提高学生体质。学校重视体质健康测试工作，积极开展体质健康测试内容的宣传工作，明确测试成绩对学生综合素质评价和"三好生"参评的重要影响，引起学生及家长的重视。通过宣传激发了学生锻炼身体的自觉性和积极性。每学年的"学生体质健康测试"活动，在校长的直接领导下，由主管体育工作的主任和教研组长具体负责，从制订计划，到实施测试工作，全体教师和班主任分工明确，团结协作，做到了测前有准备，测中有组织，测后有反馈。2013年以来测试合格率都在95%以上。

在各级领导的关怀、全体教职员工的努力下，在"养成为主，艺体为辅"的办学模式下，经过多年的发展，玉桥中学环境、办学条件不断改善，社会声誉不断上升，教育质量全面提高。2013年以来，学校在各个方面取得了优异的成绩，先后荣获北京市节约型示范校、北京市文化示范校、通州区文明单位、通州区中考优秀学校、通州区教育教学成果优秀奖、通州区红旗团委等称号。

一所好的学校，能让从那里走出去的老师和学生，在以后漫长的岁月里，无论何时想起，都会有种精神的归属感与内心的满足，这就意味着学校的灵魂早已在每个人的生命之中深深扎了根。北京市通州区玉桥中学就是这样一所学校，以养成教育为主，艺体为辅，为孩子的全面发展插上了有力的翅膀。展望未来，愿玉桥中学在特色模式的发展下，朝着更加高远的目标前行，书写出更加绚丽的篇章。

聚焦课堂　改进方法　提高质量

金玉香

2010年开始区教委提出"提高课堂教学实效性　形成有效教学模式"研究实践工作要求，我校也积极投身到这项工作中来。通过两个学年针对师生实际的研究和实践工作，我校"以教师为主导，以学生为主体，以训练为主线"的教学指导思想，已经逐步得到老师的认可和实施，也取得了较好的效果。具体做法如下：

一、分析现状，统一认识，完善提升

我校学生大部分来自周边小区，多数为农村或拆迁户的子女，学习基础和学习习惯较差，学生基本素质处于区直的中下等水平。目前我校一线教师106人，具有高级职称的教师9人，有中、初级职称的教师78人，近一两年参加工作还未评级的教师19人。区级骨干教师14人，是一支以初中级职称为主、骨干力量不足的教师队伍。长期以来，我校教师的敬业奉献精神是我校发展壮大的宝贵财富。但是，教师队伍能力的参差不齐，给教学改革带来一定的困难。面对现状，我们认为：我校的课堂教学改革，必须针对教师教学和学生生源的实际，在教师欠缺和偏差的地方做文章，关注每一位教师的"最近发展区"。

第一，对于全体教师来说，要强化课堂教学中教师的主导和学生的主体地位，明确有效训练对保证学习质量的意义，创设"以教师为主导，以学生为主体，以训练为主线"的高效课堂。第二，对于忽视学生主体地位，教学方式单一的教师来说，要在适当增加学生活动的基础上，逐步变一言堂为群言堂，为学生搭建主动探索、主动发现的平台。第三，对于刚刚参加工作的教师而言，明确教学工作的基本要求，把握课堂教学的每一个环节，提高工作的规范性和严谨性。第四，对于课改认识有偏差的教师，重点在教师主导的深刻性上下功夫，在学生主体性发挥的实效性上做文章，克服形式主义。

二、强化师资建设，提高教学素养

（一）提高教学素养，从把握课标研读教材入手

教育专家王敏勤教授说："不管课程改革怎么改，钻研课标、把握教材是教师永恒的基本功。如果教师本身对课程标准和教材没有吃透，就很难有效地引导学生学习。这不仅是教师的基本功问题，也是教师的职业道德问题。"为此，从2010年开始，每学期开学前，我校都保证利用3—4天的时间，组织全体任课教师开展"品课标 说教材"活动。此项活动的坚持和完善，使每一位教师在开始教学工作之前，就从课程标准的高度上明确教学要求，从学科整体上把握了本册教材内容、价值和逻辑关系。

（二）提高教学素养，从保证备课实效做起

大凡成功的课，必定是充分准备的课。我校多年实践证明，在个人备课的基础上，搞好集体备课活动，是有效备课的关键途径。我校集体备课坚持做到了"六四八一"。"六"是集体备课要坚持"六个原则"，即规范性原则、实效性原则、共享性原则、研讨性原则、互补性原则、创造性原则。"四"是备课中重点围绕"教学四问"展开，即第一个问题：你打算这节课让学生获得什么？——目标有效；第二个问题：你打算用多长时间让学生获得？——时间有效；第三个问题：你打算让学生怎样获得？——方法有效；第四个问题：有多少学生达到了你的要求？——学习有效。"八"是集体备课要研究教学八点的解决办法，即教学重点、难点、考点、弱点、盲点、疑点、易错点、易混点。"一"是一位干部全程参加集体备课，强化备课组活动质量管理。集体备课活动的坚持和完善，使教师的备课质量有了大幅度的提升，为提高课堂教学实效提供了保证。

（三）提高教学素养，以强化教师培训为途径

1.考察学习开阔视野

2010年我校分期分批地组织教师到东庐中学参观学习，体会东庐中学是怎样进行课堂教学，实现"教学合一"的，回来以后，人人交流参观体会，并结合自己的实际提出适合个人课堂教学的改进点。我们还为每位教师购买

了曹康金校长的《我与讲学稿》一书。2010—2011学年的第二学期我们贯穿始终地进行《我与讲学稿》的研读交流活动。

学习《我与讲学稿》后，我们发现，绝大多数教师的课堂教学有了不同程度的转变，出现了"三多三少"：即钻研教材的多了，课堂肤浅的少了；关注学生"学"的多了，只顾自己"教"的少了；精讲精练的多了，满堂灌、有量无质的少了。

2011—2012学年，我们开展了"学习金字塔理论"的学习活动。"学习金字塔理论"告诉我们：第一，我们最熟悉的单项输出的教学方式，学习效果是最低的；第二，只有调用多感官学习才最有效；第三，及时训练是把知识转变为能力的保证。以上这些学习活动对老师们触动很大，使大家真实地感受到教学方式的变革是科学、是真理，是提高教学质量的关键。与此同时，我们于2011年暑假在教师当中开展了《珍惜工作为了谁》的自学活动，引导教师以珍惜、感恩的心态对待工作，并在各种集体活动中，采取"共勉"的形式，向教师渗透职业精神和职业态度的教育，激发教师工作的积极性和主动性。

2.校本培训强化实效

2010年以来我们开展了多种形式、多项内容、针对性较强的学科培训活动。一是教育教学理论的培训，关注课堂教与学的"建构主义"、配合"艾宾浩斯遗忘曲线理论"的有关"学习规律"的学习；二是关注教学细节，如"提高教学实效，从学习目标的设计入手""提高教学实效，从树立时间观念做起""提高教学实效，以关注学生为前提"等方面的教学讲座活动；三是课例分析，坚持每学期进行两次以研究课堂教学实施效果为目的的"课例分析"活动；四是各种"教学基本功"的培训活动。校本培训使教师理论水平和教学能力有了大幅度的提升。

3.重视新教师的起始培养

新教师培训活动遵循"四定、两学、一结对"的方法有计划地进行。"四定"，即定期、定点、定人员、定内容地开展各种形式的培训活动，如"我为玉桥而骄傲 玉桥为我而自豪"的入校教育活动，"教师职责和要求"的培训，"教师教学基本功"专项培训，"教师教育管理工作"培训等。"两学"：向每位新教师发放了《珍惜工作为了谁》和《我与讲学稿》两书，作为学习材料，定期举行读书交流活动。"一结对"：学校在教师双向选择的基础上，帮他们选聘了师傅，按照师徒职责，提出了相互听课评课的具体要求，一对一师徒结对活动，直接、有效地提高了新教师的教育教学水平。以上这些活动，使新教师在职业道德、从业能力和职业素养等方面都得到了较快提升，缩短了新教师的成长历程。

三、聚焦课堂，关注实效，促教学合一

（一）以教学骨干为核心，开展学科课型结构研究和展示活动

我校以市区级骨干为核心，成立研究小组，每个成员分别承担本学科1—2种课型。

对于课堂结构的研究任务，大家确立了"以课堂结构的改进为切入点，以教与学的最佳结合为目的，以提高课堂效率为目标"的研究思路，经过多次的分析、思考、交流、研讨活动，他们把自己的研究成果写成书面材料，并亲自主讲，开展"课型展示"活动。学校以"品课例 评实效 思提高"为主题开展课例分析活动，引导教师从教学目标的设置、教学内容的安排、教学重点的完成、教学难点的突破、教学活动的组织等方面对这节课的实效性进行分析研讨。教学骨干根据大家的剖析，继续完善自己所研究的课型。

（二）以研究学生的学习为切入点，掌握发挥主体地位的方法

首先我们以教研组为单位，重点围绕"如何发挥学生的主体作用"进行了交流和研讨活动。大家根据个人教学的经验和教学实际效果，从课堂关注学生的角度，边查找问题、分析原因，边寻找办法，最后大家一致认为：课堂教学必须要有"对象"意识，把学生的学习效果，放在优先考虑的地位，不能"唱独角戏"，更不能"跟着感觉走"。我们的任务是为学生学习铺路搭桥，让学生满怀信心、饶有兴趣地去探索、发现，去播种、收获。如何做到以学生为主体，老师们说出许多办法。其次，课堂教学的实效性不能脱离学生的学习质量，学生成绩下降的课改，可以说是不成功的课改。要提高学生学习效果，关注课堂训练至关重要，为此，我们采取多种形式（如集体备课、教研活动、典型发言），引导教师在精心设置练习题、强化学生训

练效果上下功夫。大家总结出优化课堂练习的"四有"原则：一是练习要有"方"，即少而精炼；二是练习要有"味"，即激发兴趣，练习的设计要兼顾激励性和思考性，有时有些学科的练习题还要在联系生活、开阔视野、丰富多彩上下功夫，使学生在练习的同时，思维品质得以提升；三是练习要有"层"，即层次梯度，学生因个体不同，存在着接受能力、思维方面的差异，因此，练习的设计要依据学生的特点创设一定的层次，让困难生"吃得了"，中等生"吃得饱"，学优生"吃得好"；四是练习要有"时"，即及时反馈，练习要把握时机，课堂上要重视形成性练习、巩固性练习和检测性练习的时间和空间，重视练习效益。课下要抢在知识遗忘之前，适量作业，更要组织好阶段练习。

（三）采取多种教育形式，提高学生学习的主动性

人是情感的动物，人的学习精神是通过情感这一载体来实现的，正所谓"兴趣是最好的老师"。为了使学生主动学习，我们从激发情感入手，从教育和教学两个方面做了较大的努力。德育上我们注重采用"随风潜入夜，润物细无声"的教育方式。例如：初一学生进校的第一个教育活动就是"入校教育"，让学生在寻找"学校的美"中产生积极的情感；我们开展了唱"七歌"的活动，每天高唱歌曲，陶冶净化了学生的心灵；我们注重文化环境的创设，学校的环境充满知识性和激励性。教学上，我们始终告诫老师们，最好的教育莫过于"寓德于教"。首先，坚信"师生关系就是质量"的道理，把学生当作孩子，理解他的需要，相信他的潜能，保护他的身心；把学生当作挚友，关心厚爱帮助；视学生为教师工作的合作者，共同实现心中的理想。其次，在知识的教学中，把没有灵魂的点、线、纲的教学，变成充满精神、文化、智慧、真爱的方式方法去传授，拨动学生情感的琴弦。第三，善于捕捉评价点，如学生综合素质的评价，学生作业本上的文字评价，单元检测进步点的表彰评价，甚至课堂学习参与度的及时评价等。以上这些教育方式方法，激发了学生爱校、爱班、爱学习的积极情感，学生的学习主动性、参与性有了大幅度的提升，为走向"教学合一"迈出了坚实的一步。

（四）以"课堂评审"促进课堂教学实效的落实

学校最难的事，难不过上好课。教育家叶澜教授指出："要改变千百万

教师的教学观念，改变他们每天都在进行的、习以为常的教学行为，这几乎等于要改变教师习惯了的生活方式，其艰巨性是不言而喻的。"为促使教师转变教学习惯，从2010年开始，我校加强了"课堂评审"的力度，采取多种形式开展听课评课活动，以促进教师课堂教学行为的转变和教学水平的提升。首先，开展备课组每三周一次的听评课活动，要求当天听课当天评课，及时改进；其次，是年级主任包年级、学科干部的随时推门听课活动，听后即时评价并交换意见；第三，是教学领导小组分组听推门课活动，听后责成专人交换意见。通过各种形式的听课评课活动，每位教师每学期至少得到4—6次左右的课堂教学指导，有的达10节以上，再加上师徒结对听课以及各种研究课和展示课，老师们在潜移默化影响下，逐步转变教学观念和不良的教学习惯，课堂教学的实效性逐年提高。

四、巩固成果，改进不足，不断提高

互相切磋，反复说课，层层指导，不断实践，使教师理解了课程改革的精神实质，也涌现出一些基本"教学模式"，如"导学卡"教学模式（李秋红老师的英语组最典型）、小组合作学习模式（宋立平老师的数学组最典型）、质疑教学模式（语文组特有，岳国新、王新老师最典型）等。各学科教师在不同内容的课堂教学中总结的一些教学模式也收到了良好的效果，如信息技术和美术音乐的"模拟训练法"、地理历史教学中的"任务驱动法"、各种课堂训练中的"同伴互助法"、写字课的"学科整合法"等。

总之，通过"教法"引导"学法"、"学法"调整"教法"的探索和实践，教师的引导、启发、点拨、激励更加到位；学生的自学、领会、研讨、练习更具实效。教师灵活的教学方法与学生主动学习的精神正在形成有机的结合。

以上是我校进行有效教学的一点做法，虽取得了一点成绩，但还存在一定的问题。但我们相信，"变"是学校发展的主旋律，只有不断思变，才有不竭的动力。今后，我们将以"提高课堂实效性，形成有效教学模式"为中心，完善不同课型的教学模式，深入实践，不断提高我校的办学水平。

强化以人为本　实现教学合一

金玉香

"教好每一个学生，成就每一个教师，开好每一门课程，办好每一所学校"，这是教育均衡的价值体系，也是教育均衡的现实推进机制。作为一名教育管理者，我认为，教育均衡必须首先激活学校系统内各种要素的均衡发展，使它们有效或高效地运行，进而实现彼此的有机结合。通俗地讲就是要"强化以人为本，实现教学合一"。

素质教育要求我们要根据人的发展和社会发展的实际需要，以全面提高全体学生的基本素质为根本目的，以尊重学生的主体性和主动精神为前提，以注重开发学生的智慧和潜能，注重形成人的健全个性为目标。"教好每一个学生"就是要让每一个学生在原有的基础上，从思想道德、文化素质、身体、心理、审美和技能上有所提升，而不是简单的学习成绩上的提高。要培养学生的综合素质，使他们成为社会需要的人才。只有这样，才能使每个孩子体会到自己存在的价值，才会有生命的尊严，才会找到自信，从而获得成功的体验。那么，在实施素质教育，进一步转变教育观念的今天，如何才能教好每一个学生呢？

一、以身作则，教会学生爱

有人说："一切最好的教育方法，一切最好的教育艺术，都产生于教育者对学生无比热爱的炽热心灵之中。"在教育战线上，我们每天面对的是充满朝气、向往美好的孩子，为了不让学生"想做好人"的心泯灭，将来成为积极健康面对人生的强者，教师必须做到心中有爱，成为学生心目中爱的化身，这就是博爱。教师的爱是神奇而伟大的力量，可以让学生找到自尊、找到自信、找到自我、找到快乐。教师以身作则，为人师表，用自身高尚的道德素养影响学生，在潜移默化中美化学生的心灵，造就学生良好的道德品质。"榜样的力量是无穷的"，尤其是对学生而言，由于他们仍处于懵懂的年龄，对教师的所作所为会有意无意地进行模仿，如果教师具有高尚的道德品质，将使学生在敬佩中得到熏陶，在模仿中提高修养。所以，我们的言谈举止对学生有一种无声的强大教育力量。用自己的实际行动，伴之以生动透彻的说理，才能产生感染、陶冶学生情感的力量。

二、挖掘闪光点，激发积极性

学生的个体差异是客观存在的事实，是我们必须认识和面对的现实，但是"多元智能学说"告诉我们，每个人都有其自身强于其他人的优势智能，也许这一智能正等待我们去挖掘。我们要全面观察、评价、分析每个学生，善于发现和挖掘他们潜在的素质和闪光点，因材施教，使每个学生都能得到充分的发展。这既是对每个学生的尊重，也是新课程标准对人的素质的要求。其实，学生的可塑性很强，教师的眼睛不能只盯在分数上，以分数来衡量一切，而应该努力挖掘学生的闪光点，用欣赏的眼光看待每一位学生。工作中我们经常发现，有的学生对绘画、唱歌、跳舞、下棋、打篮球等有浓厚的兴趣，有的可能在另一方面具备天赋，我想只要孩子对某种活动有兴趣，他就不会把精力耗在上网、打游戏等有害身心的活动中。事实上，我们发现个人的兴趣爱好可以内化为学习动力，促进学习成绩的提高。学生本来对学习有厌烦心理，我们采取的办法是从培养特长入手，让他有成功感，从而有信心学习文化课。例如，他酷爱画天马行空的画，我们就让他负责出黑板报，参加学校的现场绘画比赛、做手抄报等。他在绘画比赛中获得了一等奖，这给他很大的鼓舞，绘画的自信心慢慢转化为学习的动力。再如，上语文课积极了，爱思考，爱发问，各科成绩都提高了。

兴趣是"智力之母"，兴趣有一种魔力，是一种求知的源泉。所以，我们要教好每一个学生，首先要善于发现他们的兴趣。怎样发现，这是一个关键性的问题，我想只要老师想发现，方法很多。首先可以通过日常观察、家访、个别谈话、学生周记等途径来了解和发现学生的兴趣所在。其次，要培养、提高他们的兴趣，学校或班级要多组织各种教育活动，给不同层次的学生搭建参与展示的平台，这样学生不仅发挥了特长，而且对自信心的培养也非常重要。我们学校经常组织学生唱歌，其中有一首成龙的歌《不要认为自己没有用》,对学生老师都有启示作用。

三、培养能力让学生终身受益

大家知道,对于学生来讲,能力比知识更重要。因为学生迟早要离开学校,步入社会的,在社会生活中,他们在学校学到的知识,表面上看,没有什么实际价值。记得有位学者曾说:"把学校学过的知识都忘了,剩下的就是教育。"剩下的是什么?当然就是能力了。为此,学生在学校学习知识的同时,学习、观察、思考、分析、判断、决策、创新等方面的能力越强,教育的实际意义也就越深刻,我们整个民族素质和社会生活也会随之发生质的变化。要教好每一个学生,就应该注重学生能力的培养,使他们真正成为教育的终身受益者。那么如何使学生真正获得能力呢?最主要的是,我们教育者要在自己的教学中把学习的主动权教给学生,使学生在学习中主动观察、主动发现、主动思考、主动反思、主动创新,在每一节课的课堂设计中,要把学生的"学"作为出发点和归宿,重点在如何引导学生发现问题、帮助学生分析问题、指导学生解决问题、培养学生寻找解决问题的最佳途径上下功夫。当然不同的学科、不同的学习内容,培养的侧重点不同,但是让学生主动学习、积极学习是培养能力永恒的主题。

教好每一个学生关键在教师,成就教师,也就自然能办好一所学校。教师在学校教育的诸多因素中是最关键的,一所学校的发展,依托每一位教师的发展。要使每一位教师都成为学生心目中的榜样楷模,就必须激发每一位教师的职业热情,挖掘每一位教师的教育智慧和潜能,提升每一位教师的教育素养和教育水平,使教师积极主动地学习和工作,以教师的个人发展为本,在成就教师上做文章。马斯洛的需求层次理论告诉我们:人的最高需求,是自我实现和超越的需要。让每一位教师都有自我满足和发展的机会,这是"成就每一位教师"的最大推动力。

(一)提升教师的职业自豪感,"教师是太阳底下最光辉的职业"

我们经常对教师进行这样的职业教育,告诉教师平凡之中要有伟大追求,平静之中要满腔热血,平常之中要具极强的责任感。师德高尚的老师会用自己的言行影响学生,潜移默化地感染学生,在传授知识的过程中教会学生如何做人；师德高尚的老师，会不断地更新教育观念，在教学中指导学生学习，传授学习方法，使学生终身受益；师德高尚的老师，会时时处处默默耕耘，无私奉献，像蜡烛一样，无怨无悔。只有把教师当作一项事业，而不是一个谋生的职业，教育事业才能获得辉煌的成就。

（二）加强师德师风建设，教师是学生的领路人

教师教育学生，不仅仅用自己的知识，更重要的是用自己的品德，用自己的修养，用自己良好的行为习惯。为此，学校要将师德师风建设常抓不懈，号召全体教师修正自身言行，履行师德规范。如学校每学期都定期组织教师学习《中小学教师职业道德规范》《课堂教学十不准》《课堂教学行为规范》等，并召开教师座谈会，要求教师定期自查。定期召开家长和学生座谈会，让家长和学生对教师言行做全面评定。久而久之，就在广大教师中形成一种文明执教的风气，在整个校园形成师爱生、生敬师的和谐氛围。

（三）苦练教师基本功

俗话说："名师出高徒。"连基本功都不过关的教师，何谈赢得学生的信赖，何谈培养出具有创新能力的学生来。没有高水平的基本功，创新能力就没有根基，没有创新能力，所谓使命感、责任感就是一句空话；没有独立人格和自主性，也不可能真正有创新精神，这诸方面结合起来就是无穷的创造性。因此，应注重内强素质，外练操作能力，开展教师大练基本功、大比武活动。通过实践活动，让老师们认识到，教师的素质不是别人给予的，而是通过自身知识的内化形成和积累的。

（四）为教师发展搭建平台

1.创设学习环境

首先是创设自我学习的机会，比如向教师发放学习材料，定期展开学习交流研讨活动，促进教师自觉提升知识和能力素质；其次是开展互学活动，请学校的骨干教师做培训，身边的榜样更能激发教师的学习工作热情；第三到名校去参观学习，体验不同的教育氛围，教师的思想境界会逐步提升。

2.指导实践能力

具有一定的理论水平，还要学以致用。如何在实践中提高教师水平，要求学校的领导要经常深入教学第一线，发现教师的闪光点，并加以肯定，提升教师的满足感，同时给予教师最大、最科学、最解渴的指导与帮助，给他们一种"你还能更好"的信号。与此同时，要鼓励和指导教师不断反思、总结、参与教育展示交流活动，使教师产生极大的价值感和成就感。教师的良性发展，就是教育的良性发展。

学校以教师为本，成就每一个教师；教师以学生为本，教好每一个学生。当"教好每一个学生"成为教师最大的目标时，当"教学合一"的理念实现的时候，一所学校想不好都难。

落实小组合作学习　实现师生共赢

李景峰

建校初期，我校的学生学习态度、学习能力、知识水平等差异较大，大部分教师的教学一直采用传授加讲授，强化死记硬背的教学模式，教师的教学缺乏感染力，学生的学习也是死气沉沉；教师常常采用加班加点的方式补救课堂上的缺失，加重了学生的负担，形成了恶性循环。鉴于此，学校领导果断做出决定，走出去，开阔视野，转变观念，形成特色。2004—2012年，前后四次去洋思中学、三次去东庐中学以及大连开发区七中、杜郎口中学学习取经。洋思中学自主学习、"兵教兵"的策略，使我们认识到了小组合作学习的可行性；杜郎口中学"三三六"教学模式，更是强调了小组合作学习的重要性；东庐中学讲学稿中"课堂学习研究"强化了小组合作学习的必要性。因此，我们萌生了开展"小组合作学习"的念头。

一、提高认识，转变观念，是落实小组合作学习的前提

在合作学习的课堂上，教师不仅是教学的设计者、传授者、释疑者，更应该是学生们的组织者、指导者、引领者、启发者、参与者、合作者和探究者；教师要摒弃一言堂，抛弃经验主义，改变以往的教学模式及行为，改变学生的学习方式，激发学生的学习积极性和主动性，从而提高课堂教学实效。

二、教师提升自身业务素质，是实现小组合作学习的关键

小组合作学习的教学模式不再是以教师为中心，而是以学生为中心，但不是放任自流，教师要组织、指导、参与、评价整个学习过程，保证学习过程有序、高效。从另一个角度说，在小组合作学习的过程中，教师的作用不是弱化了，而是强化了。对教师的要求更高，更具有挑战性。因此我们需将重点放在抓好教师业务能力培训这一环节上。

（一）认真领会课程标准，把握教材真谛，提高业务能力

教师只有在课标的指导下完全理解教材，课上才能游刃有余，为此，我校每学期上课前都组织全体任课教师开展研读课标和教材活动，使每位教师对自己所教学科有整体感知，并经历个人研读、组内研读交流、教研组展示三个阶段。此活动对教师整体把握教材、掌握考点、形成知识间的联系有积极的作用，为教师备好课、上好课奠定了坚实基础。

（二）强化集体备课活动，发挥群体智慧，增强合作意识

我校所有学科备课组活动由学校统一安排，由教学领导及干部实行承包制，分别深入1—2个备课组，全程监控活动质量，确保备课活动不走过场，提高备课实效。集体备课坚持"六个原则"（即规范性原则、实效性原则、共享性原则、研讨性原则、互补性原则、创造性原则）、围绕"八点"的解决办法（即教学重点、难点、考点、弱点、盲点、疑点、易错点、易混点）分为三个环节（即环节一：说上周存在问题；环节二：说本周新课教学；环节三：说下周教学安排）展开。

（三）加强教师业务培训，促进内涵发展，提升整体素养，立足校本培训

每学期围绕"落实小组合作学习，提高课堂教学有效性"主题开展全校教师培训。几年来，我们组织了"小组合作学习的几个重要环节""小组合作学习中的问题设计""小组合作学习中教师的作用""小组合作学习如何评价"等教学专题讲座，对教师落实小组合作学习，把握课堂、提升效率起到引领作用。同时，学校大力支持教师参加市区级教研、科研活动，回校后，反复研讨、评析学习内容，深刻理解，将好的教法、学法为己所用，开阔了教师的视野，转变了陈旧观念。

三、落实关键环节，是小组合作学习取得成效的保障

（一）合理划分小组是实现合作学习的基础

科学合理地划分小组是保障小组合作学习长期顺利进行的基础，小组的划分以班主任为主，任课教师为辅，结合学生的智力水平、学业成绩、认知能力、兴趣爱好、性别等多方因素，重点按学习能力和学习成绩进行合理划分，这样构建的合作学习小组体现了"组内异质，组间同质"的特点。组内异质为互助合作奠定了基础，而组间同质又为在全班展开公平竞争创造了条件。

（二）落实责任是合作学习顺利进行的保证

合作学习很多时候是以生生互动的形式进行的，这一过程，需要一个学生来组织。因此选好组长，直接关系小组学习活动的效率和成败。组长是小组的第一责任人，组长帮助老师的同时，老师也要关心他们，随时与他们沟通，倾听他们的意见和想法，让他们畅所欲言，互相交流，互相启发，指导他们如何与组员交往，怎样鼓励全员参与活动，提升他们的组织能力。

（三）明确任务是合作学习顺利进行的前提

组长要为每一位小组成员明确任务，要突出每个个体的作用，使每一个人不仅要对自己的学习负责，还有帮助他人进步的义务，要对所在小组其他同学的学习负责。一个小组，只有团结一致，才能始终如一地围绕某一个中心议题开展讨论、探究和有效的学习。同时，要根据学习任务和内容以及不同的学科特点定期对小组成员分配任务、提出要求，对每一位同学所担任的角色给予明确的定位。

（四）掌握恰当时机是实现合作学习的关键

小组合作最主要的活动形式就是合作讨论学习，为学生创设恰当的合作讨论时机，能彰显教师的基本功。

1.在新知识的入口处组织讨论

教师要精心设计能引起每个学生思索的问题，创设使学生在认知上产生矛盾和冲突的情境，因而新知识生长点往往就成为首选的讨论题。

2.在新旧知识衔接处展开讨论

由旧知识引领，组织学生类比，小组合作进行讨论，加深对新知识的理解。

3.在理解知识疑难处鼓励讨论

在知识疑难处鼓励学生讨论，可以帮助学生在认识上完成从形象到抽象的过渡，从而发展他们的思维。

4.在解题策略多样处全面讨论

这有助于学生间的相互启迪，拓宽解题思路，在学习过程中学会学习。

5.在学生思维矛盾处深化讨论

创设让学生感到不可思议的问题，引导学生质疑、猜疑、解疑，从而产生对问题刨根问底的欲望，此时展开讨论，让学生一起剖析、诊断、批判、改正错误，效果较好。

（五）建立合理评价机制是合作学习的保障

在学习的每一个环节、学生管理的每一个细节，都以小组为单位进行评价，让学生明白，个人的成绩不再凸显，只有小组的成绩才是自己的成绩，只有你所在的团队整体优秀，你才是优秀的，以此强化团队意识，督促学生在小组内互帮互助，提高整个小组的水平。每个学生每节课的表现，都有专人进行详细记录，对平日表现好的小组和个人及时表扬，学期末还要评出本学期优秀小组、优秀组长和优秀组员进行表彰奖励。学生的积极性提高了，各小组间形成了你追我赶的竞争氛围。

经过几年的实践与探索，我校小组合作学习已初步形成模式，化学组、语文组、数学组已形成各自特色。

四、小组合作学习，实现了师生共赢

通过小组合作学习，学生懂得了倾听，学会了交流与表达，重视互帮互学，拥有了团队意识，学习态度有了大幅度改变，学习积极性、主动性有了提高，学习能力得以提升。在具体指导学生的过程中，通过与学生的互动交流，教师的道德素养也得到了进一步提升；通过因材施教、课内课外互补，教育方式更加多元，教师的教学水平得到了提升；通过在学生成长的过程中发现问题、解决问题，教师的校本教研水平也有所提升。小组合作学习模式，实现了教师发展与学生发展的双赢。

五、存在的问题

（一）小组合作学习的时机把握不当

有的教师为了追求学习方式的多样化，不根据教学内容的特点和学生实际盲目地采用小组合作学习方式。有的问题不用合作也合作，有的问题不能合作也合作，造成时间上的浪费，合作学习流于形式。

（二）教师的评价不全面，导致对小组激励性不够

一是偏重于对学生个体的评价，忽略了对学生所在小组集体的评价；二是偏重于对小组合作学习结果的评价，忽略了对学习过程与方法的评价；三是教师很少对学生的学习态度、学习习惯、参与程度以及创新意识、实践能力进行评价。

总之，"小组合作学习"是新课程所倡导的一种新的学习方式，在促进学生间的情感交流、互帮互学、共同提高，发挥学生学习的主动性方面起着积极的作用，我们会继续加强研究，努力探索，不断提高小组合作学习的实效性。

将信息技术应用于课堂　提高教学有效性

王　新

信息技术的发展、教学理念的转变以及社会对新型人才的需求，带来了一种新的教学模式——信息技术辅助课堂教学。信息技术以它强大的功能、大量的信息及生动直观的影像、快捷的连接方式和超越时空的变幻，彻底改变了教师"一本教材、一块黑板、一支粉笔、一张嘴巴"的传统教学模式。此举将信息技术与课堂教学紧密结合，更加有利于调动学生的学习积极性与自觉性。

中学义务教育《数学课程标准》指出："信息技术的发展对数学教育的价值、目标、内容以及教学方式都将有巨大的影响。数学课程的设计与实施应根据实际情况合理地运用现代信息技术，要充分考虑信息技术对数学学习内容和方式的影响，开发并向学生提供丰富的学习资源，把现代信息技术作为学生学习数学和解决问题的有力工具，有效地改进教与学的方式，使学生乐意并有可能投入现实的、探索性的数学活动中去。"面对这种教育大背景及要求教师在课堂教学中应积极主动开展这项活动，下面结合教学实例谈谈自己的一些做法与想法。

一、将微课应用于课堂，激发学习兴趣

微课教学是现代社会不断发展的产物，它以视频为主要载体，围绕教学中某个重点或学生的困惑点开展5–10分钟的教学。这种授课模式由于时间短、内容精、便于学习等特点深受学生喜欢。

心理学家认为，兴趣是力求认识某种事物或爱好某种活动的倾向，这种倾向是和愉快的情感体验相联系的。它是在需要的基础上产生和发展的，由有趣—乐趣—志趣逐级发展。初中的学生大多数活泼好动，好奇心强，喜欢新鲜事物，喜欢多变、宽松的教学环境。静态的文字、课本及教师的言语表

达有时满足不了他们活泼好动的个性及心理需求，还会使他们产生厌倦的情绪。在安静的教师独言的教室里，他们往往找不到自己的位置，认为老师是演员，自己是旁观者。因此，思想容易开小差，教学达不到理想的效果。我自己的班级中就存在这样的学生，课间欢如活虎，上课只要老师一说话就趴在桌子上睡觉。每每见到这种情景我的心里都很难受，老师真心想帮助孩子学习，精心准备了很多教学内容，可是孩子就是不想听怎么办呢？在这种焦急的情绪变化中我尝试了"微课教学"法，在课前、课中让学生自学，体会知识内涵与要点。

还记得在"角平分线"定义教学中，当学生们看到我将Pad搬进教室时激动不已的情景："老师您这是要干什么？""这么多Pad是要给我们用吗？""是要上计算机课吗？""老师，是不是每个人都有呀？让不让我们玩游戏？"孩子们七嘴八舌地说着、猜测着……"今天呀咱们用Pad来上一节数学课。"边说我边向他们神秘一笑，算是回答了他们的问题吧。接下来的时间里，我首先发放Pad和耳机，然后下达指令：给大家六分钟，请同学们开机后戴上耳机，观看桌面写有"角平分线1"的视频，边看边思考"什么是角平分线""怎样用符号语言描述角平分线"。接到指令后同学们熟练地打开Pad，迅速进入了学习状态……我特意观察了一下他们的状态，只见他们一个个看得那叫津津有味。先是观看视频，接下来有的在做笔记，有的在翻看书上的说明，就连那个平时总是睡觉不听讲的学生都看得很认真，我悄悄走到他身边都没有被察觉。看来虽然数学课还是数学课，教师改变了一种教学方式孩子们的表现就不一样了。六分钟后在教师的引导下，学生自己将自学的内容进行了梳理。接下来我再让学生观看微课"角平分线2"，体会角平分线的应用形式与方法，再后来便是让他们自己进行推理论证了……一节课下来，课堂活动井然有序，学习内容都是由学生自己总结归纳，条理性强、逻辑性强，效果远远超过了平时我自己的讲课效果。

课堂实践证明，就初中数学而言，有许多知识根本用不着教师来讲，学生有足够的能力自主学会。课堂中的教师只要起到一个引领、组织、点拨的作用就够了。微课教学的尝试使我看到了学生自主学习的潜力，也找到了自我课堂提高的途径，用这种教学方法学生在自我控制下学习新知识，看得快看得懂可以尝试做练习，看得慢看不懂可以多看一遍，课后老师也可以将微课内容发给学生再次观看学习，这种方式可以使能力不同的学生找到相同的感受，真正满足了学生的个性化学习。

二、将交互电子白板应用于课堂，关注课堂生成

交互电子白板是一块具有触摸控制功能的白板，是新生的媒体技术。该技术是通过电磁感应，结合计算机及投影技术，实现无纸教学，课堂中白板既是"黑板"也是计算机屏幕，白板中的触笔或手指即"粉笔"，可以进行计算机输入。交互式白板的使用能更好地在教学实践中突出学生的主体地位。

在进行同类项教学内容时，我首先利用白板的聚光灯功能，让学生在思考去超市购买物品应怎样选购的同时，突然眼前一亮，出现物品的分类摆放情景，然后提出物品分类摆放带给人们的便利。同时提出，对于单项式能不能仿照物品摆放的方式进行分类呢？如果可以分类它的原则是什么？视觉的冲击、问题的提出使学生迅速产生了好奇心，有了好奇心也就有了探究的欲望。课上教师紧紧抓住学生的这种欲望使用白板的拖拽克隆功能，让学生对背上背有单项式的小兔子依据一定的规则进行分类，学生的课堂表现积极踊跃，令我欢喜的不是他们对单项式的分类五花八门，而是他们的思路之广和有理有据的说辞是那样的有层次、有条理、有深度。

巩固练习中的"判断所给单项式是否为同类项"，老师仍然使用白板的画笔功能，让学生到白板前亲自动手画、动手写，让白板前的学生有了亲身体验感，让坐在讲台下的学生有了一种"课堂生成"的真实感，整堂课的教学完全脱去了那种"课前教师生成，课中等待学生说出"式学生为主体的伪教学方式。

教学实践证明，课堂上使用交互式电子白板，学生变得更加主动，更加投入，对学习更有兴趣。交互式白板的使用可以将学生的思维过程显性化，能够让学生在边操作边解说的过程中帮助老师更准确地把握他们的思维过程。与此同时，使用交互式电子白板在教学中的生动、形象性，能激发学生的学习动机，满足学生多动、思维发散的特性。课堂中还能使学生变得更加主动，更加投入，对学习更有兴趣，教学效果也愈加显著，教学有效性得到了落实与提升。

三、将几何画板应用于课堂，生成动态课堂

数学学科以它动态、和谐的美让许多学习者着迷，但是这种美光凭教师的一张嘴是难以描述清楚的，学生也就更难明白。尤其在学生初学几何时，教师为了激发学生学习积极性，展示数学的美会花费很大的精力、体力去搜集图片、资料，在黑板上无休止地画图。其实，利用几何画板按几下就可以绘出金光闪闪的五角星、旋转变换的正方形组合等一系列能体现数学美丽一面的图形。用它们来引入正题，学生会很快进入角色，带着问题、兴趣、期待来听课，效果可想而知。

例如，在进行三角形内角和定理应用教学时，教师首先在屏幕上利用几何画板现场生成一个带有颜色变化的五角星，同学们很快就被吸引，教师跟着提出问题：五角星的五个角的度数和是多少呢？学生们七嘴八舌，议论纷纷，当教师用画板的度量功能和计算功能得出它的五个角和为180度时，学生们惊讶不已。

又如，在进行四边形有关教学时，就平行四边形、矩形、菱形、正方形之间的关系而言，教师就算再有语言天赋，也不能使所有的学生准确把握其之间的相互联系，借助几何画板的动画效果，就能让学生形象地感受到在它们的边或角发生变化时就可以转化为另一种几何图形。

再比如，关于运动变换的几何推理论证题，在学生没有思路、困惑时借助几何画板的动画效果就能使学生准确地把握图形中变化的量与不变的量之间的关系，对解题思路的探究起到了积极的导向作用。

四、运用信息技术教学，强化课堂练习

练习检测是数学教学中必不可少的环节，它是课堂教与学信息反馈的有效通道。通过练习检测，教师可以及时把握课堂进程，调节教学进度；通过检测结果，教师可以把握学生掌握知识的程度，便于及时解决问题。

传统方式下的课堂检测结果及检测情况统计需要花费教师大量的时间，现实教学中常常会因为教师批阅不及时或统计不及时使检测的意义大打折扣。信息技术的交互性可以使课堂练习与检测的信息快速得以反馈。这种便利、快捷的方式是任何一种非信息化手段所不能达到的，教学中我常常使用

这种方式进行检测。这种检测方式的优势在于：学生在提交检测结果的瞬间就可以看到对错情况，系统也快速地将对错统计结果显示出来，教师一眼便能看到大部分学生的问题集中在哪里，每个问题有哪些学生出错，为及时进行教学工作的查漏补缺赢得了时间，也为下一次课堂教学活动的设计提供了一手材料。

实践证明，信息技术是一种高层次、高效率的现代化教育手段，把它运用到教学中，能有效地提高学生的学科素养和多种能力，使学生形成完整的知识体系和空间观念，有利于学生创新意识和能力的培养。作为一名一线教师，要积极探索信息技术与学科教学的切入点和整合点，发挥其优势，提高课堂教学有效性。

参考文献

[1]汪琼，李林编.交互式电子白板教学应用教程[M].北京：北京大学出版社，2016.

[2]义务教育《数学课程标准》（2011年版）[M].北京：北京师范大学出版集团，2013.

初中生形体健康问题的成因及对策研究

卢宝利　李宝新　岳国新　曹晓春　郑春红　陆文斌

一、问题的提出

长期以来，由于片面追求升学率，从学校到老师再到家长，过多关注孩子的学习成绩，而对学生的身心健康关注不够，导致学生身心健康水平持续下降，尤其是体重超标、视力下降问题日趋严重。2011年公布的《北京市2010年卫生与人群健康状况报告》即"北京市民健康状况白皮书"显示：2010年北京市中、小学生近视和肥胖等问题日益严重，是影响我市青少年健康的主要问题。2009—2010学年度北京市初中生视力不良检出率为71.0%，肥胖检出率为19.8%。

我校学生的身体素质同样不容乐观。在2011年5月课题组对实验班七十八名学生进行前期情况调查，统计结果为：体质健康测试成绩不及格的有十五人，占19.2%，优秀的只有四人，良好的有二十六人；体重正常的只有十六人，仅占20.5%；肺活量体重等级达到良好和优秀的只有八人，占10%。

学生走路时探颈、窝肩、驼背，坐姿塌腰、弯背等形体不良问题更令人担忧。2007年，北京市教委和北京市体育局组织北京市国民体质监测中心、北京市体育科学研究所和北京职工体育运动技术学院培训中心等随机抽样对本市一百零二名初一学生进行了形体测评，结果显示：八成多青少年形体不良，探颈、驼背比例近半。在我校学生中，学生的形体不良问题也很严峻，存在不良坐立行姿势等问题的学生80%以上，具有严重形体不良的学生占23%。

初中学生正处于青春期发育最剧烈、最关键的时期，也是人生观和世界观形成的关键期，如果此时他们不能得到及时有效的引导和帮助，将很容易产生形体健康问题，这不仅关系着学生的身心健康水平，也会影响他们一生的发展。所以，在初中阶段开展形体健康教育的研究是很有必要的。

二、国内外研究现状

目前，国内外有关形体健康这一层面的研究并不是很多，更多的是"形体训练"，而且多是针对专业人员或者特殊人群所进行的形体训练课程，即使有些学校开设了形体训练课程，也更注重的是形体美的训练，而不是以人的全面发展、以健康为第一要素的主动而有意识的行为。随着近年来素质教育的深入，一些中小学校在形体健康训练方面进行了有益的探索，但是这些学校大多将形体训练渗透于体育与艺术（音乐）课程之中，主要内容包括舞蹈、健美操等形体训练。

还有的学校开展了文明礼仪教育，但其落脚点更多停留在思想道德教育层面。现在更有一些体育研究机构涉足其中，但其关注点也有很大的局限性。由此我们认为，中学形体健康教育的实践和研究还处在起步阶段，而且更多地强调了外在形体美的训练或更多地强调身体机能的训练，而忽视了二者的完美结合，更忽视了内在心理品质对形体健康的影响；操作人员往往是专业人员、音体教师，而其他人员或其他教师参与较少，形体健康教育还没有形成学校内部的教育合力；在操作形式上往往重视相关形体训练课，而忽视了把形体健康教育渗透于学校教育的整体之中，还没有形成系统的形体健康课程和形式，也没有形成系统的理论。

三、研究的目的和意义

（一）研究目的

初步了解当前初中生形体健康现状和形体不良产生的原因，掌握学校形体健康教育中养成干预的有效途径与方法，形成一套学校对初中生形体健康教育检查与评价方案，提高学生形体健康水平。

（二）研究意义

通过探究形体健康状况的评价标准和学校形体健康教育的养成干预的实践，总结和发现规律，促进本校学生形体健康评价体系的建立，推动学校形体健康教育工作的开展，促进学生全面素质的提升。

四、研究的主要内容

（一）主要概念的界定

形体及形体健康：形体是指人体的外在表现，即人体四肢、躯干、头部及五官的比例关系；形体健康是指人的身高、体重等整体指标发育正常，人体各部位之间的比例关系恰当，各部位身体机能正常。形体健康主要包括四个要素：体态，即身体各部位的均衡性、对称性、线条，如身高、体重以及脊柱、肩、腿等发育状况；姿态，即人体表现出的静态与动态姿态，着重指站立、行走、坐卧等；机能，主要包括身体内脏的功能和运动能力；心理，指人对自身的身体状况有客观的认识，保持适当的心态。

体型与形体是两个不同的概念。体型很大程度是与生俱来的，带有遗传因素，比如腿的长短、头型等。但一个体型良好的人却并不一定有好的形体。好的形体是人体的四肢、躯干、头部合理配合才能显示出的姿态美、体态美、线条美等外部形态与内在的心理因素、精神因素和所受教育水平、充足的自信心所综合表现出的和谐统一美。本课题所指形体健康是指以身心健康为基础，以正确的道德认知、良好的人格修养、完美的形体表现的和谐统一体。所以说健康的形体完全可以通过后天的教育、培养、锻炼而获得。

（二）主要研究内容

采用随机抽取方式，确定2010届初一年级5班和12班为实验班（共七十八名学生），2010年9月至2012年7月历时两年时间完成。

1.初一年级形体健康问题现状及问题的成因分析，通过问卷调查、访谈及文献研究等途径，了解我校初一学生形体健康现状，分析问题产生的原因，撰写调查分析报告。

2.形体健康养成干预的途径与方法。

五、研究的方法与手段

本课题的研究以行动研究为主，综合使用调查法、个案研究法等。通过了解现状→明确问题→分析问题→制订方案→将方案付诸行动的循环往复的过程，不断反思改进，获得科学的结论，实现课题研究的目的和任务。运用总课题组及教师设计的调查问卷对本校初一年级两个班学生进行调查测评，掌握学生形体健康水平并进行细致的反馈分析。通过调查、访谈，筛查出典型的形体不良学生作为个案研究对象，通过有计划的教育与指导，改变他们的不良现状，提高他们的形体健康水平，从个别经验中总结出初中生习惯培养的一般性规律。

六、研究的过程及初步成果

（一）做深入细致的调查分析，明确初中生形体不良形成的原因

在课题研究前期，我们首先通过体育课的体能测试和区课题组设计的调查问卷，对实验班学生的体型、体能进行了测查。同时教师通过对每一个学生的跟踪观察，确定学生在姿态方面的问题。之后，对学生的问题进行统计、归纳和分析，并将个别问题较为典型的学生的情况告知家长，寻找问题形成的原因。

经过认真的分析，我们认为初中生形体健康问题形成的原因主要有以下几个方面：

1.内因

（1）遗传因素和骨发育不良因素。如O型腿和X型腿的形成主要是由先天遗传或婴幼儿期的营养不良或养育的方式有问题而造成的。有专家认为O型腿和X型腿如果在婴幼儿期早发现早治疗是完全可以纠正的。

（2）不正确的认知。有的男生认为"水手步"很酷（即腰部松弛，上体左晃右摆地走），实际显得鲁莽、粗俗，给人轻浮的感觉。还有站立时喜欢歪着肩，斜着眼，双手插进裤子的兜里，上身微微后仰，脚一前一后的姿势，这也是耍酷的心态作怪。这其实是一种美学误区，是心理不成熟的表现。这种姿势引起的毛病比较多，比如双肩不平、窝肩等，不但严重影响形体美观，还是一种不自信的表现。心理专家指出，歪肩、斜视、双脚一前一后是个有利于随时逃跑的姿势。

（3）不正确的书写、阅读姿势。有的学生书写时胸部靠桌子太近，执笔时手离桌面太近，使得头不得不使劲往下低，甚至歪着头写字，这样很容易造成探颈、窝肩、驼背。还有的学生喜欢躺着看书，时间长了，不仅影响视

力，也容易造成窝肩、驼背。

（4）青春期发育的心理影响。有的女同学由于乳房发育害羞而伸颈含胸，有的学生则因个子高总是屈就别人而驼背、伸脖。

（5）上网、看电视时间过长。有些孩子染上网瘾，一次上网就是几个小时，甚至通宵达旦，累了就歪着、趴着、躺着，什么姿势都有。

（6）营养问题。由于营养过剩、运动量不够导致的肥胖和挑食导致的营养不良人数较多，在前测中占实验班总人数的36%。

2.外因

（1）书包过重。初中生有教材的有十几门课，再加上一些辅助教材、练习册、作业本等，每个学生的书包都装得满满的，我们在两个实验班给部分学生的书包称重，每一个都在10斤以上。一个十二三岁的孩子长年累月背着就连成人提起来都费劲的书包，只能弓腰、探身。

（2）学习压力大，学习时间过长。长时间伏案低头写作业，使脊柱长时间处于不良的弯曲状态，容易使脊柱变形，引起颈胀、腰酸、内脏受挤压，久而久之使躯体形成不良姿态。

（3）座椅设计不科学，使用不配套。过去的老式桌椅的高度是无法调整的，而在一个班里学生的身高有时会相差很多，但他们却用着同一型号的桌椅，使得小个学生双臂使劲往上够，而高个学生只能塌腰、弯背，往下就。现在，虽然绝大多数学校都改用可以调整高度的桌椅，但由于责任不明确，一年两年可能也没有人管。

（4）学校老师和家长关注不够，体育活动时间少。学校老师和家长过分关注孩子的学习成绩，而忽视他们的身体和心理健康。在学校，学生的室外活动时间不足，有时课间十分钟去趟洗手间都匆匆忙忙，更谈不上游戏和娱乐了。回到家里，除了老师留的家庭作业，还要补课或完成家长的作业，一周七天都被书本拴着，孩子们身心疲惫，如何还能奢望他们坐得正、站得直呢！

（二）针对问题，寻找对策

1.改变认知，转变态度

行为的改变必须以思想认识的转变为基础。对于初中的教师和学生来说，健康的形体到底应该是什么样的，他们并不清楚，甚至"形体健康"这个词他们也是第一次听到。所以应该提高学校领导干部和教师的思想认识。学校把有关形体健康的概念、内容和重要意义在年级教师会上专题讲解，使干部教师对形体健康形成正确的理解，从而激发其主动参与形体健康教育的积极性。只有学生真正认识到形体健康的重要性，真正产生改变的愿望，他们才能自觉、自愿地改变自己的行为。为促进学生认知的改变，我们要抓宣传教育。通过主题班会、班级板报，让学生了解形体健康的概念和重要意义，分清什么是美、什么是丑。两个实验班的班主任将校内和班内学生不良的坐、立、行姿势进行抓拍，在主题班会上向大家展示，并与人民解放军、礼仪小姐等进行对比，使学生心理上产生强烈的震撼，激发他们改变的愿望。

2.明确目标，自觉自愿

明确的目标是行为的动力来源。只有让学生明白健康形体的内涵、标准，他们才能找到自己的问题，才有可能制订具体的改进措施。我们把正确的坐、立、行姿态和心理健康的标准打印出来，放在学校编制的人手一册的"培养良好习惯，促进形体健康"记录手册的前面。见下表：

表1　形体健康检查评价具体内容

一级指标	二级指标	评价标准
坐姿	听讲	头颈正，目平视，肩展平；胸挺起，腰腹收，脊柱挺；骨盆正，臀放平，椅前位；膝向前，腿分开，脚放平
	读书	眼离书本要一尺，脚放平，背挺直；胸离桌子约一拳，书本立于桌面，稍稍向外倾斜
	写字	三个一：眼离书本一尺，胸离桌边一拳，手离笔尖一寸。拇指食指对齐捏，中指在下来托起，剩下两指自然卷曲在桌面支撑。纸笔放正，笔尖向前，笔杆向右后倾斜约60度靠在虎口外侧。口诀：一捏二抵三衬托，指实掌虚腕灵活，角度适宜方向正，笔画轻重细琢磨
立姿	问答	头颈正，目平视，肩展平；胸挺起，腰腹收，脊柱挺；膝靠紧，脚跟并，脚前分；重心提，力平分，不倚靠；手两侧，自然放

一级指标	二级指标	评价标准
	读书	身正，腿直，两脚稍分开；两肘贴身，小臂与身体约45度角，两手托书的中下部，虎口向上托，大指在内侧，其余四指在外侧，页面倾斜约45度；头微低，眼睛与页面约一尺距离
行姿	步行	挺胸抬头，平视前方，腹部收紧；脊柱伸直，双肩后拉，重心向上；伸直膝盖，脚跟先落，步幅适中；上体伸展，不晃肩膀；双臂贴胯，自然摆动
心理心理	自我认知	有正确的自我观念，能了解自我、悦纳自我，体验自我存在的价值
	心理状态	乐于学习、工作和生活，保持乐观积极的心理状态
	人际交往	善于与同学、老师和亲友保持良好的人际关系，乐于交往，重视友谊
	人格个性	有统一的人格、良好的个性。始终保持坚强的意志，诚实、正直的作风，谦虚、开朗的性格。对挫折和失败具有较高的承受力
	情绪心境	情绪稳定、乐观，能适度地表达和控制情绪，不过悲、过喜、过忧、过怒。保持良好的心境状态
	心理行为	心理特点、行为方式符合年龄特征，有一定的安全感、自信心和自主性，而不是过强的逆反状态

　　学校把前测中每个学生存在的问题告知学生，在《手册》中明确写出。

　　我们还制作了由本校学生做示范的"中学生坐、立、行图解"，悬挂在两个实验班教室的墙上。见下图：

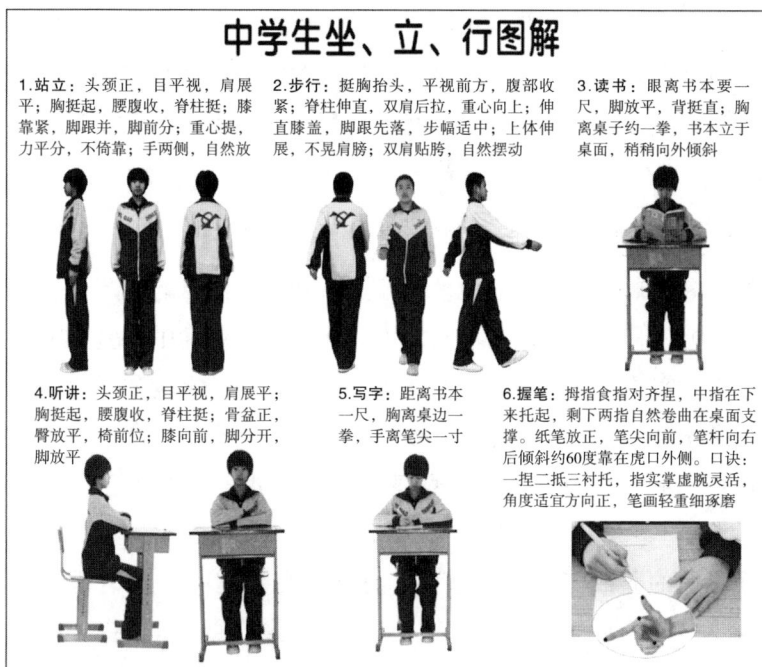

玉桥中学制作的《中学生坐、立、行图解》

学生对照标准进行自我反思，制订改进措施，请老师、同学和家长为自己提出问题和改进的意见，在此基础上每个人制订出个人详细的改进计划。这样，学生积极主动地参与到行动中来。

3.统一认识，合作补台

学生形体健康问题的形成是多方面原因造成的。学校必须统一协作，才能获得最大的成效。我们将总务、班主任、任课教师、心理教师共同组织起来，从外部硬件设施到内部心理调试，从班主任的行为管理到任课教师的课堂渗透，多管齐下。总务负责将本校学生的桌椅进行一次全面的检查，根据学生的身高调整桌椅的高度；教室的灯进行检查，使其达到标准的亮度。心理教师通过主题活动课、专题辅导、个别咨询等方式，解决实验班学生心理上的一些问题。音乐课、体育课，加强学生的形体训练。班主任侧重平时的检查和督促。其他任课教师在课堂中渗透形体健康教育，如学校要求教师要及时纠正学生不良姿势（坐、立、行、书写等），严格控制作业量，在时间允许的情况下适时做一做课题组推荐的手指操等。

此外，形体健康教育要真正取得实效，还必须有家长的支持和配合。实验班级利用家长会时间宣讲了形体健康教育的意义及学校的要求，并将每个孩子的前测结果告知家长，让家长共同参与制订孩子的改进计划，并且发挥监督作用，每周在记录手册上签字。

4.活动为主，强化训练

对于初中生来说，一味的说教不仅达不到预期的目的，还会引起学生的反感。必须把教育寓于丰富的活动之中，让学生在活动中体验和感悟，产生改变的愿望。实验班级定期召开主题班会，用真实的事例和图片让同学们认识到健康形体对自己的身心健康、今后的事业和家庭都将产生极大的影响，而且当他们看到自己及身边人的不良形象时，才真真切切感受到问题的严重性。

良好习惯的养成需要一个过程，特别是在要克服一个不良习惯的前提下，更需要一个长期而艰苦的训练过程。所以我们通过健美操、形体训练操及体育课，加强形体训练。在班级教学工作中，教师时时关注学生的形体健康，对有问题的学生及时给予提醒和纠正。

5.监督、检查、评比，形成制度

监督与检查是养成良好习惯不可或缺的过程。在课题组的要求下，实验班级建立了监督、检查和评比机制：每周学生有自查、同学评议、家长评议和班主任评议；班级建立督察小组，随时检查学生的情况，并对检查结果进行公布；学期末班级根据学生的进步程度和平时表现评选形体健康标兵，树立起班级先进典型。"形体健康标兵"的彩色照片张贴在楼道的橱窗内，与那些"学习标兵""优秀班干部"并列在一起，让受表彰的学生得到极大的心理满足，也让未受表彰的学生找到榜样。

七、研究结论及建议

经过两年的努力，学生的形体健康水平得到明显的提升：课堂上学生们坐得正、站得直，姿态问题明显得到改善，课堂气氛和学生的精神面貌都有了较大改善。

表2　玉桥中学学生体形、体能测评数据对比（总人数：78人，单位：人）

	胖瘦				体质健康综合成绩				鸡胸	探肩	驼背	八字脚	O型腿	X型腿
	正常	超重	肥胖	偏瘦	优秀	良好	及格	不及格						
前测	16	10	24	28	4	26	32	16	1	22	32	11	12	1
后测	39	14	22	3	22	45	5	6	1	11	8	5	2	1
变化	23	4	2	25	18	19	27	10	0	11	24	6	10	0

　　表2数据显示，实验班学生正常体重人数明显增多，体质健康综合成绩（数据源于北京市体质健康测试）优秀人数明显增多，良好以上成绩人数占总人数的百分比由38.5%上升到85.9%。学生探肩、驼背等不良姿态得到明显改善。

表3　玉桥中学学生姿态变化统计表（总人数78人，单位：人）

	坐听				坐读				坐写				站立				立读				行走			
	A	B	C	D	A	B	C	D	A	B	C	D	A	B	C	D	A	B	C	D	A	B	C	D
前测	28	22	16	12	29	16	19	14	10	35	18	15	22	18	22	16	28	15	21	14	22	17	16	23
后测	57	21	0	0	58	20	0	0	55	21	2	0	67	6	5	0	69	6	3	0	65	13	0	0

　　说明：课题组根据坐立行姿态具体的标准，将学生的坐立行姿态分为四个等级，即A、B、C、D，A为规范，持久；B为基本正确，持续；C为有一、二项明显错误；D为有多项明显错误。

　　从表3可以看出，学生的坐、立、行姿态变化非常明显，有93%的学生不良姿态得到了转化。有的家长在"培养良好习惯，促进形体健康"记录手册中写道：这项活动太好了，孩子变化很大，家长原来反复强调的弯腰驼背问题现在已经解决了。

　　此外，干部教师的科研意识和形体健康的教育意识明显提升。通过参与本课题的研究，实验教师的科研意识和能力有了较大的提升：他们中多数从未参与过课题研究，通过参与本课题的研究他们学会如何确定选题，学会撰写课题研究方案，了解了主要的研究方法，也看到了课题研究给自己和学生带来的变化，从而更加乐于参与课题研究。干部教师对于形体健康教育的意识得到增强，初二年级李主任在观摩了岳国新老师的主题班会后激动地表示：这样的教育太有必要了，下学期要在全年级推广。

本课题的研究结果表明，初中生的形体健康教育是非常必要的，学校只有充分发挥班主任、任课教师及广大学生家长的合力，有针对性地开展教育、引导和辅助矫正工作，才能取得良好的效果。因此提出以下几点建议：

（一）进一步加强对广大师生的宣传教育，使其充分认识形体健康的重要性，自觉、自愿关注形体健康。

（二）加强理论学习，努力争取专家的指导。形体健康教育专业性较强，尤其是对问题学生的转化和指导，必须在科学理论的指导之下进行。

（三）学校应将学生的形体健康水平纳入对学生和教师的总体评估，让全体教师都来关注学生的形体健康，让学生重视自己的形体健康。

参考文献

[1]王志胜（健康时报记者）.有八成多青少年形体不良[N].健康时报，2007-4-30(24)，ciety.people.com.cn/GB/37454/37462/5674500.html。

[2]北京市人民政府.北京市2010年度卫生与人群健康状况报告[M]. 北京：人民卫生出版社，2011.

[3]中国学生体质与健康研究组.2000年中国学生体质与健康调研报告[M].北京：北京高等教育出版社，2002.

创设教学情境　实现高效课堂

耿玉梅

一、教学情境的定义

这里的"情"指的是老师传授知识时表现出来的情感及传递给学生并希望唤起学生共鸣的情感。"境"是传授知识的环境和氛围，既包括学生所处的物理环境，如学校的各种硬件设施，也包括学校的各种软件设施，如教室的陈设与布置，学校的卫生、绿化以及教师的技能技巧和责任心等。

教学情境是指在课堂教学中，为落实教学目标，根据教学的内容，教师所创设的生动具体、能引起学生情感体验、使其主动参与到学习中的学习环境。创设情境就是指创设知识应用的实际环境，使教学不仅传授知识，也是一个与学生情感交流并引起共鸣的过程。

二、创设情境的意义

（一）"创设情境"能帮助老师很自然地引入主题

有的老师不注意情境创设，通常很生硬地直接抛出主题，学生既没有心理准备，也没有知识背景，更谈不上情感接轨，因此这些老师很有可能刚一开始上课

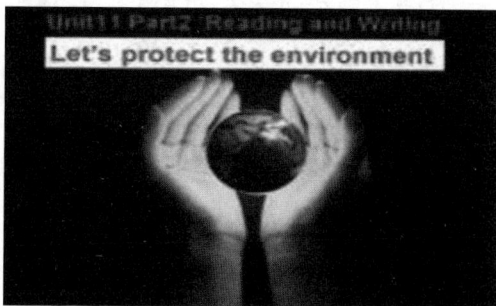

图1

就跟学生行走在两条平行线上，那么提高课堂效率又从何谈起呢？

Book15 Unit11 Part2是一篇课文教学，讲述的是环境保护的问题，在引入部分，我先出示了人类赖以生存的唯一的星球——地球的图片，通过该情境引导学生意识到我们必须要保护它，从而引出本课题目（如图1）。

（二）有利于激发学生的兴趣，体现学生的主体地位

孔子说："不愤不启，不悱不发，举一隅不以三隅反，则不复也。"孔子的这段话，在肯定启发作用的情况下，也强调了启发学生进入学习情境的重要性，所以良好的教学情境能充分调动学生学习的主动性和积极性，启发学生思维、开发学生智力。只有学生对所学知识感兴趣，才能真正地主动获取，而不是被动地接受，因此，"创设情境"是提高课堂教学实效的重要途径。如北京版实验教材Book15 Unit6 Part2是一节课文教学，在阅读前我用了一张课文中的主人公little Kimi正在背诵一首中国古诗的图片，既进行了词汇铺垫（如图2），又为学生理解课文铺设了台阶，

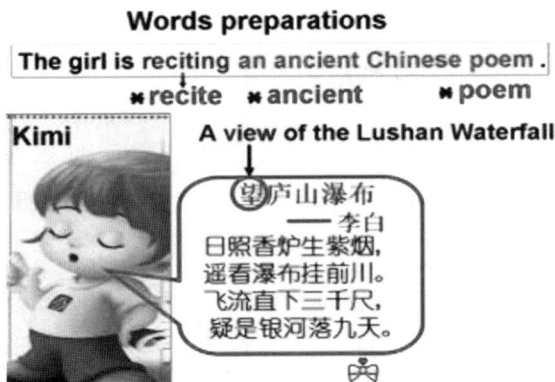

图2

同时大大激发了学生想更多了解她的欲望，从而体现学生的主体地位，最终达到提高课堂效率的目的。

（三）能帮助学生理解重、难点

有些知识很难理解，老师不厌其烦地讲解是无助于重难点的突破的，因此我们可以通过情境创设帮助学生铺设一些台阶，比如词汇铺垫，比如背景知识补充，再比如长难句的理解，从而使学生有信心、有欲望。

下面这个例子是一篇讲述温室效应对环境影响的课文教学，本文的目的是让学生了解温室效应，同时提高阅读技巧。学生对温室效应知之甚少，加上大量生词阻碍学生理解文章，本课中还含有不少长句、难句，因此为了解决这个难点，我采用了多媒体动画及图片的方式来突破（如图3、4）。

（四）便于学生获得感性材料，把理论与实际联系起来，更容易构建知识体系

有的学生理解能力和想象能力相对弱一些，因此老师的理论性讲解对

于他们来说理解起来比较困难。这时老师就可以通过创设情境来帮助学生理解，从而构建起相关的知识体系。

如在讲解过去进行时的新授环节中，我设计了一组图片配乐故事，讲述的是昨晚某地发生了一场火灾时人们忙碌的场景，以此让学生体会过去进行时的语用功能，事实证明这一方法的确很奏效。

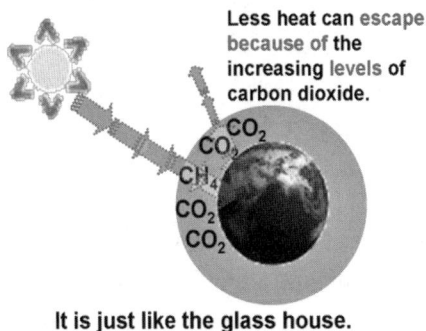

图3

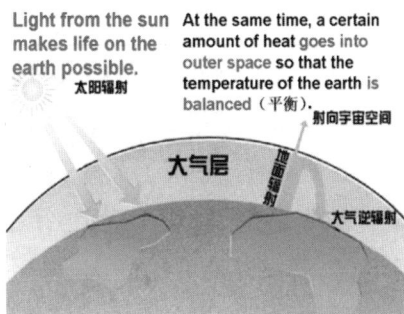

图4

三、创设情境的方法

情境创设的方法不拘一格，而且只要老师肯用心，还是不难做到的。老师可以根据知识内容及教学环节的需要来采用恰当的方法。

（一）生活展现情境

即把学生带入社会、带入大自然，从生活中选取某一典型场景，作为学生观察的客体，并以教师语言的描绘，鲜明地展现在学生眼前。如：在一节写作课中，需要学生学会提建议，那么我就设计了这样一个情境，我现在的体重日益增加，所以很苦恼，希望大家能帮帮我。

（二）实物演示情境

即以实物为中心，激起学生的求知欲。这个方法在我们的英语教学中非常常见。在学习新单词时，我们如果能利用身边的实物，就没必要劳心费力了，因为这种方法既简单又实用。

图5

比如在学习教室里的物品和学习用具时，我们就可以信手拈来，学生很直观地就了解到这个英文单词对应的物品。

（三）图画再现情境

图画是展示形象的主要手段，用图画再现课文情境，实际上就是把课文内容形象化。

课文插图、特意绘制的挂图、剪贴画、简笔画等都可以用来再现课文情境。北京版实验教材Book15 Unit4 Part2是一篇介绍乔丹的文章，他虽然很杰出，但由于与学生年龄差距较大，大部分学生不是很了解他，因此不是很感兴趣。我便在黑板上画了个简笔画，一个人在打球（如图5），但既像打篮球又像打排球，所以学生不确定是什么，然后我继续补充，写了个23号，又写了个Bull，有的就能说出乔丹的名字了，这样就可以牵动着学生，引学生入情境，然后请知道的同学简单介绍他所了解的有关乔丹的情况，还有很多我们不知道的事情，以此激发学生的阅读欲望。

另外，北京版实验教材11册的一节听力课中，主要让学生学会询问"这是什么，那是什么"。因此，我便利用多媒体展示了一些东西的俯视图片或残缺图片，来引发学生询问，从而引入本课课题（如图6—9）。

 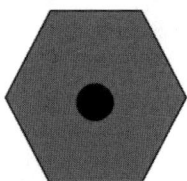  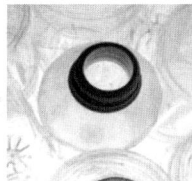

图6　　　　　图7　　　　　图8　　　　　图9

（四）多媒体渲染情境

教师可以通过播放音乐、视频把学生带到特有的意境中。音乐的语言是微妙的，也是强烈的，给人以丰富的美感，往往使人心驰神往。它以特有的旋律、节奏，塑造出音乐形象，把听者带到特有的意境中。用音乐渲染情境，并不局限于播放现成的乐曲、歌曲，教师自己的弹奏、轻唱以及学生表演唱、哼唱都是行之有效的办法。关键是选取的乐曲与教材在基调上、意境上以及情境的发展上要对应、协调。

在讲一篇关于环保的阅读文章之前，为了引入本课话题、介绍本课背景，我播放了一小段有关人们破坏环境的视频，配上低沉的音乐，借以衬托地球现状的悲哀，引起大家保护环境的共鸣。从大家专注的眼神中不难看出，大家已被这浓浓的氛围感染了。

（五）活动体会情境

即通过游戏、竞赛、表演让学生亲身体会，融入某个情境。情境教学中的表演有两种，一是进入角色，二是扮演角色。"进入角色"即"假如我是课文中的××"；扮演角色，则是担当课文中的某一角色进行表演。由于学生自己进入、扮演角色，课文中的角色不再是在书本上，而就是学生自己或班集体中的同学，这样学生对课文中的角色必然产生亲切感，很自然地加深了内心体验。

还是在讲过去进行时的时候，在知识巩固环节，我设计了一个猜谜游戏，把学生事先在家拍好的周末上午10点的照片用半遮盖的方式展示出来，学生很自然地发出疑问，她在干什么？这样就很好地达到了通过创设情境，让学生理解并巩固所学知识的目的。

在语言输出环节，我用一位女士被害，警察在调查事发时与之相关的人在做什么的图片创设情境，然后让学生进行角色表演，让学生学会在真实的语境下应用该语法项目。

（六）语言描述情境

以上所述创设情境的五种途径，都是运用了直观手段。情境教学十分讲究直观手段与语言描绘的结合。在情境出现时，教师伴以语言描绘，这对学生的认知活动起着一定的导向性作用，并且带着感情色彩作用于学生的感官。学生因感官的兴奋，主观感受得到强化，从而激起情感。在学习一般过去时的时候，老师可以讲述自己小时候的故事来吸引学生的注意力，同时让学生体会过去时的语用功能。

（七）巧用课堂突发事件

例如：有个同学上课迟到了，今天恰巧要学习情态动词的用法，我便问大家如果迟到了怎么办，大家回答："喊报告。"那么你们知道英文的"报告"怎么说吗？"May I come in？"大家不难推断出may的意思及用法。再比如：讲进行时的时候，如果某个同学走神了，可以向他询问："What are you doing？"学生很快就明白了老师的问话。再比如，某个同学身体不适，老师便可以询问："What's wrong with you？"

总之，就英语学科而言，"创设教学情境"就是让学生为了一定的目的，以一定的身份，在一定的场合使用所学语言。可能用到情境创设的课型有课文教学、语法教学、听力、写作等。可能用到情境创设的环节有引入、新授、语言输出等。不是每节课或每个环节都要用，且方式或单一或混合。

四、创设情境的原则

情境创设固然重要，方法也是多种多样的，在此过程中，老师一定要遵循以下几条原则，才能恰到好处地发挥它的作用，达到理想的目的。

（一）诱发性原则

在创设教学情境时，一定要保证新设情境能激起学生的认知冲突，引发学生的积极思考。

（二）形象性原则

强调情境创设的形象性，其实质是要解决形象思维与抽象思维、感性认识与理性认识的关系。为此，我们所创设的教学情境，首先应该是感性的、可见的、摸得着的，它能有效地丰富学生的感性认识，并促进感性认识向理性认识的转化和升华；其次应该是形象的、具体的，它能有效地刺激和激发学生的想象和联想，使学生能够超越个人的经验范围和时间、空间的限制，既使学生获得更多的知识，又能促进学生形象思维与抽象思维的互动发展。

（三）真实性原则

在创设情境时，一定要尽量使情境真实或接近真实，在现实生活中能找到。学生在"眼见为实"的丰富、生动、形象的客观事物面前，通过对情境相关问题的探究，完成对主题的意义建构。

（四）接近性原则

在课堂教学中，教师创设的情境要符合苏联著名心理学家维果茨基的"最近发展区"理论。创设问题的深度要稍高于学生原有的知识经验水平，具有一定的思维容量和思维强度，需要学生经过努力思考，"同化"和"顺应"才能解决问题，也就是我们常说的摘果子时，须"跳一跳，才能够得着"。

（五）合作性原则

时代要求培养学生的集体观念、团队精神和合作能力，让他们学会交流和分享获得的信息、创意及成果，并在欣赏自己的同时，学会欣赏别人。教师在创设情境时，要考虑充分利用小组合作学习，让小组成员之间愉快地交流、协作，并共同克服学习中出现的困难。

总之，通过情境创设，能帮助学生理解重、难点，构建知识体系；另外学生的兴趣被激发出来了，积极性被调动起来了，能主动参与到教学中，课堂效率自然也就提高了。

运用现代信息技术　助力地理实践活动

王秀芬

随着现代信息技术的兴起，"互联网+"的提出，使得现代信息技术渗透到各个领域，不仅成为社会、经济、科技发展的最为重要的工具，也成为现代教育的一个重要内容。那么如何在地理实践活动中融入信息技术，使现代信息技术真正助力学生的地理实践活动就成为亟待解决的问题。

一、现代信息技术在初中地理实践活动中的应用

随着基础教育改革的实施，现代信息技术不仅越来越多地应用于课堂教学中，而且融入学生的地理实践活动。为此我们专门成立了多所学校参与的地理课题组，以"新课改下初中地理实验教学实践研究"为题进行研究，大胆尝试把现代信息技术融入学生的地理实践活动。

（一）运用平板电脑，实现互动式教学

新课程改革提出"让课堂充满生命力，让学生成为学习的主人"，呼唤教学过程以学生为主体，实现互动式的教学。课题组的王喜跃老师在讲《地图》一节时，充分利用平板电脑进行教学，首先，利用平板电脑向学生推送三种比例尺的转换，之后组织学生利用平板电脑上的地图查找自己家庭和学校的住址、量算家到学校的距离，在这两个环节中，教师都是针对学生的答题情况选择性地进行投屏展示，反馈学生作答的信息，引导学生进行分析、评价，实现师生间、生生间的直观互动。从这节课我们看到，平板电脑贯穿于课堂始终，已然成为课堂学习的新载体，它不仅呈现出各种学习资源和学习用具，给学生提供更加优质的学习环境，同时又能及时对学生进行评价、及时反馈和及时处理、使用课堂上生成的信息，给课堂教学带来了诸多便捷，这是常规教学中难以实现的。与此同时，它也改变了在地图上圈画查找目标点（家、学校）、用直尺量算地图上距离的常规实践活动方式，使用网

络地图这种现代信息技术形式用最短的时间、最便捷的方式解决了以往的这些老问题，提高了学习效率，凸显现代信息技术的作用，很明显，这种对地理实践活动也起着很好的助推作用。

（二）运用GPS定位，科学、高效地助推定向越野活动

同样是《地图》一节的教学，课题组的李冬梅老师则采用组织学生进行定向越野的形式。活动地点定在通州区运河森林公园。在此次活动中，教师提前对学生进行分组，发给学生森林公园平面图，并在图中标明了要寻找的目标点，与此同时向学生发放活动任务单和GPS定位仪。当定向越野开始时，学生根据任务单的要求，首先依据图例来寻找自己的位置和目标点的位置，然后利用GPS的指南针定向功能，确定方向，利用GPS确定目标点的海拔高度，量算出发地到第一个目标点的图上距离。当他们沿着定好的方向寻找到目标点时，就会发现有新的任务单，如写出那块岩石在目标的什么方向？岩石距离目标点有多远？就这样，学生通过定向越野实践活动，利用GPS等现代信息技术手段来认识地图的三要素，学会看地图、用地图，量算距离和辨别方向。很显然，利用GPS的指南针定方向，比常规在地图上确定方向和根据太阳定方向更科学、更准确、更便捷，效率会更高，这无疑对学生的定向越野实践活动起到助推作用。

二、对现代信息技术助力学生地理实践活动的思考

通过教学中的实践和越来越多的实例，我们清晰地看到了现代信息技术对学生地理实践活动所起的独特作用，具体有以下几个特征：

（一）体现了时代性特征

当今时代就是以"互联网+应用"为突出代表的信息技术革命时代，这表明互联网已遍布各个领域。在地理实践活动中充分利用现代信息技术，既是对学生学科地理技能素养的培养，也是对学生信息技术实践活动素养的培养。正因为有这个时代特征，地理实践活动这个传统的教学方式绽放出新的花蕾。因此运用信息技术助力学生地理实践活动，起到了将学科实践活动和信息技术实践活动融会贯通的作用，这是以往实践活动没有体现的。

（二）体现了效率性特征

因为现代信息技术在短时间内可以使学生获得大量的信息，也提供了实践场地，使得实践活动的场所虚拟化、数字化，但更贴近真实的情境，这就降低了学生实践活动的成本，如材料、交通、时间成本，提高了学习的效率。

（三）体现了趣味性特征

为什么学生对现代信息技术那么感兴趣？手机和互联网这些现代信息技术对于学生而言为什么会如此有吸引力？很重要的一点就是手机和互联网中不断更新的信息吸引他们，挑战性较强的游戏吸引他们，使他们不断地挑战，不惧怕困难和失败。基于此，在实践活动中，可利用现代信息技术这个载体，为学生创设有探究价值和挑战性强的问题，引导学生利用这些设备，解决老师提出的问题。在这个过程中，势必会激发学生在实践活动中的参与欲望和斗志，激发实践活动的兴趣，提高实践的效果。

（四）体现了渗透性特征

通过前面几个实例可以看到，无论是课内还是课外的形式，无论是实践活动过程中哪一项具体内容（如开始的任务布置、小组合作、师生互动、成果交流反馈、成果的物化等），无论哪一次具体实践活动过程，都能体现现代信息技术的应用及现代信息技术与地理实践活动的有机结合和渗透，发展前景美好。这个过程不是为了使用信息技术而使用，而是为了培养学生的学科实践活动能力和综合素养。

总之，现代信息技术在地理实践活动中的应用，会使课堂信息含量越来越大，题材资源越来越丰富，课堂形式越来越活泼多样，互动和交流越来越频繁，学生的兴趣也会越来越浓厚，这势必会推动学生地理实践活动的开展，提高学生的地理综合素养。

注重课堂反馈　掌握真实信息

陈淑焕

美国当代著名心理学家、教育家布鲁姆指出："掌握学习策略的实质是群体教学并辅之以每个学生所需的频繁的反馈与个别的矫正性的帮助。"教学过程的每个步骤都必须通过评价来判断其有效性，并对其中出现的问题进行反馈和调整，从而保证每一个学生都能得到他所需要的特殊帮助。通过反馈，可以不断地矫正偏向和失误，逐步达到预期的目的。作为教师，必须通过教学反馈来把知识信息的系统输出转变为系统的输入，促使教学恰到好处地适合学生的学习水平，使学生对知识的好奇心理和探求欲望能够在自己设置的情境中被激发出来，顺利地按照目标要求形成学生的思维活动，从而呈现以教师为主导、学生为主体的相互作用以及辩证发展的教与学的最佳状态。

教师要想知道教学过程中学生对所教知识的掌握情况，就要及时进行信息反馈。要想掌握第一手的真实情况，就要抓住课堂反馈这一有效途径。下面本人就教学中的做法谈一谈体会。

一、课前设计反馈问题——具有前瞻性

由于课堂45分钟时间有限，要使获得的反馈信息能准确、迅速、具体地反映出各层次学生的学习系统状态，同时也为了尽可能获得更多的反馈信息，课前必须有一个合理的收集反馈信息的计划。根据前馈信息，对于教学中学生可能产生的困惑和问题，做到心中有数。因此要进行哪些提问，该提问哪一层次学生，要做哪些练习，该重点深入了解哪些学生的实际情况，哪些内容要板书，该请谁板书……都要一一设计妥当，以便在课堂教学中能迅速、真实地获取尽可能多的反馈信息，实现预期的教学目的。

比如：根据往届学生在几何证明时往往书写格式不规范、逻辑推理欠

严密等前馈信息，在平面几何入门教学中，教师就要特别加以重视。每节课有意识地安排一两名中等生板书，从中发现问题，及时给全班学生作典型纠正，不断强化书写格式，逐步养成严密的逻辑推理能力。这样做效果良好。

二、课上反馈多途径——具有全面性

（一）课堂教学中善于观察

通过学生听课表情、坐姿、和教师的教态交流获得信息反馈。心理学告诉我们，青春初期的中学生，虽然不像小学生一样心理外露，但我们还是可以从他们的神情上观察到其思维过程中受阻与否的一些迹象。学生两眼有神、端坐聆听，表明所进行的内容对他们有吸引力，教师讲授得法；学生目光转移、坐姿不稳，表明所授的内容他们没有听进去，思想上开了小差；表情乐观、态度积极，表明对所学知识已经了解；表情冷淡、态度消极，表明对所学知识没有理解好。学生的这些表情与动作，就给了我们一种反馈。在教学中若能及时观察、捕捉它们，并进行调控，定能收到良好的效果。

例如：列方程解应用题是很多学生都比较发怵的问题，我在讲授"商品打折"这一部分知识时，开始学生还比较高兴，认为这个问题离他们的生活很近，简直就是"小儿科"的知识，甚至还有学生举了亲身买东西得到优惠的实例。但是随着"成本、标价、售价、折扣、利润、利润率"等一系列名词的出现，有些学生脸上开始出现茫然的神色，这些量之间的关系理不清楚了。我就给学生出了一道题：

某商店进一批衬衫，每件100元，在加价50%后出售，某顾客购买该衬衫时进行讨价还价，结果以8折的优惠购得。在这次交易中，顾客实际花了多少钱？商店获利多少元？

当解决完这个问题以后，茫然的脸上又开始活跃起来，我就趁热打铁，进行例题的教学，让学生找出已知的数各代表什么量、各量之间的关系，从而列出了方程。

（二）师生之间对话交流

师生通过语言交流，可以获得信息反馈，包括课堂提问、课堂讨论以及学生质疑等。课堂提问应具有启发性，能促使学生积极思考，激起思维的波澜。问题难度要适中，大部分学生能作答，以保持信息畅通。课堂讨论应紧密围绕教学重点，有计划、有目的地进行。要组织好不同想法的交流与争论。学生质疑就是对所学的某项内容提出疑问或不同见解，由同学或老师做出回答或解释。在以上过程中，教师可获得不少学生关于在学习新知识的过程中实际掌握程度的信息。

（三）文图反馈更具真实性

通过文字、图像交流获得信息反馈，如教师板书、学生书面练习、检测、板演等都是。书面练习和检测题应具有典型性、针对性、启发性，由易到难。指名板演的学生的水平应与题目的难易相适应。

通过观察表情和师生对话交流，了解的多属信息的定性方面，量化程度较低；而文图反馈不仅信息量大，而且稳定可靠。教师可大面积了解学生，以便及时发现问题，采取对策。

（四）讲课后及时小结，尽量进行当堂检测

讲课后立即回顾本堂课的成功之处和值得改进的地方，以及学生中出现的主要问题和产生这些问题的原因，注意积累和整理，便是切合实际的教学经验。每节课后用一两个小题进行检测，有利于教师掌握最真实的第一手资料，又便于课下进行个别学生的辅导。

三、反馈信息的调控——具有多样性

反馈的目的是改进后继教学，实施对课堂教学的调控，使某一确定目标向预定的方向发展。对反馈信息的处置，一般有以下几种方式：

（一）及时激励启迪

在数学课堂教学中，当学生提出发人深省的问题或有特色的优秀解答，对于深入理解概念、公式、定理等有一定的价值时，教师要不失时机地在全班给予推荐、肯定、鼓励，充分激发他们的学习兴趣和求知欲望，进一步引导他们深入探究，从而加深对知识的理解和掌握。

例如：已知：如图，平行四边形ABCD中，E、F分别是对角线上两点，且AE＝CF. 求证：四边形BEDF是平行四边形。

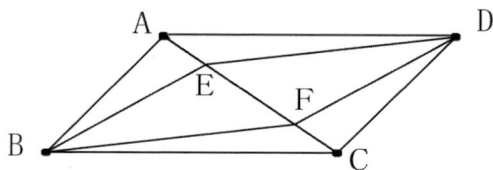

这道题的证明有多种方法，其中通过三角形全等准备平行四边形的条件的占多数，甚至有学生用了三次全等，我对正确的证法都给予了肯定。这时还有几个学生高举着手，示意还有新方法。当一个同学提出只连结BD，然后用对角线互相平分的四边形是平行四边形即可得证时，我又对这种证法大加赞扬，并适时地告诉学生，学习不但要做到会，而且要达到巧，这样才能有事半功倍的效应。

适时的激励不仅表达了教师对学生的肯定，使学生获得求知的快乐和成功的愉悦，不断增加信心，强化学习动机，而且使他们加深对数学知识的理解与掌握，活跃课堂教学的气氛。

（二）及时明辨是非

在课堂巡视过程中，对学生提出的质疑或存在的问题要认真分析。如果是个别学生的错误，可进行个别反馈；如果是普遍性的问题，就要公开反馈。及时提供必要的事例材料，以澄清事实，明辨是非。

（三）及时调整节奏

当教学内容较为容易，学生表现出心领神会或心不在焉时，可适当加快教学进程；当教学内容艰深复杂，学生表现出迷惘或畏难神色时，则需放慢教学进度，视具体情况或复述一遍，或改变讲述角度，以求得理想的教学效果。在教学中要根据学生的具体情况，该快则快，该慢则慢。若无视学生的学习情况，一味按既定的教案上课，势必影响教学效果。

（四）及时调节难度

当教学计划与学生实际有一定距离，所设计的问题超过学生的思维能力时，或者当教学设计过于简单，失去对学生思维能力的训练时，应及时调节难度，以利于激发学生的学习兴趣，达到教学的预期目的。

（五）及时调整作业

课内练习的质量与速度，是教学效应最具体的反映。如果课内练习完成情况较好，则可以适当提高课外作业的难度与灵活性；如果课内练习的速度迟缓，问题较多，则应适当降低课外作业要求，以与学生的能力相适应，充分发挥作业的应有功能。

总之，数学课堂教学的信息反馈应做到及时、全面、灵活多变。作为一名教师，如果能在教学过程中密切关注学生的反馈，就能及时调整后继教学，纠正教学中的偏差，从而取得较为满意的教学效果。

放下架子　别再当"主持人"

高春杰

课程改革的热潮一浪高过一浪，但你在这当中有何改变呢？"主持人"这把火在老师身上越烧越旺，你感受到了吗？我们应如何转变这种现状？你还为不知如何导入而烦恼吗？那么，我想说：放下架子，别再当"主持人"了！走近学生，亲近学生，用我们生活中的语言挑开课头吧！

一、发现问题

依稀记得，那次所听的《记承天寺夜游》，当时我在心中暗暗高兴，因为后天我也要讲这节课。在急切的盼望中，上课的铃声终于响起，讲课的老师是一位既年轻又漂亮的女教师。这节课老师上来就讲：他的一生，屡遭贬谪，历经八州，身行万里，但始终释然安然。被贬至杭州时，他筑苏堤，造福百姓，诗云"我本无家更安在，故乡无此好湖山"；贬至密州，他"老夫聊发少年狂"，抒报国之志，"人有悲欢离合，月有阴晴圆缺，此事古难全"，发安慰之语；贬黄州，初到之时，他感慨"长江绕郭知鱼美，好竹连山觉笋香"，与友人游清泉寺，更是留下"谁道人生无再少？门前流水尚能西！休将白发唱黄鸡"的豪语；贬惠州，他"不辞长作岭南人"，表露"我心安处即我家"的胸怀。他得志时进取，失意时释然，宠辱不惊，进退自如。他就是——苏轼。

听完这一段介绍，我从心底佩服老师的学识。但转脸看看在座的学生，孩子们一脸茫然地坐在那里。是呀，有几个孩子能听得懂老师所介绍的内容呢？

看似精彩的一段描述，又与学生离多远，与学生已知的知识水平差多少？与学生相融吗？这岂不把学生踢出去了？

二、分析问题

在教学资源多元化、教学手段多样化的今天，语文老师们越来越多地运用非传统的教育技术，来丰富自己的语文课堂，使语文课变得丰富多彩，这是值得肯定的，体现了语文教学与时俱进的品质。同时，随着2001年语文新课程标准的试行，教育者的教育理念也较从前发生了巨大的转变，无论是教学方法、教学评价还是教学过程追求的完美，都看似体现了以人为本、以学生的发展为本的理念，创造了无数轻松、开放、精彩的"新概念"语文课堂。

俗话说：物极必反，过犹不及。我们并不能说越轻松、越开放、越精彩的课就是一堂好课。假若教育者对学生了解不够多，不能满足学生的需要，不能了解学生已知的知识水平。即使出发点再好，导入再精彩，仍然很难达到理想的教育效果。这种现象在语文教学的实例中比比皆是。

导入只是公开课的必需品，而非实际语文教学的必备品，这种想法有失偏颇。为什么老师们会产生这种看法呢？我认为，多数教师选取的导入方法和实施的过程不够优化、不够有效是其主要原因。试想，一种无效的活动，怎能让教师们甘心赞成？但事实证明，新课的导入是有其存在价值的。

著名特级教师于漪老师说过："阅读课文的起始阶段犹如一篇文章的开头，须反复斟酌，让学生的思维兴奋起来，迅速进入学习的轨道。"合适的导入是教学成功的催化剂，能实现促进教师教课和学生学习整个过程高效化的目的。因此，我们应当把眼光更进一步落在如何设计"有效"的导入上。

其次，有效导入的评价标准。有效的导入方法可以激发学生的学习兴趣并调动学生的积极性，但在导入方法的选择上，很多教师都进入了一个误区，认为导入的手段越是多彩，越吸引学生的注意，就越能突显其价值。有些不恰当的导入方法不但激不起学生的情感，相反的，学生的注意力可能会被这种额外的因素所吸引而导致时间的浪费，要再次将学生的注意力转向课内又得费一番功夫，最后得不偿失。这和一上课，教师衣冠不整地走进教室能引起学生的注意有什么两样？播放MTV、欣赏图片，甚至是进行所谓的"互动游戏"等方式也部分存在这样的问题。诸如此类的导入便是我们所说的无效导入。说到底，导入是教学过程和步骤的一部分，它是一定要为教学过程的推进和教学目标的实现而服务的。

三、解决问题

导入的方法成千上万，无所谓好坏，关键还看是否有效。有效的导入，从根本上说应该是一种可以帮助、促进学生学习的手段。

（一）集中学生的注意力，这是导入最基本的作用

由下课转入上课，学生不易集中精神，因此导入一定要很好地发挥集中学生注意力的作用，否则就失去了其存在的意义。这一点看似简单，但却不是每个老师都能做到的。

例如：激情的导语开头是比较常用的导入方法，一些老师善于用他们的激情去感染学生，师生之间产生了心与心的交流，老师一下子便抓住了学生的目光甚至思想，一开始就营造出相当合适的气氛，产生了满分的效果。不过使用同样的方法，另一部分老师的情况则并不理想。虽然在陈述导语时非常"有感情"，但是他们并没有想着要去感染学生，成了名副其实的"独角戏"，在学生听来也似白开水般清淡寡味。此时，教师自我感觉再良好，学生听得昏昏欲睡，毫不关注又有何用，更何谈其他？

（二）引起学生学习本课的兴趣

兴趣是学习最好的老师，是使学生的学变得事半功倍的动力。于漪老师认为，母语教学的困难大大超过理科和非母语教学，便是因为后者是从不懂到懂，从未知到知的过程，其本身就能刺激学生学习的欲望。而母语教学缺乏这种内驱力，很难引起学生的学习兴趣，因此教师必须尽可能地使用适当的方法，调动最适合的教学资源，以达到培养学生学习兴趣的目的。

当然，这里的"引起兴趣"不是为了兴趣而去吸引兴趣，教师必须将导入的内容与学习内容有机地结合起来，才能很好地引起学生对学习内容的兴趣。引起兴趣是为了更好地达到教学目标，脱离了教学内容的导入同样是不够有效的，其效果仍然只是停留在第一阶段的"集中注意"罢了。

（三）营造出特定的氛围

这是有效导入最高的要求，也是最难做到的一点。如果达不到，其有效性必定是要打些折扣的。上面第一点中所举的激情导入的例子，不但能营造

出教学氛围，又能为学生的学习定下情感的基调，显然是比较好的。当然，如果老师不适合"激情导入法"，也不是没有别的办法。

四、多样的导入

（一）歌曲导入法

生活中处处离不开音乐。如果在新课前播放或吟唱与课有关的歌曲，无疑是激发学生学习兴趣、调动学生积极性的好方法。如我在教学出自《诗经》中的《蒹葭》一诗时，先演唱了歌曲《在水一方》："绿草苍苍，白雾茫茫……"然后问学生："你们知道'在水一方'这个成语最先出自哪里吗？《在水一方》这首歌曲又是来自哪里吗？它们就是源于《诗经》中的《蒹葭》一诗，你们有兴趣学习它，并把它背下来吗？"教师对诗中所描绘的内容和情境适当予以点拨，学生们的兴趣倍增，一会儿就能理解并能逐渐背诵这首诗了。又如可播放江涛演唱的歌曲《愚公移山》，引入文言文《愚公移山》的学习，或用多媒体播放截取的电视剧《愚公移山》片段并配以歌曲，效果会更好；播放《好汉歌》，引入学习《智取生辰纲》等。

（二）图画导入法

初中学生的视野，由于生活圈子的局限，对异域风情的认知度还不够深刻，进而对空间事物的联想和构图还不细腻和深入，这就需要教师为他们提供感性的东西，以帮助他们完成大脑中的完美构图，给学生以身临其境之感，从而增强课堂教学的吸引力和感染力。如《沁园春·雪》的导入，我从媒体展示的人民大会堂《江山如此多娇》的巨幅国画说起，先简单介绍国画的内容：一边是一片白茫茫的江山，"山舞银蛇，原驰蜡象"；另一边，在云海茫茫中旭日东升，照耀大地，显得"江山如此多娇"。然后让学生看着巨幅国画欣赏伴乐朗读录音，从而引领学生进入词的意境，感悟出毛泽东的那种壮志凌云、豪迈气概和博大胸怀。

（三）活动导入法

新课标指出"语文课程应该是开放而富有创新活动的"，指出语文教师应"创造性地开展各类活动，增强学生各种场合学语文、用语文的意识，多方面提高学生的语文能力"。因此，需精心设计各种人文活动，"珍视学生独特的感受、体验和理解，受到语文的感染熏陶"。如我在教学时，开设"课前三分钟，看看我精彩"的活动，每节课前三分钟都提供了多个活动主题供学生选择，如评析名人名言、学生佳作欣赏、即兴演讲、美文赏析、成语串串香、名著介绍、童话再现、课本剧表演、身边有趣事等。这些活动，能吸引学生的目光、撞击学生的心灵，让他们接受人文熏陶，领悟人文理念，体会人文蕴涵。当然，采用什么活动导入，要看学生情绪、学习氛围及当堂课内容。

（四）提问导入法

提问是课堂教学常用的手段，每堂课都少不了设计问题。导入时设计的问题是否新颖、富有创意，直接影响学生热情。一位有经验的中学语文老师在教学朱自清的《背影》时设计了提问进行导入：知道自己生日的同学举手（全部）；爸妈常忘记给自己过生日的举手（很少）；知道爸妈生日的举手（少数）；爸妈生日时能表示祝贺（或书信或电话）的举手（很少）；想一想为什么会这样？一连串的问题激发了学生的情感，不少学生陷入了一种自责之中。然后揭示课题《背影》，学生阅读文章，受文章浓厚亲情所感染，并联系各自的生活和情感经历去感受人物形象，形成一种强烈的心灵感应，引起思想上的共鸣。

精彩的导入语，是开启新课的钥匙，引导学生登堂入室；是承前启后的桥梁，使学生温"故"而知新；是乐章的序曲，使学生感受到整个乐章的基本旋律；是情感的起搏器，激起学生情感的波澜。作为一名语文教师，万不可把导入当作公开课的必需品，而非实际语文教学的必备品。不要为了展示自己，而忽略了学生的需要。让我们放下架子，别再当"主持人"了。

对初中生自评互评作文的实践与研究

李 红

一、问题的提出

在传统教学模式中，语文教师是学生作文的唯一阅读者和评价者，教师个人主观性特别强，而且往往很不及时，不利于学生对自己作文的正确认识。

长期以来，作文评改主要由教师包办，受此影响，学生容易产生评改作文就是教师的事情这样的思维定式。

新《课标》指出，"实施评价，应注意教师的评价、学生的自我评价与学生间互相评价相结合。"新《课标》还强调"重视引导学生在自我修改和相互修改的过程中提高写作能力"。面对这样的问题和新《课标》的要求，我想进行学生自评互评作文的实践与研究。

在习作评改教学实践中，将师评、自评、互评相结合，使全体学生参与评价别人、评价自己和被别人评价的活动，使每一位学生既是评价者，又是被评价者。他们在学习活动中始终处于主动的地位。

二、理论假设与研究目标

改变教师传统批改作文的模式，改变教师的越俎代庖。在写作教学中，如果能合理运用学生自评互评互改作文的方法，就能培养学生修改文章的能力，促进其写作能力、评价能力和鉴赏能力的提高。更重要的是能促进学生主体意识的形成，在以教师为主导、学生为主体的充满民主气氛的现代教育模式的构建过程中发挥积极的作用。激发学生的写作动机和积极性，提高学生评改作文的能力，从而提高写作能力。

三、本课题所要解决的主要问题

通过学生自评互评互改作文的活动，培养学生修改作文的能力，促进写作能力的提高，还可以解决以下相关的问题：

探索学生批改作文的基本程序和有效方法。包括以下内容：学生自评互评作文的要求与标准，学生在自评互评作文中的收获是什么，学生的修改意见是否源于自评互评作文，修改后的作文在哪些方面进步了，学生的作文水平通过自评互评作文提高了吗？

试图通过研究来提高学生的评价能力和鉴赏能力。

试图通过研究为写作教学的思维训练探索新的方法。

试图通过研究来促进学生主体意识的形成，为逐渐形成以教师为主导、以学生为主体的充满民主气氛的现代教学模式发挥一定的作用。

试图通过研究来减轻教师批改作业的沉重负担。

四、研究的重点

指导学生综合评价未修改前的"病例文"。要求学生先说优点，再说缺点，优、缺点都要按照"作文目标"的顺序说，使学生学会综合评价的方法。学生运用综合评价"病例文"的方法，将"逐条评价"自己作文的情况综合起来，做出"综合评价"；先学生说一说，教师再给予指导。这样，学生从整体上清楚了自己作文的得失，也就能全面而有重点地修改自己的作文。学生通过自我修改的实践，改正作文中的问题，掌握修改的方法，提高自改作文的能力。

五、研究的难点

"作文目标"在自评互评作文中，学生是否能准确理解；学生是否准确地理解了评价意见；学生自主评价意识是否能提高。

六、课题的实验操作步骤

（一）做好互评自评的准备工作

1.动员

首先阐明学生互评作文的意义，转变学生的观念，纠正学生认识上的误区，解除学生的顾虑，激起他们对互评的热情，为后面的实验做好思想准备。

2.分组

把每个实验班的同学分成若干个小组，人数以3~5人为宜，分组应依据自愿原则和互补原则。前者以求和谐的人际关系作为心理保证，后者为写作水平高低互补以合理的人员配备作为互评的能力保证。选出1~2名组长，必须是认真负责的，最好也是写作水平比较高的。他们主要负责收发作业、安排批改、组织小组评议和推荐佳作的工作。

3.制定一个基本的评改标准。

这在开始实施时较为重要，当然在以后的评改中可根据教材写作单元的训练要求或教师安排的训练要求提出相应的标准。

（二）互评自评步骤

第一步：教师出示互评作文的内容

（1）格式是否正确；（2）卷面是否整齐；（3）错别字几个；（4）有几处病句；（5）标点符号有几处明显错误；（6）看文章的中心是否鲜明集中到位；（7）看文章选材，包括是否围绕中心，是否符合生活实际，是否具有典型性；（8）看文章的结构，包括层次段落是否清晰，过渡是否自然，开头和结尾是否照应；（9）看文章的表达方式；（10）看语言是否简练、流畅、生动、深刻。不同的教学时期，对作文自评互评的内容是不一样的。例如，到初三年级以后，学生的作文更侧重于以下内容的评价：

①你认为选材新颖吗？请具体分析。

②语言是否生动？请具体分析。

③中心深刻吗？语言简洁新颖吗？请具体分析。

④详略得当吗？请具体分析。

⑤过渡自然吗？请具体分析。

⑥布局谋篇新颖吗？请具体分析。

第二步：小组评议

组长组织大家传阅、讨论，了解各人的评改情况，推荐佳作。每个同学都要回答或在作文本上注明：同学的作文可以是优秀作文吗？并具体说明理由。你欣赏同学作文的哪一点？请具体写出自己的意见和评价。下面是摘自同学们的评价。

"我认为姜小颖同学的作文是优秀作文。她的作文从小事入手，用朴实流畅的语言写出了一位平凡而又善良的母亲。我欣赏作文的写法……""我认为唐震岳同学的作文是优秀作文。他的作文写的是他的父亲。先写了父亲严肃的外貌，又写父亲很少和他交流，很少关心他的学习。之后写自己在一个黄昏，偶尔看见父亲的相册，发现年轻时的父亲又精神又帅气，不禁心生感慨。此时，母亲走过来，和我一起欣赏父亲年轻时的照片。母亲一边欣赏一边絮叨，为了咱们这个家能过上好日子，你爸爸每天从早忙到晚。还经常嘱咐我，给你做饭上心点儿，多看看你的学习。看，你爸爸现在都老了。妈妈平静的絮叨，声声击打着作者的内心。窗外阳光很好，作者悄悄地走到窗前，任泪水静静地打湿眼角……我认为作者行文思路清晰，语言感人。我欣赏他的作文……"

第三步：师生点评

对各组推荐的佳作或精彩语段语句，在全班宣读交流并进行集体点评，有时也可对有争议的习作点评，而且形式应该多样。交流优秀作文，由过去老师念作文，改为优秀作文的作者自己读，这对于师生都是一次学习机会。这是同学互相学习再次提高的过程，也是检验学生讲评水平的重要环节。例如：

作文《一路有你》中有这样的题记："……温暖的记忆在心中回放，感动了多少春秋。"

作文《隔着代沟，我望见了您》中有这样的题记："江水在流，光阴在走，我猛然发现最疼爱的人在慢慢变老。"

作文《青春的样子》中有这样的开头："我在行走的路上，用光芒绘成流光溢彩的画卷，叫青春。"

作文《幸福的泪水》中有这样的开头："那闪动着幸福光芒的泪水，是我挥之不去的记忆。"

作文《跑步，我的最爱》中有这样的开头："几缕阳光划破云层，洒在那熟悉的塑胶跑道上，红白之间承载了我太多的蜕变与成长。"

作文《我在慢慢长大》中有这样的开头："青葱岁月，流逝，我在慢慢长大。"

作文《我眼中的叶》中有这样的描写："……叶在秋风中挣扎，随风盘旋，就是不落，它迎着夕阳，在跳生命中最壮美的舞蹈。最终，风远去，叶才安详地落在了母亲的脚下……"

作文《这个"等"字不寻常》这样写道："……妈妈用汗水等，用青春等，她在等我长大。妈妈，你用等待诠释了平凡与伟大。——这个'等'字不寻常。"

作文《那段日子》这样写道："那段日子已经过去，回忆里我看到了一个不服输的自己。我们有信念，有勇气。我们懂得去坚守，去珍惜。我知道梦想的船已然起航，绚丽的彩虹就在眼前。"

作文《一路有你》的结尾这样写道："走过了年华，留下了记忆，幸福了过往。前行，还会温暖如故，因为一路有你。"

作文《一路有你》的结尾这样写道："如烟的往事，打湿了我的双眸。妈妈的飞扬青丝，染了点点白霜，撑起了我成长路上的晴天。"

作文《隔着代沟，我望见了您》的结尾这样写道："爱染流年，爷爷，你是我成长路上最美的相遇……"

有争议的作文：

作文中写道："……现在，还有几个成年人心灵还像小孩子一样纯洁，纯洁得像一张白纸，谁的心里没有私欲？"——观点偏激。

"……回忆起秋千，这个让大多数同龄人觉得幼稚可笑的东西，我只能说，它是童年的欢乐，是成长的遗憾。"——表述不清。

例如，作文《忘不了那次》叙述的是去动物园的事件。一路写下来，没有详略。

作文结尾甚至写道："坐在回家的车上，我发现北京街道所有的灯全亮起来了。拐弯处也有灯，而且所有的灯都带色。"——详略不当。

第四步：反思与自评

课后由本人写出对评语的看法和自己的反思，可以发表不同看法，提出修改意见。

小组讲评已初步找到自己作文中的不足，听了优秀作文，心中较为有数，回去修改后再交给老师，这次作文讲评的目标已基本达到了，收到一次作文三次（小组评改、班内交流、自己修改）提高的效果。

有的学生针对同学给出的作文评价，写出了自己的修改意见。例如，田甜说："侯凯建同学给我的作文评价是——作文之前，要先有清楚的构思，再动笔，不要在作文之后涂改，否则，卷面凌乱。我觉得他的评价中肯，我接受，我一定在作文之前较好地构思……"

朱小寒说："张迎同学给我的作文评价不具体，'不具体不生动'这样的评价过于笼统，评价内容缺乏针对性，我要麻烦她重新评价。"

第五步：教师查阅

这一次重点要放在学生的评语上，看批改作文的同学评语下得是否准确、合理，然后，老师再加以评点。对本次评改作简要总结。对于有典型意义的作文，可组织全班进行专题讨论。

第六步：修改作文

对收回的修改作文，老师浏览做到心中有数，特别注意有针对性鼓励进步同学，帮助较差同学。之后再在讲评课上，比较修改前的作文和修改后的作文，同学们再一次认识到按照评价意见进行作文修改，是多么有效。这样的作文讲评课的结果是：变一言堂为群言堂，变被动为主动，变强迫写为自愿写，调动所有学生的积极性，加强参与意识，逐步提高写作水平。

七、一些成果

（一）学生已经适应和认可互评作文的方式

对评改方式的问卷调查统计对比表

批次	第一次	第二次	第三次
时间	2011.3.20	2011.12.21	2013.3.8
学生参加人数	80	80	80
教师评改人数	60	40	10
学生自改互改人数	20	40	70
教师评改人数（%）	75%	50%	12.5%
学生自改互改人数（%）	25%	50%	87.5%

从上表三次问卷调查的比较可以看出，学生对互评自评作文的认可。另外，学生正在越来越适应这种方式，应该说近90%的人已经能够适应。

下面是初三（9）班的邓卓君同学对互评作文的看法："……也许，在最初老师让我们互改作文、自评作文时，我曾暗笑过，暗笑老师在讲胡话，认为作文如果能自评、互相评改，还要老师做什么。但随着一次次的自评、互评，我从别人的作文中认识到了别人作文中的缺陷和优点，在自己写作文中，我便提醒自己不再犯他们所犯的错误，尽量利用他们好的词句。从这一次次的评改中，自己的作文风格也随着他们的风格有所改变，已形成自己独特的风格，使我真正地认识到了老师让我们自评、互评的良苦用心。在这里我只想对老师说：'请原谅我最初对你的不良态度和错误的想法。'"以上材料可以说明大部分学生已经适应和认可互评作文的方式。

（二）互评作文有利于学生养成很好的写作习惯，促进学生写作水平的提高，同时也能提高学生的评价能力和鉴赏能力

作文总分为40分，提高指的是班平均分。从以下对比表可以看出互评作文对学生写作水平的提高有一定促进作用。

互评作文对学生写作水平的提高的促进效果

年级 班级	初二第一学期期末	初二第二学期期末	提高
9班	26.9	29.22	2.32
10班	26.73	30.85	4.12

从上面的成绩对比表、期末作文成绩对比表和作文评改的实例中都可以看出，一方面，评改者批改他人作文的过程，实际上也是自我提高的过程，他们能从同学的"镜子"中醒悟自己的缺陷和不足，在肯定作文中的优点的同时，实际上也是在取人之长，补己之短，在指出作文中的不足时，也是对自己的警戒；另一方面，习作者也会因评改者的赞扬而受到鼓舞，因评改者指出的问题而努力改正，力求写得更好。可见，互评作文的活动，对提高学生的写作能力、评价能力和鉴赏能力有一定的促进作用。下面是2012年6月30日问卷调查中对评价能力和鉴赏能力是否提高的一个调查结果：参加调查的学生共计80人，同学中认为有很大促进作用的18人，占22%；认为有一定促进作用的55人，占69%；没有作用的7人，占9%。

（三）促进了学生自主意识的形成，培养其自我学习的能力

在评改过程中，从修改文字、写出评语，到全班讨论，全都是学生自己动脑、动手、动口，整个互评活动自始至终体现着学生是学习的主人的理念。在这里，学生是主人，既是写作者，又是评改者，人人可以各抒己见，畅所欲言，赞扬、批评、肯定、否定，各种看法在这里汇聚，各种观点在这里展示、碰撞、争辩。这就可以使学生的内驱力得到最大的发挥，思维活动达到最活跃的程度；可以使学生的探索精神、批判精神和创造精神得以充分的培养和展示；改变了师生关系，形成师生平等对话的教育民主的氛围，出现了学生互动、师生互动的生动场面。

传统的作文评改中，学生始终处于聆听者的位置，即便有见解，也无法发表、无处发表，一切以老师的评语为准。这不但抑制了学生的思维，还使学生形成一种定式：学生就是学生，不能推翻老师的见解。学生互改作文则使学生的这种意识发生了转变，它改变了学生的单一身份，使每一个学生既

当学生又当老师，学生不仅仅是听，是学，还要评，还要讲，也可以充当教师的角色。这样必然能营造出一种既促进教学相长又充满民主的教学氛围。

（四）对学生的思维能力和创新能力的培养和发展有重要的作用

要对一篇文章写出恰当的评价，每个人必须经过仔细的阅读、认真的思考。例如："本文书写工整，但是有错别字，偶尔有标点，但是使用标点不规范。该用逗号的用了句号，该用句号的用了逗号。结构合理，但是语言不生动，没有动情的描写……""本文书写工整，没有错别字，标点运用准确。但是语言平淡。应详写父亲的语言和动作，才能刻画父亲的形象。作文详略不当……"

就像前面列举的评改实例中的评语，若评改者没有经过认真的思考，能写出如此思维清晰、言简意赅的评语吗？可见每个同学批改他人作文的过程，也就是他们分析、评价的过程。这个过程，必然使他们的思维能力得到很好的锻炼。

在小组讨论和全班点评中，学生的思维活动更是到了最活跃的状态。而课后学生的反思和自改，是一种独立的思考活动，每位同学在拿到他人批改过的作文后，都能认真重读自己的作文，研究他人的评语，表明自己对评语的看法：或赞成，或会对某些评语提出自己的不同意见。对习作者来说，这是一次更深刻的思考，并具有一定的批判性。而独立性和批判性是创新思维的重要特征。在互改作文活动中，学生大多能创造性地审视、评价他人以及自己的习作，因此，它本身也就是一种培养和训练创新能力的过程，一种创新活动的实践。

（五）对形成学生健康的心理品质和健全的人格产生了积极的促进作用互改作文互评作文的活动有利于培养学生的人格修养

一是这种做法可以提高学生的责任意识。当今的学生也许不太重视老师的评语，但是他们很看重同学的看法。就习作者而言，谁都不愿意在同学面前掉价，他会认真地对待每次作文；对评改者而言，如果马虎、草率地对待评改，在其他评改者、习作者、老师面前都难以推卸责任。故大多数同学都会很认真地对待每次作文，对待每次评改，谨慎地下评语。

二是学生评改培养了相互帮助和相互合作的精神。在组内相互检查评改的作文，相互切磋，可以增强集体意识，有时有的同学对一篇文章难下评语时，必然会主动征求本组同学或老师的意见。这些都有利于合作意识的增强。

三是这种做法能使学生正确看待他人，正确看待自己。极大部分同学在评定时都能一分为二地看问题，既肯定优点，又指出不足。而且都能以表扬、鼓励为主，必然能增强每位同学写作的信心。一段赞赏性评语，甚至对文中某一句话的赞赏，都会激发习作者更大的写作热情。

特别是师生点评佳作这一环节，更对学生有很大的激励作用。讲台成为学生们展示自己风采的舞台，每当一篇文章评完时，总会引起一阵热烈的掌声。例如，詹弈淙、崔楠楠、胡亚欣、康佳奇等同学平日语文成绩并不理想，但是他们的作文有许多亮点。

康佳奇在作文《那些往事》中写道："……还记得奶奶为我早起做的早饭，还记得奶奶送我上学的小路，还记得奶奶给我讲故事的夏夜，还记得趴在奶奶背上数奶奶的白发……时至今日，这些都在我的脑中挥之不去，让我在飘雨的黄昏泪流满面。愿泪水给天堂的奶奶带去我的愿望：下辈子，我还做您的孙女。"

崔楠楠在作文《那一次，我哭了》中写道："……姥爷就这样背着我，走在回家的路上，阳光变成金黄色，坠向西山，将我们祖孙俩的影子拉得好长好长。我知道，此情此景满载着幸福将在我的心里永恒。"

胡亚欣在作文《一路有你》中写道："……那一次，我泪流满面，不是因为悲伤，不是因为懦弱，而是因为心里对老师无限的感激和不舍。我多想对老师说一句——成长路上，因为有你，我的梦里常常绚烂如花……"

能有一篇作文在课上宣读，这对习作者来说，都是一种成功、一种荣幸，使他对写作产生一种自信和热情。

每个同学在欣赏他人优秀作文的时候，必然也会产生一种强烈的竞争意识，每个人都想写出好的文章，争取进入优秀的行列。这样一种积极向上的精神和竞争意识，也正是健全的人格所必需的。同时，当一位同学的作文被大家点评时，不仅优点展示在众人面前，不足也必然会显露，会受到老师和同学的指点和帮助，这对学生健全人格的形成，具有十分积极的意义。学生通过欣赏自我、剖析自我，逐渐形成悦纳自我的意识，培养成既能展示自己的成功，又敢于直面自身的不足的宽广胸怀和恢宏气度，防止和克服自卑或狂妄，从而形成健康的心理品质和健全的人格。这些都真正体现了"学生是学习的主人"的现代教育理念。这也正是新的课程标准要实现的目标。

（六）我和学生一起成长，业务水平在提高

2011年，论文《初中作文评价的研究与反思》获市级一等奖，论文《抚摸远去的童年》获区级二等奖。

2012年，论文《用评语架起师生沟通的桥梁》《用评价激发学生创作诗歌的热情》获国家级二等奖，论文《实践中对初中作文教学的探索》《初中作文评价的研究和反思》《提高课堂教学实效性》获市级一等奖，论文《语文课上的传道》获市级三等奖，论文《寻找运河的足迹》《在语文教学中提高信息技术使用的有效性研究》获区级一等奖，论文《走到学生的心里去》获区级二等奖。为全区初三语文教师做《中考作文复习浅谈》的讲座两次。

2013年，论文《作文教学中指导学生自评互改》获国家级一等奖。被聘为学校骨干教师协作组负责人，指导年轻教师的语文教学工作。被评为2013年中考区级优秀教师。

八、存在的问题

运用"初中学生写作自主评价多元化"的评价体系在具体的操作过程中比传统的评价体系花费的时间要多，多元化评价使每次习作的反馈周期过长。是否把"互评""师生共评"放在课内进行，而把"自评""师评""写作后记"安排在零星的课余时间上进行，以此缩短评价周期。如何缩短评价周期，及时反馈评价信息，逐步构建一套科学的互评作文的评改机制，也是今后应进一步研究的问题。

运用"初中学生写作自主评价多元化"评价初中作文的评价体系，的确让学生有了"话语权"，但是学生评价水平参差不齐使得部分评价水平较差的学生模仿评价水平优秀的学生，或者是评价水平较差的学生和评价水平优秀的学生对同一篇作文的评价看法差距较大，这都影响了评价的效果。如何全

面提高学生的作文评价水平，也是一个值得我们深入思考和研究的问题。

初中学生的评价具有相对片面性、不完善性。互评时往往注重等级，有时，同学之间互不服气，评价就成了"挑错"和"指责"。教师如何帮助学生淡化等级，淡化学生之间的相互比较，以及强调作文互评时的描述和体察，强调品评和反思，这些都是我们以后的工作中需要解决的。

参考文献

沈玉顺.现代教育评价[M].上海：华东师范大学出版社，2002.

浅议初中数学教学中有序思维的培养

杨储良

数学是人们对客观世界定性把握和定量刻画、逐渐抽象概括、形成方法和理论，并进行广泛应用的过程。《初中数学新课程标准》要求：数学教学应通过观察、操作、归纳、类比、推断等数学活动，体验数学问题的探索性和挑战性，感受数学思考过程的条理性和数学结论的确定性。数学知识之间的内在联系非常紧密，且具有很强的规律性。要使学生弄清知识之间的内在联系，全靠教师根据新的教学理念和少年儿童心理活动发展的规律，进行有计划、有目的、有系统的教学活动，促使学生的思维活动逐步从无序走向有序，直至他们形成对每一事物进行有序的思维活动的能力。

要培养好初中学生的有序思维能力，我认为就要遵循学生智力发展的规律，认真做好以下几方面的工作。

一、数学教学要有情、有魂，更要有序

孔子曰："知之者，不如好之者；好之者，不如乐之者。"教学有情是指要有激情、情境，有情的教学过程会极大地促进学生的非智力因素对学习的积极影响，使学生产生强烈的求知欲望，呈现截然不同的学习效果。在讲乘方意义时，如果只让学生从定义方面区别2^{50}和2×50，学生势必不甚关心。但如果提问："将一张2微米厚的纸对折五十次和将50张这样的纸叠放在一起相比，你猜哪个厚？"学生的兴趣马上会被调动起来。当得知将单位改变后，2^{50}是能围绕地球赤道转两周的长度时，孩子们无不惊叹！数学被人们称为思维的体操，这是由于它对训练学生的思维有着不可替代的作用。

以培养将帅为目的的美国西点军校把许多高深的数学课作为必修课，其目的并不在于未来实战指挥中要以这些数学知识为工具，而是经过严格的数学训练，使学员在军事行动中，把那些特殊的活动与灵活的思维快速结合起

来，使学员具有把握军事行动的能力和适应性，从而为他们驰骋疆场打下坚实的基础。在漫长的学习生涯中，数学的严谨性、深刻性、灵活性、批判性等诸多品质，无疑会在学生的心灵中打下深深的烙印。数学的魅力之魂与人类的精神之魂进行有机的结合，将会创造无与伦比的辉煌成绩。

有情有魂的教学内容要非常有序地进行计划与实施。华罗庚教授曾提出泡茶问题：烧开水的同时，顺次去洗茶壶、洗茶杯、拿茶叶，最后泡茶，一套简单的科学统筹程序。如果开水壶没洗好怎么办？那就先将开水壶洗好，再重复刚才的程序罢了。好一个程序转化，每单元的数学内容教学基本都经历"问题情境—建立模型—求解—解释与应用"的有序过程。每一新知识的掌握基本经历A（是什么？）–B（要解什么？）–C（答案是什么？）三阶段。数学学科就是"序之美"的演绎与绽放。

二、在操作活动中化抽象为具体，培养学生的有序思维

数学的一个重要特点是它的抽象性，而大部分初中学生的思维特点仍是以具体形象思维为主要形式，同时也保留着直观动作思维。只有经过有目的的"再创造"，知识才能真正被掌握和运用。在教学中，加强操作活动，让学生亲知亲闻，有序地建立正确而清晰的概念，有益于培养学生探索知识的能力。

例如教学"多边形外角和"时，学生很容易将其与多边形的内角和性质相混淆，错误地认为多边形的边数增加，外角和也随之增大，结果是将简单的问题解错。为避免这样的遗憾，我就走出教室，在室外画两个不同的多边形，让学生站在任意顶点处，头脚方向一致的沿多边形的边走一圈（360°），在活动中经教师引导，学生很容易发现，每次转身的角度就是一个外角的角度，最终回到原点时，正好转过了所有的外角，即多边形的外角和为360°。这种安排从具体到抽象，再由抽象应用到具体，符合学生的认知顺序，它将运动的顺序、角度的数量、对应的图形有机结合，得到的结论有声有色，这种知识的获得过程将使学生终生难忘。

三、与生活实际密切联系，培养学生的有序思维

生活离不开数学，数学离不开生活。数学知识源于生活且最终服务于生活，尤其是初中数学，在生活中常常能找到其原型。例如在简单概率中经常出现这样的问题，甲乙两人做"石头、剪刀、布"的游戏，要求学生写出这个游戏中所有可能出现的结果，并分析在这个游戏中，无论甲出"石头、剪刀、布"中的哪一个，甲获胜的可能性有多大？这个游戏对双方是否公平？在学生自己探索找出答案后，在搭配问题上要求教师引导学生对所得到的答案的条理进行评判，即思维是否有条理性。最后，通过比较判断，引导学生得出有效的思考顺序：先假定甲出手的一种结果，考虑乙不同的搭配结果；再考虑甲出手的另外两种结果和与之相搭配的乙的结果；最后统计所有结果。由此向学生渗透"假设""排列""尝试""推理""判断"等数学思想方法。教学生观察时，必须要有顺序地进行，让学生学会按顺序观察，就能言之有序。当然，观察的顺序不是固定的，可以先看行再看列，也可以让学生多角度、多方位地进行观察、比较、归纳，才能把有序的观察能力应用到生活实际中去。

四、在师（生）生互动、合作、探究学习中，发展学生的有序思维

合作探究学习就是以学习小组为基本形式，系统利用数学的动态因素之间的互动，促进学生的学习，以团体的成绩为评价标准，共同达到教学目标的数学活动。通过指导小组成员展开交流合作，发挥群体的积极功能，提高个体的学习动力和能力，达到完成教学任务的目的。合作探究学习是一种很好的教学形式，但不是所有的内容都适合。这种教学形式必须要选择恰当的时机进行，使它发挥最大的作用，使有序思维能力得到发展。

（一）教学生计数图形个数时，正确的数法要做到不重复、不遗漏，还要简便、迅速，要做到这点就需要按照一定顺序对图形进行观察并排列组合，从中找出一定的规律。

教师可以让学生以小组合作的形式，探究数的规律，然后归纳出这样的图形有多少个，再有序地进行合计。

如图1，A，B，C，D为直线l上的四个点。问：图中共有几条线段？

图1

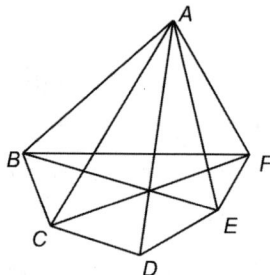

图2   图3

如图2，D，E是△ABC的边BC上两点。问：图中共有多少个三角形？如图3，图中共有多少个三角形？

分析：有两种观察顺序计数图1中的线段条数，一种是以直线上点的顺序观察，从左到右，以A为左端点的线段有AB，AC，AD三条，以B为左端点的线段有BC，BD两条，以C为左端点的线段有CD一条，共有3+2+1=6（条）线段。另一种是以包括几条由直线上的点分割成的小线段为顺序观察，四个点将直线AD分割成AB、BC、CD三条小线段，由两条小线段组成的线段有AC、BD两条，由三条小线段组成的线段只有AD一条，一共有3+2+1=6（条）。如果学生单独思考势必思维混乱，数遗漏或数重复；若将学生适当分组，以小组为单位讨论会百花齐放，互通有无，便于学生准确计数并寻找规律。

对于图2，也可以采用两种顺序计数，一是以包括的三角形的边为顺序，另一种是以包括的小三角形个数多少为顺序。

对于图3，先将图形分成上、下两部分观察。图形的上半部分三角形ABF中，共有4+3+2+1=10（个）；图形的下半部分五边形BCDEF中，按构成三角形所含小三角形的个数为序（1个、2个、3个或3个以上）共有8+6+5=19（个）。再把图形的上、下部分结合起来看，在△ABE与△ACF中，共有（3+2+1）×2=12（个）三角形，另外还有△ABC，△ACD，△ADE，△AEF共4个。综合起来共有10+19+12+4=45（个）。这三道题，由直线到平面再到几何体，逐层深入探讨，与点、线、面、体的形成关系相呼应。

（二）利用图形在平面内位置的顺序变化，对学生进行几何图形的变式训练，可以引导学生发散思维，提高分析问题、解决问题的能力。

如图4，已知：AB//CD，求证：∠A+∠C+∠AEC=360°

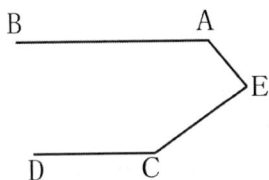

图4　　　　　　　　　　图5

如图5，直线AB//CD，试说明∠AEC=∠A+∠C

通过对比不难发现，这两道题的结构、方法完全相通。可以连接拐点AC后综合应用三角形内角和性质与平行线同旁内角的性质解决问题；可以过拐点E作AB（或CD）的平行线后应用平行线的性质结合角的和差关系解决问题；可以延长AE交CD（或DC的延长线）于点F后应用三角形的外角及平行线的性质解决问题；还可以构造五边形（连接BD）解决问题等。既然有这么多相同之处，那么两道题的必然联系究竟在哪里呢？启发学生后不难发现，此题的本质就是两条平行线加一个点，点的位置不同，所构成的角之间的关系必然不同，这样来综合探讨问题便水到渠成地形成系列。

如图6（1-4），AB//CD，分别探讨下面四个图形中∠BPC与∠PBA、∠PCD的关系，请你从所得到的关系中任选一个加以说明。（适当添加辅助线，其实并不难。）

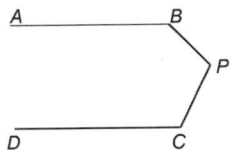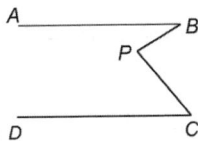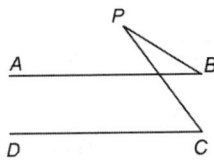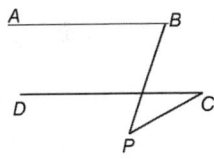

图6-1　　　　图6-2　　　　图6-3　　　　图6-4

如图7，MA_1//NA_n，则$\angle A_1+\angle A_2+\angle A_3+\cdots\cdots+\angle A_n=$_____度。

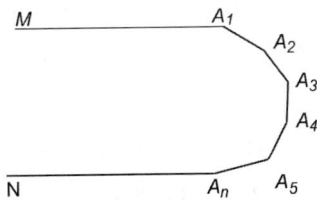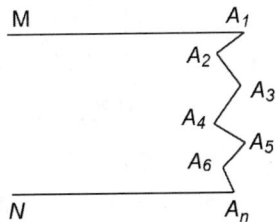

图7　　　　　　　　　　图8

如图8，$MA_1 /\!/ NA_n$，探究向外凸出的角$\angle A_1$、$\angle A_3$、$\angle A_5$……与向内凹陷的角$\angle A_2$、$\angle A_4$、$\angle A_6$……有何关系？

（三）利用事实情景发生的时间顺序变化，对学生进行应用题的变式训练，可以激发学生兴趣，在提问解答过程中发展有序思维，提高数学能力。

教学生分析应用题时，可以只给出题干，让学生分组合作提出数学问题，无论难易老师都要给予诚恳的合理性评价。期望学生提出有价值的数学问题，就要引导学生考虑事实发生的时间顺序，便于分类讨论，培养思维的全面性、深刻性。

常见这样的题干："甲、乙两站的路程为360千米，一列快车从乙站开出，每小时行驶62千米；一列慢车从甲站开出，每小时行驶58千米。"引导学生分析基本数量关系后，将生活中的向背、先后顺序迁移进来不难提出下列问题：

1.两列火车同时开出，相向而行，经过多少小时相遇？

2.快车先开25分钟，两车相向而行，慢车行驶了多少小时两车相遇？

3.若两车同时开出，同向而行，快车在慢车的后面，几小时后快车追上慢车？

4.慢车先开30分钟，两车同向而行，快车在慢车的后面，几小时后快车追上慢车？

5.若两车同时开出，同向而行，慢车在快车的后面，几小时后快车与慢车相距720千米？

6.若两车同时开出，相向而行，几小时后快车与慢车相距60千米？（若相遇前相距60千米则需2.5小时；若相遇后相距60千米则需3.5小时。）

（四）用"三步序"观察法处理数与式的计算，其操作程序是：对一个问题通过观察、分析、比较，先从整体到部分，再从部分到个别（个体），又由个别（个体）返回到部分、整体，这种思维模式依据人的认知规律，着眼于学生行为习惯的控制和培养，对培养有序思维大有裨益。如已知a、b互为相反数，c、d互为倒数，x的绝对值等于1，求$a+b+x^2-cdx$的值。分析：根据题意，本题可分解为三个部分，由a、b互为相反数，得①$a+b=0$；由c、d互为倒数，得②$cd=1$；由x的绝对值等于1，得③$x=\pm 1$；最后代入计算即可。

实践证明，能够适时对学生进行有序思维能力的培养，不仅使学生思维有序、方法对头、思路清晰，而且具有了一定的聪明才智，为探求新的知识奠定了坚实的基础。为此，在初中数学教学中，要注重并坚持培养学生的有序思维，使之形成有序思维的习惯。

参考文献

[1]彭林.数学使人周密[J].中小学数学报.1996，（488）.

[2]廖如光.在数学教学中如何培养学生的有序思维能力.双峰教研网，2008年1月25日.

[3]王占元.教学三则.北京教育学院学报（社会科学版）[J].2002，（1）：67−70.

浅谈新课改下初中地理实验教学的一般策略

曹海霞

地理实验教学是一种教学实践活动，更是一种重要的教学方法，在中学地理教学中，为了让学生认识和探究地理学的规律，实验也是不可缺少的教学组成部分，它是实现中学地理教育目标的重要手段。我们这里所说的实验是广义的地理实验，它包括地理观察、地理观测、地理演示、绘制地图、地理制作、地理参观、地理调查等地理实践活动。依据可行性原则、针对性原则和启发性原则，初中地理课堂的实验教学一般策略如下：

一、尊重学生主体地位，激发学生的实验学习动机

（一）创设情境，激发实验学习动机，可以从两方面入手

1.在现实生活中创设学习情境

例如利用社会大课堂活动，我校每年的五月份都要组织学生进行"步行运河畔，倡导绿色出行"活动，利用这个社会大课堂活动布置地理实践内容（比如运河的起止点、运河沿岸植被类型、不同河段采取水样观察水的污染状况并分析原因等一些实践问题），来激发学生的学习动机。

2.在课堂环境中创设学习情境

例如在讲到地图三要素时，要求学生在桌面上的相同位置摆上相同的学习用具，再在不同大小纸张上画桌面示意图（要求纸张四周要留出两厘米的页边距），利用这个实验活动来探究比例尺大小与所绘区域内容的详略关系。

（二）设疑猜测，提高实验学习的探究性

教师要设置问题，鼓励学生大胆猜测，利用实验来验证猜测的正确与

否，使得实验教学成为学生探究性学习的过程。比如前面提到的海陆热力性质的实验。

1.提出问题

烧杯中等量的水和细砂，放在太阳下晒30分钟，哪一个温度高？将水和细砂移入室内10分钟后，哪个温度高，哪个温度低？鼓励学生大胆猜测。

2.进一步设问

然后做这个实验来验证学生的猜测正确与否，并且进一步设问：为什么有这样的变化，这体现了海洋和陆地的什么特点？

3.得出结论

这样就提高了实验教学的探究性。所以，在实验教学之前，我们要设置好问题，让学生带着问题、带着猜想去探究，以此提高实验的探究性。

（三）参与设计，提高实验教学的开放性

例如：在研究北运河水质状况的学习中，学生可以选择查阅文献资料、实地考察、社会调查、试验等方法。首先给学生分组，让各组学生自行设计研究的方案，最后由老师进行修改，之后各组按照自己设计的方案，去进行北运河水质的调查研究。这样做既体现了学生的参与度、自主学习的程度，同时也提高了学习的开放性，符合课标基本理念，构建了开放的地理课程。

（四）自主与合作，体现学生小组合作优势

比如前面提到的地球的运动。在讲到地球自转和公转的特点时，让学生分组做实验，他们两人一组，利用两个地球仪做地球自转和公转的实验。在实验中一名学生手扶地球仪平放在桌子上充当太阳，另一名同学手拿地球仪一边自转还要一边绕太阳公转。实验操作之后两名同学完成填表总结自转和公转的特点。在这个实验活动中，可以说既培养了学生合作的能力、动手操作的能力，也使学生通过实验，更明白地球自转和公转的方向、周期和轨道。

二、注重学科技能，开展实验教学

（一）强化培养地理观察能力

地理课堂上经常要做演示实验，比如观察模型、标本、计算机模拟实验等。在做实验前一定要向学生提出观察实验的要求，如：在讲地球的公转运动时指出所产生的地理现象及对地球表面光热分布的影响。

首先提出观察任务，当地球在不同的公转位置时，观察阳光直射点在南半球还是北半球？当沿自转方向转动地球仪时，北极地区和南极地区的昼夜状况如何？

其次做好观察前的准备工作，包括分组和分工，如在这个实验教学中两人一组，一名同学手持电筒（代表太阳）一名同学手持地球仪（代表地球），还包括强调地球仪如何摆放、演示动作如何做规范等。这样才能保证观察结果的准确性。

要求观察的步骤有序，也就是按照观察任务一步步去观察。

要求观察总结要认真，也就是要把观察到的结果随时记录下来。在实验教学中强化培养学生的地理观察能力。

（二）强化培养数据分析和表达能力

就像理、化、生实验一样，很多地理实验都会产生一些数据，如何培养学生对数据的分析和表达能力呢？例如学习世界海陆分布时，不同半球间和同一半球内海洋和陆地到底孰多孰少？根据这个问题可以设计一个实验，学具是用珠子粘成的世界海陆分布图。首先，让学生明确要求：将这些珠子按照不同颜色区分出海洋和陆地，再按照不同的半球摘下来。其次，明确实验步骤和方法。数数、计算百分比、填表。这一步也是培养学生统计数据的能力。再次，分析统计结果。不同半球间海陆分布均匀吗？同一半球内海陆分布怎么样？这一步是在培养学生对于数据的分析。最后，还要求学生依据表格中的数据，进行统计、加工、绘制出世界的海陆百分比。这一步不仅使学生更直观地认识到地球表面海洋多于陆地的事实，而且培养了学生对于数据的表达能力。如果我们把每一次的实验数据都有目的、有层次地设置问题，让学生去分析和表达，对于培养学生数据的分析和表达能力一定是非常有用的。

（三）强化培养对实验现象的分析、判断、比较、归纳的能力

以我国水空间分布规律和影响降水因素的实验教学为例。首先要准备实验教具（A、B两块冷玻璃板、一盆热水、一台电风扇）做一个实验：将冷玻璃A、热水、电风扇放在一条直线上，然后打开电风扇吹向热水，一段时间后，让学生观察冷玻璃上出现了什么现象。通过观察冷玻璃A上的水珠从而让学生直观认识到影响降水的形成因素，也就是需要动力输送、湿润的空气、遇冷成云致雨。紧跟着我又做了这样一个实验：将冷玻璃B放至实验二所示位置，同样的时间后，冷玻璃B上的水珠与冷玻璃A有什么不同？为什么？学生通过观察比较发现冷玻璃B上的水珠少于冷玻璃A，进而让学生认识到海陆位置对降水的影响。这个实验培养了学生对实验现象的分析、判断、比较、归纳的能力。

实验一　　　　　　　　　　　　实验二

玻璃A　　热水　　电风扇　　　　热水　　电风扇　　玻璃B

（四）强化地理图像的阅读与运用能力

地理图像的阅读与运用能力是我们地理学科的基本能力。不管采取什么样的教学方法，都应该关注这个能力，地理实验教学更能强化地理图像的阅读与运用能力。比如在教学北京市地形对气温的影响这部分内容之前，给学生布置课下实验作业，让学生收听北京电视台晚上的天气预报，并将北京市不同地区的气温值记录在北京市地形图的相应位置。让学生分析不同的地形对于气温高低的影响，这不仅强调了实践活动与课堂的有机结合，更强调了学生对于地理图像的阅读与运用能力。像这样的例子在初中地理教学中是很多的。

三、挖掘知识内容，开展实验探究

（一）把间接、抽象的内容，转化为直接、形象的内容

初中地理教学中，有很多抽象的内容难以理解，比如说板块运动、地质断层、地球的运动都挺抽象，如地球运动这部分内容我们在前面介绍了很多实验，例如利用手电筒和地球仪探究昼夜交替现象，还有利用石膏球、白纸、台灯探究地球形状对地表获取光热的影响等，这些实验都是将间接、抽象的内容转化为直接、形象的内容，帮助学生得到很好的理解。

（二）把大尺度空间的内容，微缩到学生可视范围内

比如说全球范围内的海陆分布、地形特征，中国范围内的地形分布、政区分布，甚至全球的大气运动等，学生很难看到全貌，因此掌握起来就变得困难重重。如果我们能把这些大尺度的空间内容微缩到学生可视范围内，再学习它们的空间分布，就会变得容易。我们可以利用地理实验中的模型制作来解决这类问题。比如在教学中国的地势和地形类型时，设计了地理实验：制作中国地形模型。让学生自由分组，各组学生可以选择不同的材料（橡皮泥、陶泥、米粒等）在空白的政区图上制作四大高原、四大盆地、三大平原和各阶梯的分界线。学生在制作模型的过程中都很兴奋和积极，在愉快的氛围中轻松掌握了中国的主要地形和地势特点。

（三）把文字表述的概念，具体化到真实的实例中

例如在学习等高线内容时，有一些比较抽象的概念，如等高线、山谷、山脊、陡崖等，由于学生没有实际的经历，理解起来比较困难。因此我在教学中采取了这样的做法：要求学生利用陶泥制作等高线地形模型，要做出山谷、山脊、鞍部、陡崖、山峰五种地形部位；然后用刀从下到上每两厘米的垂直高度依次切成几块，再将切面涂上颜色；最后将切成的几块依次摞在一起，使学生在做中学，亲身体验中理解等高线、山谷、山脊等比较抽象的地理概念。

（四）把漫长的演变过程，快放到课堂中

在地理教学中，有很多地球演变的过程，比如地壳的运动、大陆的漂

移，它们往往需要几亿年甚至更长时间才能看出变化，我们人类不可能等着看它们的演变过程，要了解这个演变过程，我们可以做地理实验，使学生在短时间内就可以通过观察地理实验感受漫长的演变过程。比如我们知道世界海陆分布是不断变化的，2亿年前的海陆分布格局经过漫长的变化，演变成为现在这个样子。由于太漫长，我们不可能直接观察到，因此我采用一个简单的模拟实验来说明。

（五）把人地关系问题，用实验展示出来

例如在学习乡土地理时，任务是调查家乡的河流，认识河流与人类生产生活的关系。我做了如下的课外考察活动。1.带领学生到学校附近的一条河流（北运河）中取水样并将水样倒入烧杯中。在另一个烧杯中放等量的自来水。2.在两个烧杯中养同样大小的金鱼。3.观察结果并分析实验结果。4.揭示河流出现的问题。5.分析原因，提出治理措施。在这个课外实践活动中通过学生的亲身考察和实验操作，发现问题、分析原因、提出措施，认识到家乡水源污染问题及与当地人类生产和生活的关系，增强学生对于人地关系的理解，形成科学的人口观、资源观、环境观和可持续发展观。

（六）把真实的地理现象，作为观察、考察的内容

人们的日常生活中，差不多每一件事都与地理密切相关，生活中的一些地理现象，就可以揭示地理规律、地理特征。我们将这些地理现象作为观察、考察的内容，学习对生活有用的地理。例如生活中影子的变化就可以说明地球的运动以及阳光照射角度不同对温度的影响。所以我就设计了一个地理观察实验，有三个问题：一天中学校旗杆的影子长短有什么变化，影子的方向有什么变化，气温有什么变化？从这三个问题入手来做观察记录，分析观察记录可以知道影子长短的变化说明阳光照射到地面的角度有所变化，影子方向的变化说明地球是在自转的，气温的不同说明由于阳光照射到地面的角度不同而造成温度的不同。

总之，初中地理实验教学策略是一种利用直观、形象的地理实验来展现地理现象和地理过程的教学方法。初中地理课堂依据可行性原则、针对性原则和启发性原则，通过让学生自己动手操作、观察分析、得出结论，从而培养了学生的地理能力。

实施发展性评价 促进教师专业化发展

——玉桥中学教师专业化评价的反思与改进

武长亭

2011年6月，我校初一、初二年级语文、数学、英语、物理四个学科共37名任课教师参与了由北京市"实施发展性评价，促进中小学教育教学质量提高"项目初中课题组组织的"教师专业化发展"前期测评。调查问卷主要从教师道德素质、教学专业素养、教育科研能力、教育管理能力四个维度考察教师的专业化能力的发展情况。

一、测评结果

（一）总体测评结果

1.本校教师在"教师道德素养"和"教学专业素养"方面平均得分率略低于全体参评教师，但差异不大。

表1 玉桥中学教师道德素养测评结果

		总的自评	爱岗敬业		为人师表			热爱学生		
			知评	自评	知评	学评	自评	知评	学评	自评
平均得分率	本校参评教师	90.7	87.6	89.0	92.6	88.9	93.7	90.2	85.2	86.3
	全体参评教师	91.8	86.8	89.2	93.6	86.5	84.4	92.6	85.5	87

表2　玉桥中学教学专业素养测评结果

| | | 总的自评 | 教学基本功 | | 教学设计 | | 课堂教学 | | 分析反馈 | | 教学反思 | |
			学评	自评	知评	自评	学评	自评	学评	自评	知评	自评
平均得分率	本校参评教师	89.2	87.1	84.8	90.3	83.5	89.7	89.3	88.6	87.1	90.3	81.3
	全体参评教师	90.3	89.8	85.4	92.0	84.3	90.7	89.7	88.8	86.0	90.3	83.6

在"为人师表"和"分析反馈"三个方面的知评高于全体平均。

2.我校教师"教育科研能力"低于全体参评教师,且差距较大。

表3　玉桥中学教师教育科研能力测评结果

| | | 总的自评 | 知情人自评 | 自主学习 | | 课题研究 | | 撰写论文 | |
				知评	自评	知评	自评	知评	自评
平均得分率	本校参评教师	76.9	63.9	90.8	85.3	81.4	62.7	51.0	37.3
	全体参评教师	78.3	69.1	90.8	83.3	79.0	68.4	60.4	51.7

这一结果表明,虽然我们在近10年的时间里得到了加强,在2009年还被评为通州区科研特色校,但与参与实验的兄弟学校比,还存在着很大差距。

3.教师"教育管理能力"偏低,尤其在"沟通执行"和"心理指导"的自评方面明显低于全市参评教师。

表4　玉桥中学教育管理能力测评结果

		总的自评	知情人自评	教育设计		沟通执行		心理指导	
				知评	自评	知评	自评	知评	自评
平均得分率	本校参评教师	87.8	75.9	84.0	71.7	89.3	77.4	90.6	79.2
	全体参评教师	84.4	77.4	79.2	70.3	87.1	80.2	87.7	82.8

从总体测评结果看，我校教师的评分总体较高，原因主要有以下几点：第一，教师与知情人、学生的评价标准不一，这是定性评价共同的问题；二是教师不能准确地认识自己，自我评价过高，自我反思的意识和能力不足；第三，教师的专业水平不能满足学校领导和学生的期望与要求。

由于我校在教师的师德素养和教学专业素养方面与全体差异不大，教科研能力虽然较弱，但由于市课题组开展此课题研究的时间有限，而教科研能力的提高又是一项难度大、周期长的工作，对于教师而言，师德可以教育，专业知识可以学习，管理的能力必须在实践中培养。所以我校把教育管理能力培养作为今后一年内教师专业化发展培养的重点，而且我校35岁以下青年教师教多，教师的教育管理能力培养显得更为重要。

下面重点分析我校教师在"教育管理能力"方面的具体测评结果。

（二）本校教师在"教育管理能力"方面的得分情况

我从教师在全体参评校中的相对位置、典型题分析两个方面进行说明：

1. 相对位置

表4本校教师在"教育管理能力"各指标上的得分率在全体参评学校中的相对位置说明，我校教师在"沟通执行"和"心理指导"方面的自评分值均低于全体平均。下图说明，在教育管理能力的三个维度的教师的自评得分率在前1/3的人数明显高于知情人评价；尤其在"心理指导"能力方面自评与他评差异最大，自评在前1/3的有28人，占2/3还强，而知情人评价在前1/3的只有11人。

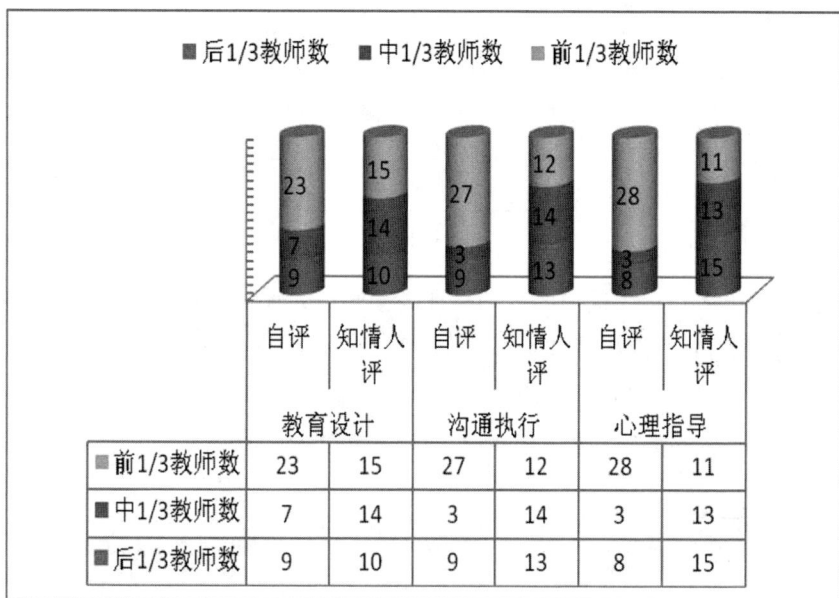

	自评	知情人评	自评	知情人评	自评	知情人评
	教育设计		沟通执行		心理指导	
▣ 前1/3教师数	23	15	27	12	28	11
▣ 中1/3教师数	7	14	3	14	3	13
▣ 后1/3教师数	9	10	9	13	8	15

2.典型题分析

（1）教师的沟通执行能力欠缺，不能利用多种途径充分了解学生。"我采取多种方式了解学生（如：家访、谈心等）"对应知情人评"他（她）采取多种方式了解学生（如：家访、谈心等）"，本校教师自评与他评的结果是：

选项	教师自评	知情人评
不大符合	2.6%	0.0%
基本符合	7.7%	17.9%
比较符合	17.9%	41.0%
非常符合	71.8%	41.0%

选择"非常符合"选项的教师自评远高于知情人评30.8个百分点。

（2）教师的心理健康状况不容乐观，在工作和生活中能够保持平和心态的比例偏低。"我能以平和的心态对待生活、工作中的问题"对应知情人评"他（她）能以平和的心态对待生活、工作中的问题"，本校教师自评与他评的结果是：

选项	教师自评	知情人评
不大符合	2.6%	0.0%
基本符合	2.6%	12.8%
比较符合	10.3%	23.1%
非常符合	84.6%	64.1%

选择"非常符合"选项的教师自评高于知情人评20.5个百分点。

（3）教师的心理指导能力非常欠缺，对学生的心理指导很不到位。"我能理解学生的想法并进行正确的引导"对应知情人评"他（她）能理解学生的想法并进行正确的引导"，本校教师自评与他评的结果是：

选项	教师自评	知情人评
不大符合	2.6%	0.0%
基本符合	5.1%	15.4%
比较符合	7.7%	17.9%
非常符合	84.6%	66.7%

选择"非常符合"选项的教师自评高于知情人评17.9个百分点。此外，在"对于学生不良的心理行为问题，能及时地发现并采取有效措施妥善处理（如转介到专业机构）"和"能运用心理学知识，帮助学生解决成长中的困惑"这两道题上，教师选择"非常符合"的比例高于知情人评30个百分点以上，差异较大。

3.对造成这些问题的原因，我们进行了认真的分析

一是，学校和教师把教育管理能力放在了次要的位置。对中小学教师而言，教育管理能力与教师的道德素养、教学专业素养同等重要。但实际上学校和老师往往更关注教师的师德素养和教学专业素养的培养，而把教育管理能力放在了次要的位置。

二是，40岁以上中老年和35岁以下青年教师多。我校专任教师队伍呈现两头粗中间细的沙漏形状。40岁以上和35岁以下教师人数多，导致岁数较大的教师由于观念的老化而与学生沟通过程中障碍较多，而年轻教师由于刚刚

走上工作岗位而缺乏管理经验。

三是，教师心理知识欠缺，心理指导能力培训不够。心理指导能力在我国是近几年才被广泛提出，对于中年以上的教师来说还属于新鲜的事物，他们并没有受过专门的培训。对我校来说，学生的心理健康教育工作才刚刚起步，由于没有专职的心理教师和课时安排，教师的心理指导能力的培训和学生的心理健康辅导还无法满足师生的需要。

基于以上的诊断性测评结果和我校教师实际，经学校领导班子讨论决定，确定了以"建立多元化发展性评价机制，提高教师教育管理水平的行动研究"课题研究为载体，以前测39名专任教师为重点培养对象，实施教师专业化发展培养、促进教师专业化水平的全面提升工程。

二、学校反思改进计划

（一）完善组织领导，确立发展目标

成立"建立多元化发展性评价机制，提高教师教育管理水平的行动研究"课题研究小组，由杜泉喜校长担任组长。发展目标为：充分利用市课题组信息和技术优势，组织引导教师在发展中树立终身学习观念，通过学习来更新教育管理理念，丰富教育管理知识；在工作中积极投身教育科研的改革与实践，从学生全面发展的高度探索新的教育管理方法和措施，提高教育效果；在实践中不断探索、感悟、反思自我，使自己逐步成为研究型、开拓型教师。

（二）明确主要概念，提高认识

首先必须明确三个概念，即"教师专业化发展"、"发展性教师评价"和"教育管理能力"。教师专业化是指教师在整个职业生涯中，通过专门训练和终身学习，逐步习得教育专业的知识与技能，并在教育专业实践中不断提高自身的从教素质，从而成为一名合格的专业教育工作者的过程。在当代教育改革实践中，教师的工作职能出现了深刻变化，这种变化极大地提高了教师劳动的复杂程度和创造性质。没有教师的发展，没有教师专业上的成长，教师的历史使命便无法完成。因此，教师专业化发展是基础教育课程改革的

要求。教师专业化发展不是一个简单的、线性的递进过程，而是一个螺旋上升、反复的前进过程。教师的专业化发展固然与从教时间有关，却又不仅是时间的累积，更是教师专业素养的不断提高、专业理想的逐渐明晰、专业自我的逐步形成，直至成为教育世界的创造者。有人将教师专业化发展划分为如下七个阶段：专业预备期（主要指教师职前教育阶段，在校教师中这一部分人是不存在的）、专业形成期、专业成长期、专业高原期、专业更新期、专业成熟期、专业退化期。由于教师能力和工作态度的差异，个别教师有可能落后或超前一个阶段。我校处于专业形成期、专业高原期的教师较多，因此，我们把重点放在这两部分教师的培养工作上。教师专业化发展是教育改革的必然，是教师成长的必由之路。基础教育课程改革在课程目标、课程功能、课程结构、课程评价和课程管理等方面提出了许多新的观念和要求，对教师的专业化要求更高。

发展性教师评价是指以教师发展为目的所作的评价。学校每天都对教师作评价，但有些是终结性评价，如年终考核；有些是奖励性评价，如各种先进的评比；有的是检查性评价，如各种检查评比。发展性教师评价不仅关注结果，更关注过程，是在评价中找到问题和不足，在改进和提高中发展自己。华东师范大学教授王斌华先生认为，发展性教师评价以促进发展为目的，是一种依据目标、重视过程、及时反馈、促进发展的形成性评价。

教师的能力，第一是管理能力，第二是教育能力，第三是教学能力。教师最重要的能力不是教育能力，也不是教学能力，而是管理能力。不会管理的教师，即使其他能力再强，也不会有好的结果，而教育教学能力即使差一点的教师，也可以通过较强的管理能力加以弥补。教育管理能力包含的主要内容有教育设计、沟通执行、心理指导能力。教师教育管理的本质是帮助和交流。学生在课堂上规规矩矩并不是教师管理能力强的表现。现代教育理念指导下的课堂应该是师生间、生生间平等、真诚、和谐、愉悦、充满创造性地交往与互动的平台。教师不是学生的领导，不是警察。教育的根本目的不是为了管住学生，而是帮助他们学会自己管住自己（培养主体性、自觉性）。如果我们上来就没收了他们的书，这当然很爽快，管理效果明显，但是他们就失去了一次锻炼自控能力的机会。我们采取提醒的办法，就是让他们逐渐学会控制自己。我们能永远跟着他们吗？不能。所以最可靠的办法不是使他们立刻让我们满意，而是让他们自己确实有所成长。教育如果不能引发学生真实的自我教育，就是单纯的管理主义，就是形式主义。这种管理是在破坏学生的自觉性，因为管得越严，自觉性就越没有用武之地，渐渐地，人就会变成两面派。既然你管理的目的只是为了使你自己满意，那我立刻让你满意不就行了吗？至于你不在的时候，那就完全是另一回事了。此外教育管理能力不等同于课堂的组织能力。教师的教育管理以课堂管理为主，但不仅限于课堂。

（三）反思，规划

美国学者波斯纳提出了一个教师成长公式：经验+反思=成长。只有反思，教师的经验才能上升到一定的高度，对后继行为产生影响。我们的发展性教师评价要处处体现"促进教师专业发展"的主旨，使教师不再是被动接受他人的评价，而是热情地参与其中，积极寻找他人的长处，主动弥补自己的不足；使教师在评价中不断地加强自己的反思意识，掌握一定的反思策略，使他们真正成为新课程改革的"研究者"，形成性评价中的"获益者"，从而将发展的外部压力转化为内部动力。

我们以市课题组的前测数据为主要依据，以教师的现实表现为参考，组织全体教师进行认真的反思分析。要求教师把评价作为自我反思的一个有效途径，在自我评价、他人评价、学生评价中进行自我反思，做到"思所得，发扬长处，发挥优势；思所失，吸取教训，弥补不足；思所疑，加深研究，明白透彻；思所难，化难为易，水到渠成；思创新，扬长避短，精益求精"。在此基础上，每名教师制定出自己的年度发展规划，明确自己的发展目标和方向，并提出具体的改进措施和方法。

（四）学习，实践

在学习中提高认识，在实践中增长才干。对于一线教师来讲，学习比实践更重要。

在正确思想指导下的实践才能够事半功倍。有了学习的意识就会有积极的行为，勤思考，勤动笔，敢于创新，敢于实践，如作摘记、撰写教育叙事、反思日记等都是非常好的学习手段。不要满足现状，要敢于打破常规，才能常教常新，才能快速提高。

（五）完善评价体系

学校将进一步完善评价体系，做到"两多、三结合、四规范"。"两多"即多个评价主体共同参与、多种评价方式综合运用；"三结合"即过程性评价与终结性评价相结合、评价与奖励评优相结合、定性评价与定量评价相结合；"四规范"即规范评价标准、规范评价方式、规范评价结果的运用、规范评价资料的管理。发展性评价手段的运用将会极大地促进教师的专业化发展，希望广大干部教师能够全面、认真地加以落实，这样才能达到预期的效果。

增强教育管理能力　提升教师专业素养

耿玉梅

2011年6月，我有幸加入了北京市"实施发展性评价，促进中小学教育教学质量提高"项目组关于"教师专业化发展"课题的研究工作。通过参与本课题的研究使我深刻认识到，教师教育管理能力是教师专业素养的重要组成部分，而教育管理能力的提高可以通过教育设计、沟通执行和心理指导三方面来实现。精心设计的教育可以改善教育效果，提高沟通执行的艺术性可架起心灵的桥梁，加强心理指导能使教育更顺畅。

一、精心设计的教育可以改善教育效果

在班级管理过程中，我们有时会有"按下葫芦起个瓢"的无奈。其实仔细想想，都是因为我们的教育缺乏设计，没有针对性和计划性。另外，简单的说教不但无法触动学生的心灵，有时还会使他们产生逆反心理。因此我们可以采用多种手段和形式，经过精心设计，从而使我们的教育达到最佳效果。

（一）主题活动课能帮助学生排忧解难

主题活动课是在课程改革过程中诞生的一种新的教育形式。有针对性的开好主题活动课，有助于学生解决成长中的烦恼与困惑。如初二阶段正是学生理想自我和现实自我差距最大的时期，一是因为学生的学习方式和课程安排相比初一有较大的转变，在学业方面面临更多的压力，易于产生学业上的不适应；同时，初二年级的学生也是青春期发育的高峰时期，更加关注自己的外貌、体能、人际关系等。各种生活事件容易导致初二学生提高理想自我或是片面地降低对现实自我的看法，导致自我差异分数的提高。如果得不到及时的引导便会导致学生出现心理健康问题。

因此我们应想方设法从多渠道去了解我们的学生，有针对性地设计一系

列的主题教育活动，如："我爱我班""酿感恩美酒，谱感恩颂歌""自信，伴我成长""做情绪的主人""提高学习效益，做学习的主人""花开太早是个美丽的错"等。

刚升入初三的学生，有的体会不到时间的紧迫，也有些学生总是很消极，觉得希望很渺茫。因此我们可以设计"做时间的主人"和"告别消极的心理暗示"等主题活动课。这些活动的开展有助于形成一个团结、和谐的集体。

（二）抓住学生特点，制定成长规划能更好地因材施教

了解班里每一位学生，是搞好班级管理的前提。首先我们可以通过查阅资料了解中学生的发展规律及特点，再通过有目的地谈心、有计划地家访、有针对性的问卷、有意识地观察及与班干部和任课教师及时沟通等形式，尽可能全面地了解班上每位学生的情况。然后按学生的行为特点、性格特点、心理特点或道德品质来给学生分组。我们可以把班上的学生按行为特点大致分成以下几类：学习刻苦努力，但成绩提高不明显；很聪明，但努力不够；遵规守纪、循规蹈矩；自控能力差，经常违纪；不能正确认识自己。接着，针对学生的特点，为每组学生制定相应的成长规划，提出具体的措施和目标，然后有针对性地对他们进行学习方法的指导、学习态度的引导、创新能力的培养、自控能力的训练及自我认识的调整等。

另外，有效地利用"学生成长记录袋"，能真正做到因材施教，以此做好班级管理。因为它不仅为学生的成长留下了宝贵的回忆、真实地记录下学生的每一个脚印，还能成为一种教育管理的有效手段。俗话说："人往高处走，水往低处流。"每个学生都有积极向上的愿望，我们可以很好地利用它积极引导学生，做好阶段性评价，并引领学生制定发展目标；以小组为单位进行同学互评，以便起到相互激励和学习的作用。每学期的教师评语可以在小组讨论的基础上产生，因为这样可以避免教师单方面了解学生的片面性，从而更真实、可信。为了增强激励作用，我们应尽可能为他们创设竞争机制，为其增添光辉的一页创设条件。如班上可以搭建文明礼仪比一比、你追我赶赛一赛平台，每周有小结，月月有汇总。每月都可评选出先进个人、进步标兵、文明之星、优秀小组等。还可以专门设计各种喜报，将学生在校期间受

到的表扬、奖励、优点尽可能全面地记录下来，放在成长记录袋中。通过该竞争机制调动学生的积极性。

二、提高沟通执行的艺术性可架起心灵桥梁

（一）实现与学生有效沟通能调动学生积极性

1.创设情境可提高沟通有效性

传统的教育观念使师生处于对立的尴尬地位。而当今教育理念的核心思想是"以生为本"。在此思想的指导下，我努力创设平等的对话氛围，以便更好地达到沟通目的。

第一，拉近与学生的心理距离。我们应努力放下架子，主动去接近学生，让学生有安全感，从而愿向老师吐露心声。

第二，把握沟通的有利时机。如果学生刚受了批评，心情还未平静，教师就想"趁热打铁"与其沟通，这样只会导致学生的抗拒和不满。

第三，擅用"共情"沟通润滑剂。"共情"的目的就是"让学生感觉到被理解"，即使面对学生的缺点和错误，也要积极地关怀，去换位理解。

第四，保持稳定的情绪及平和的心态。只有在这样的状态下与学生沟通，才会思路清晰、提出有建设性的意见，否则会适得其反。

教育是沟通的艺术，教育因沟通而存在。虽然没有一把万能钥匙可以打开每扇门，也没有一种固定的模式可以唤醒所有学生，但只有教师以适当的策略与真情经常同学生进行有效的对话沟通，才能建立良好的师生关系，创设一个和谐共赢的施教环境。

2.多用肯定表扬能调动学习积极性

肯定表扬是对学生所作所为的一种认可，它可以是一句表扬的言语，可以是一个赏识的眼神，也可以是一个赞许的动作，目的是让学生有一种成就感，从而调动学生的主动性和积极性。但表扬要实事求是，不要夸大其词，也不要总是附加条件。前者不但会让被表扬者因不符合事实而感到不自在，对其他人也起不到榜样的引领作用；而后者最终使被表扬者拥有的是"被否定"的情感体验。

如，我们经常听到有的老师这样表扬学生："不错，但要把字再写清楚些就更好了！""读得很棒！但情感再丰富些就更好了！""有进步，要能上优秀就更好了！"我也曾认为这样的表扬效果很好，既表扬了学生，又善意地提出了改进的方向。但前不久听了北京师范大学赵德成博士的讲座才知道：经常用这种条件性肯定是不妥的。正如赵博士所说："学生还没来得及享受表扬的喜悦，接踵而来的却是挫败的痛苦。"学生的积极性从何而来呢？如果我们稍作改动，沟通效果就会有明显好转。比如，刚才最后一句可以这样说："有进步，下个目标就是上优秀！"前半句是个完全的肯定表扬，后半句是针对下次考试提出了希望，起到激励作用，而不是表达对这次考试的遗憾，这样感觉就完全不一样了。

（二）实现与家长有效沟通能拓宽教育渠道

1.选择合适的内容与家长沟通

通过与家长沟通，启发、引导家长不断完善自我，使其家庭成员间保持亲密和谐的关系，亲子间构建平等、互爱的关系，形成关怀、爱护、民主、平等、以理服人、鼓励为主的教育方式；帮助家长树立创设良好家庭气氛和关注孩子心理需要的观念；向家长介绍一些基本的实用的家庭心理健康教育的知识。

2.使用多样的形式与家长沟通

我们可以通过打电话、单独约见家长、开家长会、家访等形式与家长沟通。

此外，还可以利用微信与家长互通有无，除了发作业，还可以经常表扬或鼓励学生，另外也可以提醒家长加大管理力度。这样不但能使家长及时了解学生的情况，也增进了老师与家长的感情。这就为学校教育取得家长的支持奠定了良好的基础。

3.运用恰当的技巧与家长沟通

用尊重让家长尊重你，正如常言所说："敬人者，人恒敬之。"用倾听让家长信任你，为你的教育教学工作打下坚实的基础。用事实让家长理解你，让学生对你的肯定减少教育教学工作的阻力。用才华让家长佩服你，使你的教育教学工作顺畅。用真诚让家长平视你，以减少因看高你而不得的失望或因看低你而不悦的挑剔。用赞美让家长协助你，使家长乐意与你结为同盟，从而形成一种强大的教育合力。

三、加强心理指导能使教育更顺畅

在学生成长的道路上，总会遇到一些困难和挫折，也会产生困惑和迷茫。尝试着做学生心灵的导师，循循善诱，引领他们走出心灵的沼泽，轻快地行走在通往成功的道路上。我们可以从以下两方面入手：

（一）巧用心理知识来做学生心灵的导师

心理学上存在着各种神奇的效应，我们在日常教育教学活动中可以借用。对后进生用"皮格马利翁效应"，让期待产生巨大能量；对优秀生克服"马太效应"，让所有的荣誉对优生成为动力而不是阻力；对学困生避免"首因效应"，不让"先入为主"导致他们丧失进取的动力；对犯错误的学生采用"南风效应"，让他们因感受到温暖而主动承认错误、改正错误。

我们班上有位同学，初一时英语基础不错，但到了初二下滑很厉害。后来我通过推荐她参加英语读书比赛来鼓励她，收到了很好的效果，成绩逐步恢复。一天我私下里对几名同学说："中考就指着你们几个出高分了！"其中就有这位同学。晚上回家我意外地收到了她发来的短信："老师，谢谢您对我的信任，我一定不会让您失望的！"之后她经常做一些额外的练习拿给我看，经过不懈的努力，进步显著。她在我们班只是一名中等生，但后来的英语成绩一直排在前列，我想是老师的期待让她产生了巨大的能量，这应该归功于"皮格马利翁效应"。

（二）向学生提供心理营养可激发其最大潜能

心理营养包括爱、理解，尊重、关注和承认，活动机会、成功体验，赞赏、鼓励、激励，同伴交往等。每一种心理营养要素都有其独特的功能，任何心理营养素的缺乏、不足或过剩，都会对心理健康发展产生不良影响。

因此对班上缺乏家庭温暖的同学，我们应该给予更多关心，哪怕是下雨时嘱咐一句"小心，路滑！"或是天冷时提醒一句"多穿衣服，别感冒！"也可以使他们产生幸福感，从而帮助他们形成良好的个性。对那些缺乏信心和勇气的同学，应多给他们提供实践活动的机会及鼓励，通过向他们提供所需的心理营养，激发其最大潜能。

以往我比较重视自己的教学能力，但对于教育管理能力却很欠缺，在参与此课题前，甚至不知道教育管理能力包含哪些内容。通过参与此课题的研究，我认识到管理能力、教育能力和教学能力这三者同样重要，管理能力有时比教育教学能力还要重要。

"打铁还需自身硬"，良好的专业素养是提高教育教学质量的关键。我们应把教师专业发展当作伴随我们教师职业生涯的永久课题，不断实践、探究、提高，做一名常教常新、受学生欢迎的教师。

浅谈初中数学课堂提问的设计

李景艳

"问题是数学的心脏",没有问题就没有数学。课堂上没有提问也就谈不上教学。心理学家布鲁纳也曾说过:"教学过程是一种提出问题和解决问题的持续不断的活动。"问题是探究性学习的核心,教师在课堂上依据教学内容向学生提问,是一种重要的教学方式。教师提出有效、有价值的问题,可以开启学生的心智,发挥学生的主体作用,从而达到师生教与学的共鸣。下面,我根据自己的教学实践,谈一谈有关数学课堂提问的一些体会。

一、问题的设计主旨应是激发学生思考与探究,从而发挥学生主体作用

启发探究式教学,是对注入式教学的变革,整个教学活动呈现出以学生的主体活动为主线,以教师主导为辅线的动态构成。启发式教学强调教师的启发与点拨作用,遵循学生认知规律,培养学生积极思考问题的习惯,学生在教师的启发下有效地解决问题,学生的主体地位有所体现。大量成功课例表明,以问题为核心的探究式教学完全适合中学生的学习需要,中学生在思维上具有独立思考、判断是非的能力,也能够全面分析问题达到解决问题的能力。学生一旦进入解决问题的情境中,就会完全沉浸其中,脑海中不断涌现所学知识,然后一一去应用与排除,从而解决问题。

例如,通州数学模拟试题中有一道平分梯形面积问题,我在讲解的时候没有单纯讲如何平分梯形面积,而是把它进行了展开,拓展到其他一些常见图形,让学生真正明白平分几何图形应遵循的原则。我做了如下设计:

(一)出示平行四边形。

问题1:一条直线将其分成等面积两部分,怎么分?问题2:总结共有多少种方法?问题3:这些直线都有什么共同特征?问题4:对你上述的结论进

行证明。

这一步目的是让学生明确平分平行四边形面积的直线必过对角线交点。

（二）出示矩形，同上问题。

（三）出示梯形（见图1）。

问题：一条直线将其分成等面积两部分，怎么分？问题2：总结共有多少种方法？问题3：这些直线都有什么共同特征？必过类似上题的一个定点吗？

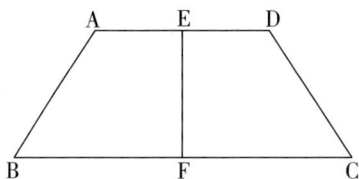
图1

第一个问题学生很容易取上底AD中点，下底BC中点，则直线EF即把梯形面积对分，由梯形的面积公式可以证明。在这基础上，继续让学生探讨，还可以取EF的中点，任划一条直线交AD和BC亦满足条件，割补原理即可说明。继续追问直线EF转到与DC相交时，还成立吗？（不成立，割补原理不适用。）

（四）如图2，图形是矩形缺一个角，问题1：一条直线将其分成等积的两块，有几种分法？怎么分？问题2：这是不规则图形，我们可以采用什么数学思想解决问题？（转化思想，把不规则图形转化为已解决的规则图形）问题3：动手实践，然后回答。（分割成梯形、矩形分别去考虑。）

本节课以均分"矩形和平行四边形"为基础，逐渐推广到梯形与多边形。

学生参与积极，经过师生共同探究，推理论证层层深入。学生在学习中兴趣高涨，参与意识与能力明显增强。

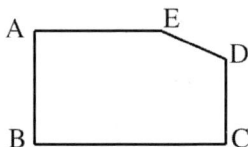
图2

又比如，在讲解二次函数图像一节时，我根据新课改教材所体现的探究意识，没有让学生先去画图像，而是先出示二次函数表达式，然后参照书中"议一议"让学生回答一系列问题。1.图像是否过原点？为什么？2.它的图像分布在哪几个象限，为什么？3.它的图像是轴对称图形吗？为什么？如果是指出它的对称轴。4.根据以上分析，描述一下该函数图像特征。这些问题是"开放性的"，学生可以就论题自由发挥，充分引导学生自由描述自己的观点，只要合理，都应肯定，允许坚持，允许反驳。大家共同探究得到的结论才是深刻的，也才能更深一层理解图像特征，尤其近几年中考加深了对图像的理解与感悟。

二、巧设提问，为难点搭台阶

由于基础与智力水平的差异，导致不同学生掌握同一知识点的速度有快有慢，效果有好有差。为此，对于有一定难度的问题，在设计问题时可以分解成问题串的形式，或者一问的问题可问得再细一些，加到三问四问，前几问的问题还应是最后问题的铺垫，这样由易到难，层层递进，循序渐进中到达制高点。

例如，问题：在平面直角坐标系中，求到一个三角形各边所在直线距离相等的点的坐标。这样的点有四个。首先学生很难找全，点坐标当然也不易求出。我在讲解的时候，首先加的第一个问题是：在三角形内部确定一点，使它到三角形各边距离相等。这个点易找到，目的是让学生明确这个点应是三条角平分线的交点——即内心。当学生知道角平分线上点的特征后，出示第二个问题：把各边延长与第一问有什么区别？这个点一定还在三角形内部吗？随着问题的提出，学生的视线也同时延伸到外角。最后问题：三角形有几个外角，共有多少个这样的点？

又比如有这样一个问题：函数y总取给定三个函数中的较小值，其中函数y的最大值是多少？看到问题，学生首先很迷惑，到底是最小还是最大值？为了让学生真正明白，第一步，先让学生画出给定三个函数的图像。第二步，让学生观察图像，提出问题：当自变量x取同一个值时，所对应的函数值在哪个函数图像上最小？这个最小值是固定不变的吗？第三步，把这些不同的点集合起来是怎样的一个图形，学生画出。最后在这条画好的曲线中，学生很容易找出函数的最大值。

这样每一道难题分解出多个问题，既照顾了不同层次的学生都有收获，更重要的是搭的台阶，能促进学生向更高目标探索。在课堂教学中，还要洞察学生心理，善于捕捉时机。对于难点，化难为易，循循善诱，方能鼓舞学生的信心。通过分层启发，才能起到水到渠成的作用。提问的难度应设在"跳一跳，摘到桃"的层次上，如果一语道破天机，就会索然无味。

三、通过提问，强调关键点，突出易混点与易错点

数学是一门严谨的学科，稍有疏忽大意，将会导致错误。一般说，学生的认识总是从不全面、不深刻或出现谬误经过多少反复和争议逐步发展起来的。他们在学习过程中，容易忽视定义、定理的先决条件，常常受思维定式的消极影响，对数学问题中的隐含条件缺乏深入挖掘或滥用类比等。因此，在容易产生错误处进行提问，教学做到防患未然，将收到事半功倍之效。

例如：关于x的方程（m^2-1）x^2+2（m+1）x+1=0，当m取何值时，方程有实根？这道题学生肯定易忽略方程的类型，题中没有给出，需要分类讨论。为突出这个易错点，我采取了两种处理方法。第一种方法，我把问题改为一元二次方程，让学生解出。然后把"一元二次"擦掉，让学生回答改后与之前有什么区别，从而强调学生以后做此类问题时应先看是否给了方程的类型。第二种方法，出示错误答案：一元二次方程有实数根，则必须满足（m^2-1）$\neq 0$，$\Delta \geq 0$且$m \neq \pm 1$。以上答案不正确，因为题中只要求方程有实根，原方程可以是一元二次也可以是一元一次方程，应分类讨论。同学们对此题的求解，就加强了对概念的巩固，突出了易错点，加深了其对此类问题的印象。

四、提问与倾听应相辅相成

新课程的实施，将使教育从不同层面打破封闭的围墙，主动走向开放的状态，加速实现人才培养模式的新改革。教师在要求学生认真听自己讲与问的同时，也要顾及学生的心理特点，观察他们的上课表现，倾听他们的议论和回答，无论学生的回答是否正确，当他们提出与教师不同的看法时，教师应给学生表达的机会。一个好的教师能准确判断学生是否已充分交流完他们所想到的和已经理解的一切，从而果断地决定在何时介入讨论，以何种方式介入，同时认真地倾听学生的讨论与思考的过程，真正成为科学活动的组织者、引领者、参与者和合作者，从而达到"教学相长"。课堂上学生时常处于一种"愤悱状态"，在这时，教师不要轻易打断学生的发言，要有充分的耐

心，要有执着的精神。课堂气氛的活跃与热闹是有度的，有时短暂的沉默之后，时常会绽放出智慧的火花和创新的光芒，所以在课堂上，不要逼学生，要留一定的思考时间，留一定的发展空间，让学生充分思索，表达各自的意见，教师则要耐心地听取。

探究性学习的积极性、主动性往往来自一个个有价值有效的问题。我们构建探究式课堂教学的思路是：以问题为线索，带动探究式学习；以活跃思维为目的，让作为主体的学生学得积极与主动。

以学生为主体 创新初中物理概念教学

王雪琴

物理概念不仅是物理基础知识的重要组成部分，也是构成物理规律、建立物理公式和完善物理理论的基础和前提。物理概念教学不仅是物理教学的关键点，同时还是培养学生能力、开发学生智力的重要途径。从历年的中考试卷分析及平时的检测情况看，学生在利用概念解决物理问题时出现的问题颇多，这反映了教师在物理概念教学中存在着诸多值得改进的地方。反思以往的教学，许多教师为了赶进度，对物理概念采用简单化的"记住—回忆"方法进行教学，造成很多学生对物理概念不理解，不会应用。

根据教学要求和学生自身的特点，本人认为物理概念教学应强调以下三个方面：

一、创设学习物理概念的环境

（一）利用实验，探究物理概念

课程标准明确指出："将科学探究列入内容标准，旨在将学习的重心从过分强调知识的传承和积累向知识的探究转化，从学生被动地接受知识向主动获取知识转化。"物理是一个以实验为主的学科，实验也是揭示物理概念最直接、最形象的方法。初中物理适合实验探究的内容很多，教师应利用这一学科特点，尽可能组织学生动手进行操作和实验，通过这些操作和实验去探索和发现物理知识，从而引发学生的探究兴趣，使学生享受发现的快乐，点燃学生创造性思维的火花。

例如教学"大气压"这一概念时，教师做个实验，将剥了皮的鸡蛋放在较之稍小的玻璃瓶口上，鸡蛋不动；然后将鸡蛋拿下，将酒精棉点燃放入瓶中，一会儿，再将鸡蛋放在瓶口上，发现鸡蛋落入瓶中。面对意想不到的结果，学生立刻产生了浓厚的兴趣，而且激发了其探索奥秘的积极性。再如，进行光的反射、光的折射教学时，先在水槽底放置一块玻璃，再放入适量的凉水，然后用激光笔斜着射入一束光线，射向水中的玻璃板，让学生观察现象，可是现象很不明显，学生根本观察不到。这时把水槽中的凉水换成热水，在水槽上面放一块玻璃板，会发现水槽中有很多热气，再用一束激光笔斜着射入一束光线，射向水中的玻璃板，学生会观察到明显的三条光线，这时学生会对这个问题产生浓厚的兴趣。可见，实验时应当提供精心设计的、经过简化和纯化了的感性材料。有了这样的感性材料，学生就能对所学概念有所了解，这是概念有效教学的起点，也是学生建构物理概念的起点。

（二）利用学生积累的生活经验探究物理概念

物理课程标准明确提出"从生活走向物理，从物理走向社会"的基本理念，它要求物理教学要贴近学生生活，加强课程与学生生活和现实社会的联系。据此，在进行概念教学时，教师要努力创设出生动的物理教学情景，以生动形象的直观感知，推动学生求知的内在力量，激发学生的内在潜能。教师要善于恰当地利用学生已有的生活经验，创设出良好的物理教学环境。

例如，在教学"浮力"一节时，学生往往认为木块漂浮在水中，是因为它受到了浮力；而铁块沉到水底，是因为它没有受到浮力。为此在教学中，我先让学生直观体验浮力的存在。小实验：将浮在水中的木块用手按压下去，这时会感觉木块对手有一个向上的力，说明木块受到浮力。提出问题：把铁块放入水中水产生浮力吗？可设计实验，先将铁块挂在弹簧测力计下，测出其重力G，然后把挂在弹簧测力计下的铁块缓慢地浸入水中，观察弹簧测力计示数变化的情况，学生会发现示数变小了。让学生思考原因并提出自己的看法，这样可以加深学生对浮力概念的理解。再如，建立力的概念，首先让学生提供他们所熟悉的有关力的现象的经验或事实，如人提水桶、马拉车、粉笔盒压桌、磁铁吸引铁块等……就很感性具体。然后对所涉物理现象进行思维抽象，通过分类、比较、分析来给"力"下定义，从而引出与力有关的知识内容，产生对力的一般认识。这种引入方法能使学生感到亲切，容易接受。同时，从生活经验引入概念，也有助于培养学生注意观察、勤于思考、善于分析的习惯与能力，并且符合让学生在生活中学习物理的现代教育理念。

（三）利用新旧概念的区别探究物理概念

苏联著名教育实践家和教育理论家苏霍姆林斯基说："教给学生能借助已有的知识去获取知识，这是最高的教学技巧之所在。"物理概念大多数是在已有认知结构的基础上建立起来的，新概念与学习过的概念之间往往存在着有机的联系。教师在备课时要分析这个新概念与哪些旧知识有内在的联系，然后在讲课时就可以引导学生从已有的旧知识出发，通过逻辑展开，把新概念自然地引入。这样可使学生认识到引入新概念的客观性和必要性，使知识系统连贯，便于学生理解和掌握。因此，在进行概念教学时要充分发挥学生已有旧知识的作用而引入新概念，这是物理教学中通常采用的方法。

例如，我曾引导学生通过对两位学生百米赛跑的速度进行分析，学习了速度概念，知道了速度是表示物体运动快慢的物理量，得出速度概念的表达式 $v=s/t$。在讲功率的时候，我又让两位同学现场比赛提重物，使学生知道了功率是表示物体做功快慢的物理量，得出功率的表达式 $p=w/t$。引导学生进行对比，不难看出上述二者都可以有两种比赛方法。比较速度大小：相同路程比较时间，相同时间比较路程；比较功率大小：相同功比较时间，相同时间比较功。而且它们的定义非常相似，它们的单位都由另外两个物理量的单位复合而成。这样，学生不仅对旧知识进行了复习，而且很好地学习了新知识。由于物理概念所反映的事物的本质特征往往隐蔽在非本质特征之中，概念和概念之间的联系和区别易使学生混淆，影响学生对所学概念深刻、准确的把握。而通过对比，可使学生更容易抓住概念的本质特征，对物理概念有更全面、更深刻的理解和把握。

二、对物理概念进行思维加工

尽管从日常生活中可以获得丰富的感性材料，并且这些材料都是学生形成物理概念的基础，但学生却很难自发地从感性材料中直接获得物理概念，这就需要教师采用灵活的方法引导学生通过积极的思维，充分发挥其自身的主动性和积极性，运用比较、分析、综合等思维方法对大量的感性材料进行整理加工，抽象概括出事物的本质属性，这样才能将感性认识上升到理性，进而形成概念。而在此基础上，还要引导学生用精练的语言将概念的内涵精确表达出来，这既是学生形成概念的难点，也是教学过程中关键的阶段。

如形成"导体的电阻"概念，学生由演示实验入手，直接取得了相应数据。如何对相应数据进行分析、比较、抽象、概括，使学生形成电阻这一概念呢？可先引导学生进行观察：通过导体的电流随导体两端电压的变化而变化，且当导体不变时，电流与电压成正比，即U/I是一个恒量；换另一个导体做同样的实验，学生又会发现U/I仍是一个恒量，但是另一个不同于前者的恒量。由实验可知：对任一导体，电压和电流的比值为一恒量，用R表示。这个恒量就表征了导体的一种物理性质。比较两次实验的结果发现，导体两端加同样电压时，通过导体的电流不同，也就是说电流通过两导体的难易程度不同，即导体对电流的阻碍作用不同。U/I的值越大，电流越难通过。于是得到结论：电阻R是表征导体对电流阻碍作用的物理量，它的大小可以用R=U/I量度。但要注意，对同一个导体U、I都可以改变，而U与I的比值不变，即导体的电阻不取决于电压和电流，而是由导体本身的性质决定的。这时可以启发学生利用类比联想，如同种物质它的质量和体积的比值是个恒量，再如同种燃料完全燃烧放出的热量与它质量的比值是个恒量。

通过反复的分析讨论和实际应用，学生自然会对概念产生较为全面、深刻的理解，进而达到巩固概念的目的。另外要注意，在这一阶段的教学中，应强调学生之间的交流与讨论，要留给学生思考讨论的空间，教给学生学习的方法。

三、物理概念教学中教师应遵循的基本原则

（一）要使学生明确建立概念的事实依据和研究方法

也就是说既不能只提供形成概念的事实依据而不同时引导学生进行科学的思维活动，也不能只是从概念到概念，从理论到理论地简单"演绎"。

（二）要让学生理解物理概念的内涵，了解概念的外延

内涵就是学生要理解物理现象、物理过程所特有的本质属性，除了要用语言文字将其定性地加以表达外，还要能由定性分析进入定量分析，获得其定义式，并且还要了解概念的适用范围。

（三）要引导学生了解所学概念与相关概念的联系和区别

通过比较，了解概念之间的区别和联系，能使学生分清不同概念所反映的不同本质属性，避免概念之间的混淆不清，这对于学生正确地理解概念，也是十分必要的。

（四）要让学生学会运用概念

"学以致用"是我们的教学目的，也是概念教学中的一个基本要求，因为只有通过运用，学生才能真正掌握概念；同时，在运用过程中，学生在概念理解上的缺陷才能暴露出来，以便于进一步有针对性地加以纠正，进而完善和深化学生对概念的理解。

在物理概念教学中，无论教师采用什么样的教学方法，都必须坚持"学生为主体"的原则，指导和引导学生用科学的方法去探究物理世界，培养他们的自主学习能力，促使他们独立自主地进行思考并掌握学科规律。我想，这样的物理概念教学才是我们所追求的成功教学。

关注初中英语复习技巧　让学生"拾零为整"

喜　讯

一、我读

读到这章的这一节让我领会了很多。我所教的是北京教育出版社出版的初中英语课程改革试验教材，这套教材以单元话题的形式呈现，每个单元里有四个部分，由周一到周四依次教授完这个话题，周五是复习这个单元话题的知识。如果说一周的前四天是精教和细学的话，那周五的复习课我认为就是"提"和"总"。复习课虽然按时间来讲排在最后，但作用却至关重要，因为只有有了"提"和"总"，才能促进语言知识综合应用的形成。

二、我做

（一）从基到复再到美

下面我就想以七年级（下）"Unit1 My Friends"为例，谈一谈我在复习课的课堂教学中的做法。

"My Friends"这个单元话题的重点是，运用所学的形容词和句型来描述人，包括人物的外貌、兴趣爱好和梦想等。这节复习课我用四个问题引入并且围绕这四个问题展开：

Who is your best friend? 谁是你最好的朋友?

What does he/she look like? 他（或她）长得什么样子?

What's he/she interested in? 他（或她）对什么感兴趣?

What's his/her dream? 他（或她）的梦想是什么?

我用英语提问两三个同学，以表格形式收集相关信息。表格如下：

Friend（朋友）	Appearance（外貌）	Interest（兴趣）	Dream（梦想）
ZhangLi	an oval face, big black eyes, long straight hair	play basketball	a basketball player
LinHao	…	…	…

接下来让学生们锁定Appearance这一列，问到："Who can use three sentences to describe Zhang Li's appearance？"（谁能用三句话来描述一下张丽的外貌？）这对于绝大多数学生来说都不难，这三个单句分别是：Zhang Li has got an oval face. She has got a pair of big black eyes. She's got long straight hair.（张丽有张椭圆形的脸，一双迷人的大眼睛，头发又长又直。）然后我接着问："Can you join the three sentences with'and'together？"（你能用and把这三句话连成一句话吗？）相当一部分学生会说这句话：Zhang Li has got an oval face，a pair of big black eyes and long straight hair.之后我用试探的语气问："If you can use'with'correctly in this sentence，that would be perfect！"（如果你们能把 with 正确地放在句子中，那就更完美了！）这时几个学生陆续说出这句话：Zhang Li has got an oval face with a pair of big black eyes and long straight hair.虽然这三种写法都可以，但我进行了分层教学，我在板书的三个句子旁分别标注"基"、"复"和"美"，并用箭头从"基"指向"美"。看到学生们频频点头，我会心地笑了。

（二）提点之中显升华

在这一环节的教学中，我把所学的形容词oval，long，black，straight等放在词组中，然后串成句子来描述人物的外貌，并用连词巧妙连接，层次由浅入深，在保证绝大多数同学会正确表达的基础上，努力推举水平高一些的学生，起到了"提"的作用。然后让大家把目光投向"Interest"这列，本单元的重点短语是"be interested in…（对……感兴趣）"，绝大多数学生会用"She is interested in playing basketball.（她对打篮球感兴趣）"来表达她的爱好。之后我鼓励大家一句多译，让学生们把以前学过的表达兴趣爱好的句型进行总结归纳，除了这句，还有其他的几种表达方式：（1）She likes playing basketball very much/best（她非常／最喜欢玩篮球）；（2）She enjoys playing basketball（她喜欢打篮球）；（3）She is fond of playing basketball（她喜欢打篮球）；（4）She is crazy about playing basketball（她痴狂于打篮球）；（5）Her hobby/favorite sport is playing basketball（她的兴趣／最喜欢的运动是打篮球）；（6）She is good at/does well in playing basketball（她很擅长打篮球）。小结之后让学生纵观句子（小黑板上），体会何时用playing，一是like/enjoy doing，一是介词后用doing，这两项我用红笔板书，提醒大家在语言运用中不要出错。这个环节体现了教学的"总"，我让学生适时适地地将语音知识归纳梳理，虽有细微之差，但可提取共性以供更好运用。

在下一栏里表达"Dream"的时候，由于有主课文为基础，学生很自然会说"Her dream is to become/be a basketball player."（她的梦想是成为一名篮球运动员）或"She wants to be a basketball player in the future."（她将来想成为一名篮球运动员）此时，我问大家第一句能否倒过来表达，部分学生试着说："To become/be a basketball player is her dream."（成为一名篮球运动员是她的梦想）我追问是否达意，学生答是的。前者"to become/be a basketball player"用在be动词的后面，构成系表结构，是动词不定式作表语；后者是用在be动词的前面，是动词不定式作主语。在这个环节上适当而"提"，又给了优等生一个思考和提高的空间。

细化之后，返回表格。我给学生几分钟时间口头叙述表格，在展现时，不同水平的学生呈现出不同的叙述语言。口头表达后是笔头落实，我分别让一名中等生和一名优等生把作文写在黑板上。其中一篇作文如下：

I have a good friend. Her name is Zhang Li. She is a tall beautiful girl with an oval face, a pair of big black eyes and long straight hair. She is interested in playing basketball. Her dream is to become a basketball player in the future.（我有一个好朋友，她名叫张丽，她是一个又高又漂亮的女孩，她有张椭圆形的脸，一双迷人的大眼睛，头发又长又直。她喜欢打篮球，将来想做一名篮球运动员。）

这篇文章写得流畅无误。但我的教学并没有结束，而是给了学生一分钟的讨论时间，看看这篇短文还能否插入一些别的相关语句，使行文更合情理而富有意义。于是我问道：

"Can you add some sentences to the passge to make it richer?"（你能再

在该段落中增加几句进而让其表达更加丰富吗？）大家你一言我一语地讨论起来，有的学生说可以加入她的年龄，有的说加入她在哪里上学，有的则说加入她住在哪里。我给予肯定，说这些都很好，并问："Where would you put them in the passage, the beginning part, the middle part or the closing part? （你想把它们加在文中的什么位置，开始部分、中间部分还是收尾部分？）"学生说加在前面合适，接着我引导学生看最后两句，问"She is interested in playing basketball."和"Her dream is to become a basketball player in the future."是否有关系，见大家举手不踊跃，我轻声提醒道："If you are only interested in playing basketball, will you become a basketball player in the future? （如果你只是对打篮球感兴趣，将来你就会成为一名篮球运动员吗？）"其中playing重读，学生说"No"，这时有学生马上用中文说"还得努力练习"，我追问："How do you express it? （那你如何来表达？）"，陆续有学生补充道："She often plays basketball with her classmates after school. （她经常放学后和她的同学打篮球。）"我点头，还有一名学生说："She joins the basketball club in her school. （她加入了学校的篮球俱乐部。）"之后又有一名英语水平较好的学生补充道："and she practices it very hard during the weekends. （并且在周末她很刻苦地练习。）"我朝他竖起了大拇指以示表扬。

这样一来，这篇文章就得到了润色和升华，既在顾及"总"的基础上又进行了"提"，这三句话在作文中发光的同时也把下一个单元的知识"一般现在时态"进行了渗透；既有了知识层面的提高，又融入了思想道德的暗示教育，告诉大家仰望星空的同时，也需脚踏实地，梦想虽然美好，但必须刻苦努力才能实现。课间的时候，有几名学生把练习本悄悄地放在了我的办公桌上，几篇美文赫然映眼。

三、结语

我的这节复习课从四个问题出发，然后由收集信息到制作表格，由表格细化到基本作文，再到作文提高。整节课由一种到多种，由固定到变化，从词至句再到文章，并渗透了思想教育。我认为起到关键作用的是我不断穿插在其中的"提"和"总"。有了这两方面，才能帮助学生在复习课中把语言知识拾零为整，使知识形成体系，达到综合运用的目的。

浅谈初中历史教学中学生时空观念的培养

王富春

为了全面深化课程改革，落实立德树人的根本任务，"核心素养"这个崭新的概念被置于"未来基础教育改革之灵魂"的地位。那么，究竟什么是"核心素养"？根据对核心素养的认识，结合历史学科的特点，我们认为，历史学科核心素养是指学生在学习历史过程中所养成的相对稳定的、必备的、具有历史学科特征的思维品质和关键能力，是历史知识、能力、方法以及情感价值观的有机构成与综合反映，主要包括时空观念、史料实证、历史理解、历史解释和历史价值观五大方面。

时空观念：在特定时间和空间中对事物进行观察、分析的观念。史料实证：指对获取的史料进行辨析，并运用可信史料努力重现历史真实的态度与方法。历史理解：对史事的叙述提升为理解其意义的理性认识和情感取向。历史解释：以史料为依据，以历史理解为基础，对历史事物进行理性分析和客观评判的态度与能力。历史价值观：对历史的事实判断与价值判断的辩证统一，从对历史真实和历史意义的追求中凝练出来的价值取向。

《义务教育历史课程标准》（2011版）指出："了解历史的时序，初步学会在具体的时空条件下对历史事物进行考察，从历史发展的进程中认识历史人物、历史事件的地位和作用。""在学习历史的过程中，逐步学会运用时序与地域、原因与结果、动机与后果、延续与变迁、联系与综合等概念，对历史事实进行理解和判断。""逐步掌握学习历史的一些基本方法，包括计算历史年代的方法、阅读教科书及有关历史读物的方法、识别和运用历史地图和图表的方法、查找和收集历史信息的途径和方法、运用材料具体分析历史问题的方法等。"

现行的九年义务初中历史教材相对简略，有些内容之间跨度较大，"学习主题"不符合初中学生的认知能力，使历史的时序性、系统性受到影响，损害了历史发展的内在联系。要使学生形成完整的历史知识体系，除了要对有些内容进行补充外，还需培养学生的时空观念，这尤为重要。

培养正确的时空观念，对学好历史的重要性是不言而喻的，历史史实的前因后果，时间顺序是不可逆的。历史不能假设，不能推倒重来。历史的时序性决定着历史的唯一性。如果没有时间观念，各个历史事件之间的因果关系就无从分析，更谈不上掌握历史发展的规律性。因此，在初中历史教学中，教师应当引导学生构筑历史发展的基本时序，在此前提下，指导学生学会在具体时空条件下对历史事物进行考察。

在初中历史教学中，如何构建学生的历史时空观呢？我认为以下方法有利于构建学生的时空观念。

一、培养学生一个明确的时间观念

培养学生一个明确的时间观念，主要包括朝代顺序、世纪、公元的概念以及中国古代纪年的主要方法。公元是"公历纪元"的简称，是国际通行的纪年体系。以传说中耶稣基督的生年为公历元年（相当于中国西汉平帝元年）。例如公元前221年秦王嬴政统一中国，公元208年赤壁之战。世纪是历史上的计年单位，100年为1世纪，10年为1年代，如1969年为20世纪60年代。中国古代史大致可以说，西汉末年以前是公元前，东汉建立以后是公元后。

中国古代主要采用天干地支纪年法，一直延续到现在，是用十个天干："甲乙丙丁戊己庚辛壬癸"和十二地支：子、丑、寅、卯、辰、巳、午、未、申、酉、戌、亥组成。六十年一轮回，也就是人们常说的六十年一甲子。古时很多重大的事件是由天干地支记录的，比如清末的戊戌变法，孙中山领导的辛亥革命等。这种纪年方式一直沿用至今。

还有一种是年号纪年法，是用皇帝继位后所颁布的年号来纪年，比如康熙四十一年、建安二十五年等。年号是由汉武帝始创的，我国历史上第一个年号是"建元"。年号一般是新皇继位或有重大事件时更换。到了明清一般每个皇帝只有一个年号（除明英宗因两次登基使用两个），所以我们习惯使用年号称呼皇帝，例如崇祯皇帝、乾隆皇帝等。

二、鼓励学生自己动手编写历史大事年表

作为学生，一定要充分发挥学习的主动性和主体性。在教学中我发现学生自己动手整理重大历史事件是构建学生时空观念的有效方法。如京版七年级上册第二单元的大事可以编为年表：

约公元前2070年，禹建立夏朝

约公元前1600年，汤建立商朝

约公元前1046年，武王建立周朝，并实行分封制

公元前841年，发生了"国人暴动"，西周走向衰落

公元前771年，西周灭亡（烽火戏诸侯）

公元前770年，周平王迁都洛邑，东周分为春秋和战国两个时期

公元前221年，秦王嬴政（即秦始皇）统一中国

三、利用图示教学法培养学生的时空观念

历史图示教学法主要是采取图形、表格、图像等形式，对历史发展的脉络、历史本质特征进行揭示。通过图示可以十分清晰地看出历史事物之间存在的关联。

（一）数轴图

亦称"时序图"，是指以时间为轴标记出历史发展的阶段、相应重大历史事件、历史人物、历史现象等，便于学生直观掌握人类社会发展的基本脉络，主要用于梳理历史知识线索、把握历史发展脉络。例如在讲汉朝的建立时，我采用了图1所示时间轴，学生能很好地掌握朝代的先后顺序，在巩固所学知识的同时，导出新课。

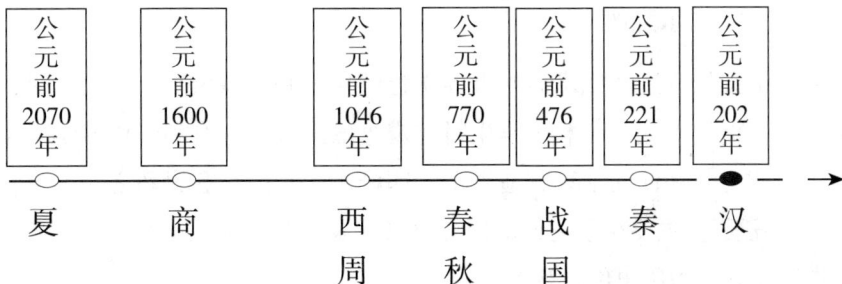

公元前2070年	公元前1600年	公元前1046年	公元前770年	公元前476年	公元前221年	公元前202年
夏	商	西周	春秋	战国	秦	汉

图1　西汉的建立

图2所示为唐朝时期的重大事件。数轴示意图清楚地展示出事件发生的先后顺序和唐朝兴衰的因果关系，有利于学生形成完整的历史知识体系。在教学中，我努力搭建明确清晰的历史发展时序，指导学生学会在具体时空条件下对历史事物进行考察，依据历史事件的地位和作用，对历史事实进行正确的理解和判断。

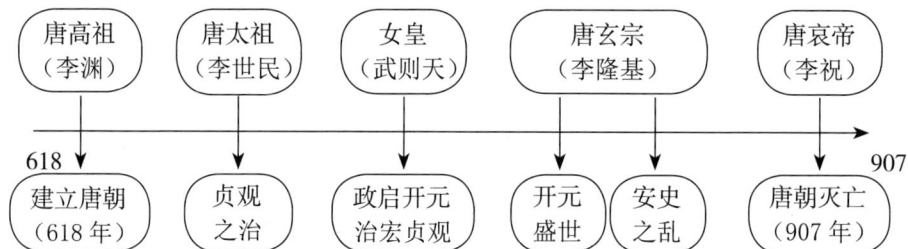

唐高祖（李渊）	唐太祖（李世民）	女皇（武则天）	唐玄宗（李隆基）	唐哀帝（李祝）

618 ━━━━━━━━━━━━━━━━━━━━━━━━━━━━━━━━━━━━→ 907

| 建立唐朝（618年） | 贞观之治 | 政启开元治宏贞观 | 开元盛世 | 安史之乱 | 唐朝灭亡（907年） |

图2 唐朝的建立与灭亡

（二）结构示意图

在进行初中历史教学时，可以采用结构示意图，有利于学生时空观念的形成。如图3所示，介绍了魏晋南北朝的演进过程。

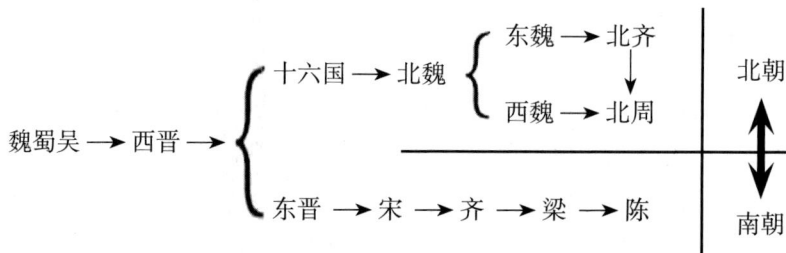

魏蜀吴 → 西晋 → { 十六国 → 北魏 { 东魏 → 北齐 / 西魏 → 北周 } 北朝 ；东晋 → 宋 → 齐 → 梁 → 陈 南朝 }

图3 魏晋南北朝

（三）方位示意图

在介绍蔡伦改进造纸术后对世界文化的传播和发展做出巨大贡献时，利用动画和表格的方式，有利于学生时空观念的形成，也有利于培养学生史与地的综合能力，并使同学理解造纸术、印刷术、指南针和火药之所以被合称为"四大发明"，主要在于它们的历史意义，及对其他地区文明发展所产生的推动作用（升华为历史价值观）。

（四）表格的妙用

通过表1学生能清楚地掌握西晋、东晋、宋、齐、梁、陈政权的更替情况，包括朝代名称、建立者、起止时间及都城，此表基于各朝的共同属性而生成，教学效果较好。

表1　两晋、南朝简表

朝代		建立者	时间	都城
西晋		司马炎	266年—316年	洛阳
东晋		司马睿	317年—420年	
南朝	宋	刘　裕	420年—479年	建康
	齐	萧道成	479年—502年	
	梁	萧　衍	502年—557年	
	陈	陈霸先	557年—589年	

四、让学生弄清历史事件之间的因果关系

为了让学生能更准确地记住事件之间的先后顺序，指导学生弄清事件之间的因果关系是很必要的。如在讲到三国鼎立形成的背景时，就要从东汉末年黄巾起义讲起，由于东汉末年外戚宦官擅权，朝廷腐败，社会黑暗，民不聊生，爆发黄巾起义。有了黄巾起义，才有了后来的军阀割据。在军阀斗争中，官渡之战的胜利为曹操统一北方奠定了基础。曹操统一北方后写了首诗《龟虽寿》，从他的诗中，我们能看出曹操的志向是南北统一。然而赤壁之战的失败又使曹操再无力南下实现统一，最终导致了三国鼎立的形成。通过分析，学生弄清了各事件之间的关系，从而掌握了事件发展的先后顺序，如官渡之战早于赤壁之战。

总之，在历史教学中，我努力搭建明确清晰的历史发展时序，指导学生学会在具体时空条件下对历史事物进行考察，依据历史事件的地位和作用，对历史事实进行正确的理解和判断；根据历史发展的时序，引导学生正确理解知识，初步掌握学习的基本方法。

从"被合作"走向"会合作"
——初中英语教学合作学习设计略谈

刘利娟

有人曾用这样一个顺口溜戏谑英语课堂教学中的小组合作学习："合作合作，合而不做（意思是学生们围在一起议论纷纷，不知道真正该干什么）；合作合作，做而不合（意思是学生们七嘴八舌，只有个人观，没有小组观）。"这个顺口溜无疑是对合作学习走形式、走过场，看似互动实则被动的最好注脚。

合作就是个人与个人、群体与群体之间为达到共同目的，彼此相互配合的一种联合行动、方式。小组合作学习在引导学生进行积极的相互支持、配合、促进，积极承担个人责任、进行有效沟通等方面有着不可低估的作用。同时，小组合作学习还有助于因材施教，可以弥补一个教师难以面向差异的教学不足，从而真正实现使每个学生都得到发展的目标。

目前，京版英语教材的编排体系非常适合发展学生的自主性。无论是对话教学还是阅读教学都贯穿着对学生自我能力的关注。所以在课堂教学的各个环节，都应该放手让学生去参与、探索和发现、总结运用，调动学生主动参与、表现自我、实现自我、超越自我的积极性，无疑，合作学习方式为学生体现自我、表现自我、实现自我提供了一个重要的舞台。

课堂小组合作学习活动组织得好与坏，在某种程度上决定着一堂英语课的成败。在英语课堂教学过程中，几乎每节课都会有同桌两人一组的"对练"和前后三、四人一组的"组练"等小组活动方式，教师若不注重小组合作学习的设计，忽视课堂上的调控与反馈，淡化对小组合作学习的效率效果评价，就会出现这样那样的问题。因而，教师要注重对小组合作学习进行认真设计。下面，仅从小组合作学习的环境设计、目标设计、形式设计等方面略谈一二。

一、积极营造合作学习的环境

国外的一项研究表明：成功的合作学习环境包括以下几个关键属性：一是确实相互依赖，学习者认识到没有伙伴就不会有成功；二是积极的相互作用（更适合面对面运用），就如同努力解决真实任务一样，学习者自己来讲授、为彼此喝彩；三是个体和小组均负有责任，小组对完成整个任务负责，每一个小组成员对过程中的某一部分负责；四是人际关系和小组技能，绝大部分学生需要了解怎样在一起工作。在日常教学中，我主要从如下三方面进行了探索。

一是合作观念的深化。教师要使师生平等、生生平等、组间平等、组内依赖、组间借鉴、缺我不可的合作观念深入人心。

二是合作责任的形成。在合作学习中，没有旁观者，每个学生既应有自己的对话角色，也应该有自己的组织角色，如组织者、评价者、讲解者、提问者等。为了合作目标，人人有责，为了人人发展，合作更有为。

三是合作方法和技能的掌握。教师对"组"要经常进行示范性指导与观察培训，不断通过好的合作案例，使学生观察到他组的合作状态、方法与发展过程，改进、完善本组的合作技巧。

在合作环境营造方面，要注意如下几个问题。一是教师要善于放权，如评价权、提问权等，学生才能放胆，通过合作提高英语能力。二是异质分组要注意调控"小权威"的作用，突出其"帮、导"的功能，"通过他口表其口"不失为一个好方法。三是要注重处理好组内、组间合作与竞争的关系。如在单词教学中，我往往让学生把课标词继续细化，分为可猜出词义的词汇、不易猜义且不影响理解的词汇、不易猜义且影响理解的词汇，鼓励学习小组结合课文话题、背景知识和语境，合理、大胆地去猜测单词的含义，待小组内达成共识后，再进行全班交流。这样的合作，往往比个别教学问答效果好得多。

二、精心设计合作学习的目标

学习小组通常由四个成员组成：一个成绩较好的学生，两个成绩一般的学生和一个成绩较差的学生。每组的学生不仅自己要学好课堂上老师教的内容，还有义务帮助同组的其他同学搞好学习。但是在实际操作中，由于时间、环境等许多庞杂因素干扰，小组合作学习实效往往与教师主观预测大相径庭，为什么呢？就是由于教师忽视了小组合作学习目标的设计，"你们讨论一下、你们交流交流、你们商量商量"，这些看似是让学生合作学习的要求，往往不会产生任何学习实效。

大量的研究表明，要想通过小组合作学习提高学生的成绩，还必须同时满足以下两个条件：一是小组大目标的达成；二是每个组员小目标的实现。

无论是大目标还是小目标，均应该来自教材和学生的学习实际。因此，教师设计的合作学习目标应包括以下层次：

一是能引起合作的初始问题。这些问题可源于学生的作业，也可源于学生的问题以及困惑，或者是小组合作过程中产生的新问题。

二是能将合作一步步引向深入的后续问题。

三是组织学生交流、沟通、碰撞，解决问题。

如在教Unit1 Part2时，我导入新课用了两个问题：

You have some good friends. So do I. Do you want to know them?（你有一些好朋友，我也有，你想了解他们吗？）

What do you want to know about them?（你想了解关于他们的哪些方面？）

学生听到问题后，纷纷提出了自己的疑问：

What is your friend like?（你朋友长什么样子？）

Is she tall or short?（她长得高不高？）

What's her hobby?（她的兴趣爱好是什么？）

Where is she from?（她来自哪里？）

What do you usually do together?（你们在一起经常做些什么？）

How do you spend your free time?（你是如何度过你的休闲时光的？）

这时，教师只需要将这些问题罗列出来，指导学生围绕问题快速阅读解决问题，以提高阅读理解能力和速度。在学生完成初步阅读解决问题后，教师再启发学生提出较高层次的问题，如：

What're the differences among Zhang Fang's good friends?（张芳的这些好朋友有何不同？）

Who do you like best? why?（其中你最喜欢谁？为什么？）

可以说，这些渐进式的源于学生的学习目标，激发了学生的求知欲，保持了他们的学习热情，同时也为小组合作学习时效性的产生创造了条件。另外，教师要逐步把学习合作小组细化、分解、制定学习目标的能力有序、有针对性地培养起来。

三、合理设计合作学习的方式

英语课是语言课，是训练课。许多知识和能力不是靠教师"教"出来的，而是学生自己"练"出来的，更是在同桌、"组内"、"组间"碰撞出来的。因而，教师要有意识地在一节课中设计不同方式的合作学习，不断提高学生之间语言互动的频率与效率。

（一）简单问答式

如针对单词、短语、新句型等，教师可以出示一些图片、幻灯、实物、提示词等引导学生进行练习，穿插Pair work（小组合作），直接以快频率的方式让学生一对一组、一问一答地进行下去。学生通过视觉、听觉、口头表达，可以很快掌握新的语言项目。这样做的特点是节奏快、密度大、频率高、兴趣浓，人人参与，后进生也能跟得上。

（二）角色扮演式

角色扮演可以让每个学生都有机会大胆开口说英语，用英语思考问题，但小组合作学习绝对不能止步于让几个人分别念念单词、读读课文。笔者认为，角色扮演形式要围绕目标做到"四步走"。

第一步，理解目标，小组分工。这个环节要做到理解目标，分工明确，每个人都要清楚组目标与个人目标。

第二步，练习语言，共同加工。每个人根据角色，练习自己的语言，互相评价，练习表演。

第三步，集体表演，取长补短。组间互相观摩，互相评价，了解别人的优点，反思自身的不足。

第四步，交换角色，变换场景。这里面有两个要素，一是组内变换角色，掌握所有知识点；二是变换语言应用的环境，鼓励学生创造性使用语言。

这样的角色扮演练习，既是合作，也是挑战，既有新知识的运用，也有创新。学生乐习乐听，对学习效率的提升起到了积极作用。

（三）生成推广式

课堂上，我们常常会听老师这样说，"我们应该像×××那样，上课有心、用心！"老师这样的励志语言一般情况下不会引起学生大的反响。但是在小组合作学习过程中，学生之间往往存在着互动"亮点"，教师看不到、想不到、教不到的知识与方法，学生之间在交流中有可能发现并得到解决。因而教师要有意发掘、发现合作学习过程中生成的"资源"，通过有效引导、提升、推广、巩固，成为师生共同的教学财富。

我认为，以下三类课堂生成的教学资源应该加以重视并予以推广。一是经验类，学生个体或小组学习过程获得的方法、经验、窍门，教师要及时捕捉，有推广价值的一定要及时推广，鼓励个人或者小组及时效仿，并举一反三；二是问题类，整理、交流学习过程中生成、发现的困惑与问题，找到问题的根源，鼓励学生组间互动，通过互动寻求解决之道；三是创新类，学生在合作过程中有了新的想法、做法，教师要及时鼓励，并适当引导，促进学生提高合作学习的积极性。我班一组学生在合作学习过程中，为了提高整体合作水平，把对后进生的关注延伸到课外，乃至作业的管理，为该后进生的学习提供了良好的帮助。为此，我号召其他合作小组向他们学习，因为他们不仅提升了合作的质量，更体会到了合作的快乐。

总之，教师既要注重小组合作学习与整个教学过程的有机整合，又要注意小组合作学习方法的选择。自小组合作学习出现以来，已出现多种方法，如小组活动比赛法、交错学习法、共同学习法、计算机辅助合作学习法、大家动脑筋法、思考—配对—分享法、角色扮演法等，教师要针对不同的教学目标指导学生选用不同的方法并优化组合。

四、及时评价合作学习的成效

在小组合作学习过程中，教师作为指导者、参与者、评价者、引导者，同样存在着要为学生发展奠定知识、情感、态度、能力等方面基础的重要使命，也肩负着满足现实的兴趣、求知欲、情感体验、休闲娱乐、与人交往需要的使命，因而教师对学生参与小组学习的状态、过程和结果要及时进行评价，以激发学生参与的积极性、主动性、创新性。

（一）对小组学习的情感状态进行评价，学生对小组合作学习的态度如何、兴趣怎样，教师要及时调控。

（二）对小组合作学习的交往状态进行评价，学生与学生之间是否相互尊重、理解、关心和支持，学生和学生、教师、教材是否保持多项、丰富、和谐、有效的信息交流，是否出现了学生被冷落、被讽刺的现象，学生对所学内容及方式是否感到兴奋、愉悦……教师要善于抓住学生身上的闪光点，在多种场合予以肯定。

（三）对小组合作学习的思维状态进行评价，学生的思维是在活动中发生的，并随着活动的深入而发展，因而教师要经常鼓励学生在学习过程中发现、提出问题，并引导学习小组围绕学习目标进行有效的分析与讨论。教师如果能抓住学生思维状态中的质疑、设想、独见等因素予以激励，就是对学生的高层次表扬，无疑将对学生的发展有着动力源的作用。

（四）对小组合作学习的达成状态进行评价，学生有价值的学习活动体现在方方面面，如知识的掌握与运用、自信心的确立、成功乐趣的体验等，教师要通过有效的评价使其感受到被肯定、被关注与被期望。

（五）对学习资源的利用予以评价，学生能否就教师提供的学习资源、自身生成的学习资源、问题性学习资源等有效利用与解决，应该成为教师关注的一个重点。在对学习小组进行评价的过程中，教师时刻要注重对后进生的参与互动予以关注，及时调控教学走向，切实做到"抓中间，带两头"。总之，每节课小组合作学习活动，不可或缺。我们既不能图省事舍弃这个环节，更不能简简单单走走过场。教师只要掌握设计合作学习的策略，教给学生合作的方法，就能逐步调动起学生互动的潜力，品尝到合作的乐趣，从"被合作"的泥淖中拔出脚来。

参考文献

[1]伯尼.FOCUS——撰写Webquest的五项原则[M].上海：华东师范大学出版社.2002.

[2]何克抗.建构主义——革新传统教学的理论基础[M].北京：北京师范大学出版社.1998.

[3]赵建华，李克东.信息技术环境下基于合作学习的教学设计[J].电化教育研究.2000，（4）：7-13.

运用"培养良好习惯，促进形体健康"记录手册促进学生的形体健康

曹晓春

《北京市2010年度卫生与人群健康状况报告》，即"北京市民健康状况白皮书"公布的数字显示：2010年北京市中、小学生近视和肥胖等问题日益严重，是影响我市青少年健康的主要问题。作为班主任的我，也敏锐地发现了本班初一新生中的如下问题：40人中有近视眼25人，窝肩10人，走路摇晃6人，坐姿塌腰9人，还不同程度地存在着探肩、驼背等问题。

面对学生诸多的形体问题，我决定通过自己的努力改变这种状况。与此同时，学生的形体健康问题也引起了学校的重视，成立了关于形体健康的教科研专题小组。负责人卢老师经过精心设计制定了"培养良好习惯，促进形体健康"记录手册。手册由四部分内容构成，包括健康检查评价内容、认识自己、改进计划书和追踪记录。我便以手册为依托，着手进行工作。

一、集中学习，明确内容

首先利用班会时间学习领会手册的内容。手册第一部分是健康检查评价内容，包括坐姿、立姿、行姿、心理四方面。其中每一方面又都进行了细化，坐姿包括听讲、读书、写字；立姿包括问答、读书、步行；行姿包括步行；心理内容更多一些，有个性心理、个体智力、意志品质、情绪心境、人际交往。

学生最模糊的是心理问题，首先他们提出了质疑：心理问题为什么也属于形体范畴。我在提前查阅了相关资料后予以解答，让学生知晓形体训练的有效性更大程度上取决于他们的心理健康水平。

二、认识自己，建立档案

在明确了形体健康评价内容的基础上，我让班干部制定班内学生形体健康评价细则，并形成档案。档案分评价前测、中测和后测三部分，评价内容从坐姿、立姿、行姿、心理四大方面及细化后的十二小点着手，为每位学生建立形体健康评价档案。

评价前测部分就是认识自己。为此，我专门设计了一个"我们眼中的自己"主题班会。主要过程是先由学生自己把事先准备好的"我眼中的自己"做介绍，当然是针对自己形体健康方面的问题，然后由同学甚至老师补充，即"同学老师眼中的自己"，会上由负责记录的记录员做好记录，会后再加以整理，便形成了档案前测。班会搞得空前热闹自不必说，主要是我们获取了班内每一名学生的形体健康前测第一手材料，为以后开展中测评价奠定了良好的基础。

三、集思广益制定措施

在明确了手册的具体内容，正视了自己身上的形体问题后，制订具体的改进计划以及做好及时的追踪记录就迫在眉睫了。这是学生形体健康养成的中测部分，也是工作最为重要的部分，为此我召开了班干部会，制定了具体的实施方案，并且将方案在全班宣布，征得全体同学的认可。方案实施要点如下：

（一）组内评比，组组竞争

研究决定，首先将学生进行分组，以座位为基准分成五个小组，后面的同学对前面的同学有监督提醒的权利，每个小组设有组长及副组长。组长负责记录本组成员在实施过程中的具体表现，当然是按照评价手册内容的四大方面的表现进行记录。对记录结果我们以小组为单位进行周周总结，首先自己谈表现，然后组员发表看法，最后将评价结果分成很好、较好、一般三个等级。为了公平起见，将班干部按二人一组进行分组，分成四个小组，分别负责从坐姿、立姿、行姿、心理四方面对全班同学进行记录。将记录结果反馈给小组长，在组内总结中起个参考作用。每个月进行小组之间的评比，并将评比结果班内公布。最后将每月的总结分别记入学生的形体健康档案的追踪记录部分（包括自我评价、小组评价、班主任评价）。

万事开头难，开头的工作一定要做细、做牢，只有这样学生才能把这个工作当一件大事来做，才能坚持下去，取得预期的效果。

（二）家校合作，共同培养

家庭是孩子栖息的港湾，孩子在家里更放松，对自己的要求也便随之降低，写作业时往往离书本很近，窝肩、驼背，走路摇晃以显示威风，家长往往视而不见。为了引起家长的重视，我在家长会上特意将此事当作一个话题来宣讲，告知家长不重视此事的严重后果，让家长明确分担学生形体健康养成责任的重要性。在形体健康培养过程中，虽说学生是主角，而作为配角的家长也是不可缺少的角色，所以追踪记录中有意安排了"家长评价"这一环节。学生很看重家长对他们所确定的计划安排的意见及行动评价，家长对此事的态度也很大程度地影响着学生的重视程度。有了家长的监督，学生时时刻刻都要注意调整自己的行为。家长给予孩子的鼓励、支持，不仅对学生的形体健康有积极的促进作用，也拉近了家长和学生的距离。

在实施的过程中，我明显发现大多数学生家长被调动起来了，他们经常打来电话向我汇报学生在家里的情况。还有三位家长特意写了总结信给我，他们的态度和做法令我感叹，可以看出家长的良苦用心。为此我在家长会上宣读了这三封信，得到了家长的一致认可和好评。

四、图片展示，注重养成

在记录手册引领下，经过两年的不懈努力，学生形体健康方面的问题有了明显起色。除了近视眼问题以外，其他问题都有了或多或少的改善。两年间，作为班主任的我经常抓住时机利用手机拍下学生形体健康的美好瞬间，也专门安排了几个学生负责此方面的抓拍工作，还有十五位家长也参与其中细心观察，精心抓拍。细细数来，我们拍下的精彩瞬间居然达到两千多个。为此我精心设计了一堂"美好瞬间"图片展示课，将这些照片制作成幻灯片在班内利用多媒体回放展示，挑选并洗印了其中一百五十张形体标准照（涉及全班每一位学生）挂在班内四面墙上长期展示。数学课上笔杆条直聚精会神听课的毛翰林、手臂垂直举起准备回答问题的张靖宇、早操时屈身下腰手臂横举的文雯、艳阳下身姿挺拔率先领跑的孙傲、单杠上灵活上下俨然运动员的王艺、红旗下落落大方代表班级讲话的尚怡翘、端坐在书桌前凝神思考的黄思颖、阳台上双手托举哑铃的大力士孟楷清、和家长一起上下翻飞雀跃踢毽的石宇杰、一身戎装的运河骑游士周正通……每每看着学生们神采奕奕的照片，我常常笑得合不拢嘴，班里学生也常常以此为话题，更有模仿者不断地在课余时间上演着模仿秀。这些照片不仅在美化着班级生活，更是用一种无声的语言在时时刻刻提醒学生形体健康非一日养成，训练需持之以恒，终至成为习惯。

到目前为止，形体健康科研课题已告一段落，后测工作也已完毕，学生形体健康水平有了较大提高。

表1　初二（5）班学生体态与体能部分测量数据对比表（参评人数39人）

测评项目 / 不良体态 数字	非正常体重（偏胖、超重、偏瘦）		体质健康测试（不及格）		不良体态		不良姿态	
	人数（人）	百分比（％）	人数（人）	百分比（％）	人数（人）	百分比（％）	人数（人）	百分比（％）
前测	28	71	7	17.9	9	23	9	23
后测	21	53	0	0	4	10	3	7.69
转化	7	18	7	17.9	5	12.8	6	15.38

表格中数据显示，经过两年的努力，学生的各项指标都有了很大的改变。有七人体重由不正常变成正常，消灭了体质健康不合格者，不良体态转化率占全班的12.8%，不良姿态转化率占全班的15.38，取得了可喜的成绩。

通过这个工作，作为班主任的我也得到了一些启示。首先，一个人要是有一个好的习惯会终身受益，会在不经意中影响人的一生。其实形体上有问题的孩子并非都是天生的，比如孙龙飞、刘雨萌，他们的父母都是很挺拔的人，但是到了他们身上却出现了问题，这无疑是后天造成的，家长也说是孩子平时不注意、大人没有及时纠正造成的。比如写作业时眼睛离书本很近，累了还会趴在桌子上写，有时还会把本放在腿上、边看电视边写，日久天长便出现了问题，这样看来养成一个好习惯是多么重要。好习惯的养成就应该从小事做起，应该常抓不懈。

其次，我们常说一句话：贵在坚持。我们也常说：人的潜能无限，凡事贵在坚持。只有我们想不到的，没有我们做不到的，一旦目标确定了，要想实现这个目标就一定要坚持，坚持了就有希望，所以当我决定依照记录手册来矫正学生的形体以后，便按照计划一步步进行。我经常告诉自己：不能虎头蛇尾，一定要坚持，所以实际上我除了做了那些具体工作以外，作为班主任还经常提醒那些有问题的孩子，鼓励他们要时刻提醒自己，要按照正确的去做，正因为我的坚持，才有了成绩。

第三，培养的过程中多种主体参与评价非常必要。在记录手册落实的过程中，每一个阶段都设计了自评、小组评、家长评和班主任老师评。这样从不同侧面给予学生的评价才能更公正、更全面，也更能让孩子接受。而且一定要强调，评价的目的不是为了评优，而是为了发展；评价的方式是自己跟自己比而不是跟别人比，这样的评价才是更有意义的。

孩子们即将毕业，但形体健康并没有远离我，它已经融入了我的身体、我的思想、我的教育行为，我想它会在我以后的教育生涯中一直伴随着我，提醒我"师者"除了"传道、授业、解惑"，还有"立形"这一艰巨而现实的伟大使命。

在历史教学中培养学生的创造性思维

李舒婷

创造性思维，是指带有创见性的思维，通过这一思维，不仅能揭示客观事物的本质、内在联系，而且在此基础上能产生出新颖、独特的东西。

在中学历史教学中，不仅要传授历史知识，进行思想教育，还要发展、培养学生的能力，特别是创新能力。那么，如何培养学生的创造性思维，发展学生的创新能力呢？我认为，初中阶段的学生培养"创造能力"的核心，主要是创新意识的不断增强和创造性思维习惯的养成。

由于历史学科本身讲述的大多是我们所未经历过的，教师讲的分量就比较多，传统的教学偏于系统知识的学习，把学生掌握历史知识的程度、考试分数的高低作为衡量历史教学质量的唯一标准。学生对于历史的学习除了重复前人的结论之外，很少有独立思考的空间，更别说向传统认识质疑、发表自己的见解了，所以学生的应变能力、创造能力都显得非常薄弱。因此，素质教育、创新教育要求我们教师要更新观念，看透分数作用的有限性，把培养学生的创造性思维能力作为历史教学的核心和最高境界。

就初中学生而言，只要能够灵活地运用所学过的历史知识，突破教科书所提供的知识范围，或者是举一反三、由此及彼，思维活动不断递进，就是创造性思维的表现。本文针对这个问题结合具体的实例来谈谈自己对培养学生创造性思维能力的一些粗浅见解。

一、要激发学生学习历史的兴趣，使其产生创新的欲望

历史课的内容基本是我们没有亲身经历过的事情，让学生有很强的陌生感，这时就要求教师能够运用多种方式和手段，吸引学生的注意力，对历史的学习产生兴趣。

第一，利用多媒体技术将声音、图像、文字融为一体，使得一些"静

态"的东西变为"动态",加强视觉、听觉的冲击效果,给学生以生动、直观的体验。还可以运用挂图、模型等直观教具,让学生亲自感知、体验。

第二,可以推荐学生观看《百家讲坛》《我爱北京》《国宝档案》这样的节目,并将其相应的观点、认识搬到课堂上来,师生共同分享。

第三,抓住身边的事物、现象作为素材。如我们今天常见的瓜果蔬菜的引进、京杭大运河的建造、南方经济为什么比北方发达、清朝的旗袍、改革开放的变迁等,这些都是学生所熟悉的,或是亲身感受的,容易引起学生的共鸣。

第四,适当地补充一些乡土史料,可以拉近历史与生活之间的联系,让学生感受历史就在身边。比如讲《隋朝的统一》中介绍"大运河的开凿",收集了一些关于通州漕运的历史补充进去,讲讲今天看到的通州地区的大运河的历史,学生就会对这一课的内容印象深刻。这样既拉近了学生与历史之间的距离,又激发了他们的主动性和积极性。学生发现历史不是想象中的那么遥不可及,与我们每个人是息息相关的,就会逐渐产生探索的欲望。

二、加强课堂思维训练,突破常规性思维

常规的历史课堂主要向学生介绍历史事件的时间、背景、相关的人物、原因、经过、结果及其带来的意义,当然这是基础性的历史知识。可是长久的教学模式也造成了学生的思维定式,换句话说,思考问题有了固定的思维框架,对以后的学习有积极的影响,也会产生消极的一面,如禁锢了学生的创新思想。所以,我们要打破这种常规,让历史课堂变得"活"起来,为培养、训练创造性思维提供良好的条件。

(一)训练多角度、多方向思考问题,提高思维的流畅性

以教材为依托,但又要灵活掌握,引领学生走出思维定式的束缚,多角度、多侧面地考虑问题。比如讲《三国鼎立》时,提到曹操、诸葛亮这样的人物,我们脑海中就会闪现白脸的曹操阴险狡诈,羽扇纶巾的孔明呼风唤雨、料事如神,但文艺作品和历史记载是有很多出入的,让学生列举所知道的事例,重新审视、评价这些形象,并且从其成败得失中悟出做人行事的诸多道理。讨论的方面涉及社会改革、人事制度以及人生观、世界观的问题,

学生思维活跃、流畅，课堂气氛热烈，取得不错的效果。

（二）发挥联想，培养学生的发散思维

发散思维是多向的、立体的和开放的，表现为思维视野广阔，呈多维发散状。现行的历史教材，总的来讲比较重视科学性、逻辑性，而对培养学生发散性思维方面并没有足够的重视。这就需要我们历史教师在教学中来弥补，通过开展"历史故事会""历史话剧""历史小制作"以及让学生们饶有兴趣的开放性考试等实践活动，引导学生展开联想，多层次、多角度地思考问题，培养他们的创造性思维。例如，一个学生在谈到"昭君出塞"时，先是肯定了她的历史贡献，为汉匈两族的和平及经济文化的往来做出了不可磨灭的成绩，又可叹作为一个女子成了政治的砝码、牺牲品，庆幸自己生活在和平安定的今天，又是婚姻自主的时代。由一个历史人物，展开丰富的联想，充分体现了创造性思维发散性的特点。如果经常开展这类活动，会极大地提高学生思维的灵活性。

（三）留有余地，求得思维的独创性

鼓励学生大胆质疑，提出与众不同的见解。对现成的科学理论和传统观点提出质疑是创造出新颖、超常成果的途径，也是人类社会向前发展的需要。如果我们对已有的理论和成果不加任何质疑地全盘接受，人类将永远停滞不前。历史教学中，教师应鼓励学生提出与众不同的见解。

三、整合多种资源，创建新的着力点

历史本身就是对一段时期的政治、经济、文化、地理、艺术的综述，因而历史学科与其他学科的本质就是互相渗透。教师在教学过程中应把这种互相渗透的功能体现出来。比如讲《诗人屈原》时，把电视剧《屈原》中屈原被流放悲愤自投汨罗江这段剪辑下来，再要求学生对着《离骚》中一些代表性诗句分析屈原的个人情感、思想，他被楚怀王流放，为什么当楚国遇难时，他还是那样悲痛，以身殉国呢？通过剖析不仅理解屈原无私的始终如一的爱国情感，又体会了当时政治的纷繁复杂、诗词艺术的魅力，也学会了正确的分析方法。而作为学生的直接指导者——教师，要保证历史教学的质

量，更好地培养学生的创造性思维，更要勤加"练功"。教师学识渊博的重要性，被教育学家马卡连柯一语道破："学生可能原谅教师的严厉、刻板甚至吹毛求疵，但不能原谅他的不学无术。"

所以，作为新时代的教师，更加要严格地要求自己，打破自身的局限而不断地完善自我。首先要钻研专业基础知识，提高自己的知识密度、可信度和高度。加上随着历史学科领域内新的研究成果不断出现，新的史学观点和理论的相继提出，也应及时学习、获取，灵活运用到自己的教学中来。其次，要尽量了解一些与教材有关的诸如地理、物理、天文、文学、艺术等领域的知识，科学地解释一些历史现象，寓科学、美学于历史教学之中，否则历史教学就会变成失去了灵魂的史料游戏。最后，要有自己的教学风格。要善于发扬自己之所长，形成和保持个人教学特色，要善于把教学思想和教学目标融于自己的教学个性之中，在保持、完善个人教学特长的基础上努力形成自己独特的教学风格。

总之，在历史教学中，教师要注意培养学生的创造性思维，帮助其养成创造性的思维习惯。这样既有利于提高历史课堂教学效果，更将有助于全面推进素质教育，深化教学改革，培养创新人才，适应知识经济的需要。以上几点是我在历史教学中培养学生创造性思维的一些想法和感受，可能对有些问题的看法不够准确，但我会在以后的工作中不断探索学习，不断加深、提高自己的认识。

参考文献

[1]徐展如.教书育人《教师新概念》[J].期刊论文，2014，（10）.

[2]郑国辉.中学教学参考[J].期刊论文，2014，（4）.

勇做"翻转课堂"的实践者

高春杰

子曰:"知之者不如好之者,好之者不如乐之者。"意思是说,懂得学习的人不如爱好学习的人,爱好学习的人不如以学习为乐的人。我常常想,作为一名教师,如果把学生培养成为乐于学习的人,何愁他们品德不厚、知识不丰、能力不强、成绩不高?那该是一个怎样理想的教学境界啊!可是传统的课堂教学模式,很难达到这样的境界。就在苦苦思索,不断追求的过程中,我们有幸得知"翻转课堂"。什么是"翻转课堂"?"翻转课堂"真有那么大的效力吗?我们能不能实践这种课堂模式呢?带着好奇和问题,我开始走近"翻转课堂"教学,终于找到了答案。

一、走近"翻转课堂"

"翻转课堂"是一种创新教学模式,主要是重新建构了学习流程。在传统的教学模式中,学生通常在学校里听老师讲课,课后复习、做作业,然后参加考试。在翻转教学模式中,学生先通过老师制作的微课或导学案进行自学,到了课堂上,做一些实践性的练习,并利用学到的知识解决问题。课堂变成了师生之间、生生之间交流互动的场所,包括答疑解惑、知识的运用等,从而达到更好的教育效果。

"翻转课堂"究竟"翻转"了什么?"翻转课堂",运用小组合作学习的形式,让学生的知识内化,进行思考,提出问题,提高了传统课堂的学习效率。"翻转课堂"作为一种手段,旨在增加学生和教师之间的互动和个性化学习,教师要创建让学生对自己学习负责的环境,教师应成为学生身边的"教练",而不是讲台上的"圣人"。不仅仅是教学手段的变革,关键是把课堂教学转而延伸到课外甚至是校外,是对课堂地点的演变,使课堂变成一切皆为教室。也就是说"翻转课堂"翻转的是教学理念和课堂教学的形式。这种情况下，学生即使缺课，也不至于落下，每个人都能积极参与学习，力争让所有学生都能得到个性化教育。

翻转课堂，不是"推翻"，而是重在"转变"，转变新形势下的课堂观、教师观和学生观。在课堂教学上谁能相信学生、利用学生，最终就能发展学生、成就学生！

二、尝试"翻转课堂"

为了体验"翻转课堂"的神奇效力，我们开始了初步的尝试。我们每一步的实施都稳扎稳打，避免形式化，力争达到"翻转"的目的。

（一）确定身份，明确责任

不同学习程度的孩子有着不同的心理特征：尖子生长期受到师长、同学的重视，一般来说对于学习有着比较好的习惯或反应；中等生，是人数最多的一群，正所谓近朱者赤，和爱学习的同学在一起他们就爱学习，和不爱学习的同学在一起他们就不爱学习；后进生，是长期得不到社会认同及师长关爱的一个群体，经常会一起结伙玩乐或搞破坏，经常由于违反纪律而被老师严厉斥责，而作为教师很少关注他们学习之外的专长。比如：他们会积极主动地帮同学打扫教室，帮助老师主动拿教学用具，在家里认真帮助家长做家务等，然而由于成绩不好，这些优点就被大家忽视了。

根据上述三种情况，给三种学生取了三个响亮的名字：尖子生叫作"大师"，中等生叫作"大将"，后进生叫作"得分王"，三种身份的不同，造就了在课堂上回答问题的分值不同："大师"回答正确一个问题，可得到一分；"大将"回答正确一个问题，可得到三分；"得分王"回答正确一个问题，则能得到五分。如此分值不同，每一个学习小组里，将会自然地出现这样的现象，那就是"大师"少发言，而是利用一切时间教"大将"和"得分王"，尽量让平时不爱开口的"得分王"学会，并能够举手说出答案。这样的方式，可以非常巧妙地通过同伴间的互助，将要求学习的任务，让学生们自己就认领了，同时增强了团队的力量。

当然，身份确定的依据，不仅仅是学习成绩，还要考虑学习态度、智商高低以及是否具有组织承担的能力等。

不同身份的学生有不同的责任。"大师"负责将自己掌握的知识教给后理解的"大将"和"得分王",并带领团队积极进取。"大将"必须兼顾自己的学习,然后辅佐"大师",教导"得分王"。而"得分王"最主要的职责就是认真虚心听取"大师"教的知识,真正理解,并能用语言表述出来,为本团队争分。

应该注意的是:一是三种身份不是一成不变的,每个月进行一次评议,根据回答问题的次数、正确率、考试成绩等及时调整;二是定期组织评优,比如在每周和每月相同身份的人之间进行评选"最佳××人";三是增强团队意识,比如在每次月考结束后,以团体成绩为评价标准,共同达成预期的教学目标。还可以以每次小测改写进行竞争,改的速度最快,且全部过关加"团队分"。

(二)科学分组,均衡实力

新课标指出:动手实践、自主探究与合作交流是学习的重要方式,在教师的指导下有序地开展小组合作学习,是"翻转课堂"教学的主要手段,也是适合学生身心发展、落实课改精神的有效途径。

"翻转课堂"有别于传统课堂,特别是其上课方式自由活泼,学生按小组编排座位,以便于课堂中互助学习,充分利用小组资源,共享小组学习成果。那么,怎样的分组才能突显其科学性呢?我认为,如果班级人数较多,那么每组不得超过八个人,这样便于教师组织课堂,维护班级秩序。在组建小组时,我按照学生掌握基础知识与否、学习能力的高低、智力状况等进行均衡搭配,这样便于优秀生发挥学习引领作用,同时组建小组还要考虑到性别、性格特点、身高以及兴趣爱好等,此种分组遵循了"同组异质、异组同质"的原则。这样使各组学生整体水平达到均衡,便于小组间的公平竞争。

(三)组织实施,运用技巧

在"翻转课堂"实施过程中,我认为只有运用得当,才能收到事半功倍的效果。首先,"翻转课堂"要把握好节奏,控制好课堂的进度,调动好学生的参与度,调节好学生的情绪。在课堂上,学生的情绪不可能总是处于亢奋当中,这就需要教师抓住关键节点,运用恰当的语言激起学生再学习的热情。

其次，在各组竞争过程中，把握好各组得分的差距，调控好各组得分的进程。比如，在课堂中要突出个别组，同时给他们找到竞争组，让他们成为相互竞争的强敌。这就需要教师将答题机会有所倾向。当然，为了抚慰最低分的组，在他们暂时落后时，要多给他们机会，力争缩短与其他组的差距，在适当情况下，还可以让落后组赶超暂时的胜利组，以此重新燃起学生的学习热情。

再有，学生为了得到老师的关注，会出现滥竽充数的现象，明明不知道答案，还把手举得老高。在这种情况下，为了使学生真正地学懂学明白，我们可以专门叫这些人，追问他们"为什么"或者把思考过程讲给同学听，也可以让他们站在讲台上不带任何书本，接受老师的提问，当然目的不是让他们难堪。在这种情况下，我们可以提前给他们布置任务，让他们真正弄明白后，再单独讲给老师听。这样，他们会利用一切时间，将被动学习变为主动学习。

（四）关注全体，培养尖优

有人说，"翻转课堂"对于尖优生的培养弊大于利。我认为，不然。面对不同的课型我们对不同的学生要有不同的要求，在课堂教学的不同环节也要有不同的侧重，作业分层布置等都可以考虑到尖优生的培养。所以，我认为"翻转课堂"对于尖优生的培养利大于弊。

例如：课前学生在老师下发的导学案中完成各自的学习任务，课上在老师安排的不同教学环节中，学生将自己自学的内容表达出来，当然此时我们就可以发挥"大师""大将"的引领作用，体现他们的价值，毕竟学生存在差异性。课下学生将老师布置的有关作业独立完成，获胜组可以减免，作业布置的原则是"大将"和"得分王"在所学基础上加强巩固，"大师"的课后任务是在所学基础上拓展延伸。

三、享受"翻转课堂"

学校教育的形式不断发生变化，但人类欲求美好事物的心灵不变，学校教育以唤起个体对美好事物的欲求作为教育的根本目的不变，优良的教育就是如何给予个体美好事物的经历。点燃人的内心，才是学校教育的灵魂之所在。可能就是因为学校教育有形无形中一个充满激励的行动（无形更加可贵，这意味着对学生的引导与激励已成为学校文化精神的一部分），唤起了某个学生内心的转变，从而唤起他整体生命姿态的转变，由此而获得人生转变的契机。

点燃人的内心才是课堂教学的灵魂之所在，别看尝试的时间不长，但是我们已经感受到它的神奇效力了。"翻转课堂"让学生找到了生命的生长与生成感，找到了生命的尊严与作为学生的幸福感。

"翻转课堂"，翻转思维，学生在悄悄地改变——学生爱上课了！上课再也没有睡觉的了，呆坐着发愣的也消失了，都在积极主动地学习，认真地思考问题。当看到孩子们你争我抢为了能回答到问题，甚至在我说问题时，有些学生微微前倾的身体，我感受到"翻转课堂"的魅力真是无穷大呀。

学生爱学习了！有的学生为了给自己组加上分数，提前三天问我，老师，我们该学什么了，我要提前做好准备，我要给我们组加分，我们组要得第一。

学生团结了！有的组长为了让本组"得分王"多加分，不惜利用课余时间单独辅导，一字一句地教组员读书。连平时上课书都懒得打开的同学在一节课上都无数次举手。从来不背课文的学生，在全组的帮助下，当堂课都能背下。课下在聊天时，他们说，我不能对不起组长对我的帮助，这就是同伴的力量呀。

学生知道关心老师了！记得那是一个周四由于区里组织一天的教研活动，导致语文课被调了课。当回到学校后，我迫不及待地放下包，向班中奔去。没想到，刚走到班门口，我班"淘气鬼"对我说："老师，您这一天，干什么去了？我都想死您了，就盼着上语文课呢？没想到还上了自习课。我觉得今天过得真没意思。"旁边的同学，也在问："老师，怎么一天没来？我们都盼着上语文课呢？""老师，您可不知道，他都嘟哝一天了。""老师，您的脚病又犯了吗？"

看到孩子们关切的眼神，听着孩子们暖心的话语，我有些感动，又有些疑惑。以前由于身体问题请假未到校，学生们从来没有这么关心过。

我以为"淘气鬼"只是开玩笑，同学们只是随声附和。没想到，到了晚上，"淘气鬼"的妈妈发来微信告诉我：孩子到家就说，今天老师一天都没在学校，没上语文课，无聊死了。老师，身体没事吧？

本以为当时孩子只是随口说说，没想到是发自肺腑的。要知道，"淘气鬼"可是出了名的不听话。看来，他知道关心老师了。大家一直以为无法改变的问题生，如今却变得通情达理，有了学习的欲望。静下心来，想一想，终于找到了答案——"翻转课堂"。"翻转课堂"就像润滑剂一样，拉近了师生间的距离，让师生关系更加和谐。学生曾经写道：午间的阳光从窗户的缝隙中洒入，教室里人声鼎沸，每个人的脸上都是一片焦急之色。

在新课程改革面前，每个人的机会都是均等的，"翻转课堂"打开了教育的新窗口，让我们看到了教育教学改革的独特魅力和美好前景。让我们抓住新课程改革的机会，推动课堂的完美蜕变，也促成自身的重大转变和迅速提升，让自己的教育生涯永葆青春和活力！

"翻转课堂"在初中物理教学中的实践与思考

——以《电功率的计算》一课为例

梁利霞

"翻转课堂"是指教育者赋予学生更多的自由，把知识传授的过程放在课堂外，让学生选择最适合自己的方式接受新知识，而把知识内化的过程放在课堂内，以便学生之间、学生和教师之间有更多的沟通和交流。相比于传统课堂，其鲜明的特点是"学生能够按照自己的节奏来学习"，实现了学生的个性化学习，促进了学生自主学习和个性的发展。

在教学实践中，我尝试性地将"翻转课堂"教学模式运用于课堂中，试图通过教学模式的改变来激发学生学习的兴趣与自主探究的意识。

一、"翻转课堂"教学模式的教学实践

（一）前置学习

1.精心设计导学案，任务驱动式学习

导学案也叫自主学习任务单，是教师根据每次课程教学内容，梳理知识点、重难点后编制，以表单形式呈现的指导学生自主学习的学案，是学生高效自主学习的支架与载体，是学生自主学习的依据。导学案上有明确的学习目标，对不同层级的学生提出不同的要求。《电功率的计算》一节学习时，教师要求学困生通过自主学习知道电功率的概念、单位，了解用电器的额定电压、额定功率；中等生在前者的基础上还要求会应用电功率的公式计算并解决简单问题；优生则在前两者的基础上还要会解决综合应用问题。教师鼓励所有学生尽其所能，向高标准看齐。

2.借助新媒体、新技术手段，实现反复学习

学生对照导学案，结合课本、教师提前录制的微课、教辅材料等课后自

主学习新知识，他们根据自己的实际情况安排和控制学习时间和节奏。基础好的学生往往只看一遍就可以掌握新的学习内容，基础薄弱点的学生则可以反复学习、思考，甚至可以查询相关资料，或向同伴、老师寻求帮助，直到较好地掌握。

传统课堂，学习新知识的时间是一个常量，教师不可能在课堂上为不同的学生提供不同的学习时间，当一个问题没有解决，课堂教学又不得不进入另一个新的主题时，教师的进度上去了，学生的困惑却增加了。"翻转课堂"使得学生学习的空间和时间变得更加灵活，学习的内容变得更聚焦，一定程度上提高了学生的自主学习能力，同时，通过前置学习，学生在进入课堂学习时将处于同一起跑线，避免了严重的两极分化。

（二）课堂教学

1.小组PK游戏，寓教于乐

课堂教学环节，教师通过练习题、实验和小组合作探究等内容和活动帮助学生答疑解惑，内化课本知识，强化重难点。为了提高学生主动参与课堂的积极性，激发学生学习热情，教师以"小组PK游戏"形式开展本课教学。本节课教师具体设置了四个学习环节：基础闯关、"团队"大比拼、个人挑战和能力大比拼（翻分环节）。由于学生学习基础、学习能力参差不齐，为了使每位学生都能学有所获，教师将全班36名学生根据学习成绩和学习能力差异划分成三类，每一类12人，每类各取2名同学组成一个"翻转课堂"学习小组，组内2名优生叫"大师"，2名中等生叫"大将"，2名学困生叫"得分王"。各个环节设置若干测试题，由基础到综合、由易到难层次逐渐提高，满足不同层次学生的得分需求，也有利于激发各层次学生的学习热情。

2.实施小组整体评价，培养合作意识

为了不拖同组的后退，学困生在家自主学习时尽管能力较弱，也尽最大努力学懂基础知识，课堂上遇到问题随时会得到组内优生一对一的帮助，其他的中等生相互切磋，优生为了全组的利益，课堂内外把学困生的基础知识学习盯得很紧，基本不需要老师再对他们进行个别辅导，使教师获得了一定的解放。并且经过一段时间的努力，学困生检测成绩明显提高，他们越学越

自信，越学越有兴趣。在团队合作中，学生之间建立了良好的友谊，培养了团队合作意识。

二、"翻转课堂"教学模式实施中的问题与思考

（一）课前自学效果难监控与评价

学生在家自主学习缺乏监管，从课堂学习的反馈情况来看，有的学生导学案上的内容并非真的掌握。因此，在今后的教学活动中，教师应该适当增加检测内容，或者在课堂学习前，增加"课前测一测"环节，以检测学生自主学习的情况，了解学生知识点的掌握程度，便于各项教学环节的顺利开展。

（二）学生课前自主学习时间不足，自学能力有待提高

这届初二学生面临新的中考改革，学习科目多、考试压力大，学习任务较重，因此分配在每一门学科上的学习时间非常有限，大多数学生仅满足于导学案的完成。同时，大多数学生缺乏有效的自主学习方法。自主学习仅停留在背概念、套公式、算答案等较浅的学习层面，缺乏运用所学知识联系并解决实际问题的意识和能力，自学能力有待进一步提高。针对此问题，在今后的教学活动中，教师可以对学生进行科学的学习方法指导，帮助学生提高自主学习的能力和效率。

（三）课堂讨论深度不够

由于学生习惯了传统课堂上在教师的引导下进行学习，对"翻转课堂"这种新的学习模式还不太适应，课堂讨论的深度明显不够，甚至有些流于形式。例如，在本课教学的最后，教师布置了一个检测题："把6V，3W和一个12V，3W的小灯泡串联在15V电源中，谁能正常发光？不能正常发光的灯实际功率有多大？"由于该题需要计算的物理量比较多，不仅要考虑电流、电压、额定功率等多个要素，学生必须对电功率概念有一个较深入的理解，结果该题很多同学回答错误，这在一定程度上也说明了学生对课堂教授的知识点还未完全掌握，课堂讨论、小组合作探究并没有真正帮助他们加深对电功率概念的深入理解，还需要进一步举一反三。针对此问题，在今后的教学活

动中，教师可以在原来小组讨论的基础上，增加各组间讨论和展示的环节，进一步帮助学生发散思维，提升小组讨论的效果和效率，引导学生深入理解所学知识。

（四）教师自身的信息技术知识与能力不足，有待提高

实施"翻转课堂"教学，对教师的教学理念、专业素养、应对能力等方面提出了更高的要求。在本课教学中，教师围绕课程知识点制作的微视频，呈现形式和内容还比较简单，缺乏一定的吸引力，需要日后在不断的学习中进一步丰富和提升自身的信息技术知识与能力。

"翻转课堂"是教学改革的大趋势，它的出现符合学生自主学习理念，能有效地提高教学效率，培养学生的综合学习能力。尽管在实践中留下了很多遗憾和思考，但任何改革都不是一帆风顺的，只要能够对学生有利，我们就要坚定地走下去，在实践中不断完善、提高并加以推广，它必将为我们的基础教育增加新的活力。

参考文献

[1]金陵."翻转课堂"与微课程教学法[M].北京：北京师范大学出版社，2015.

[2]黄发国，张福涛."翻转课堂"100问[M].山东：山东友谊出版社，2016.

"翻转课堂"下的初中物理实验教学初探

王雪琴

实验教学是物理教学的重要组成部分,是落实物理课程目标、全面提高学生科学素养的重要途径。为此《物理课程标准》在"内容要求"中特意将一些知识内容用"通过实验"这一措辞加以表示,就是要求必须通过实验过程完成认知活动。但是由于物理课时少且时间紧,很多实验在课堂上很难完成。学生对于学习缺少兴趣。如何将学生的兴趣与教学内容相结合,如何将教学的重点由"教"向"学"转化已成为教学实践中必须面对和解决的问题。

在"翻转课堂"这种教学模式中,物理教师和学生的位置发生重大的变化。"翻转课堂"的教学模式,是指重新调整课内外时间,将学习的主动权从教师转移给学生,学生利用课下时间,通过看老师制作的视频、阅读功能大的电子书、查阅相关资料完成学习,课上时间转给老师和学生、学生和学生之间相互讨论,答疑解惑。这种教学模式可以大大提高学生学习的主动性和积极性,符合课改要求。"翻转课堂"主要是以下几个方面的翻转。

第一方面:教育理念的翻转

将"以教师讲解为主"翻转为"以学生自学为主",从强调"知识的传授"翻转为强调"学生的发展",从"以教定学"翻转为"以学定教","教"始终围绕"学"来进行。

第二方面:教学目标的翻转

课堂教学目标翻转为"课前目标"和"课中目标",教学目标更细化,分阶段、分层次,更加明确,更加符合学生的学情。

第三方面：教学方式的翻转

教师的教学从"课堂讲授"翻转为学生"课下自学"。"翻转课堂"要求学生课下通过观看教师提供的教学视频或教学内容，这不仅给学生提供了自己调整学习的时间与空间，还为个性化学习提供了可能。课堂时间成为学生之间探究、合作与交流的时间，成为师生交流、学习与反馈的场所。

第四方面：教学评价的翻转

教学评价由"课后评价"（以作业为主）翻转为"课前评价"和"课中评价"。教师要进行实时的评价，利用课堂时间迅速准确判断出学生的需要，并及时提供相应的帮助，教师的评价反馈能够帮助学生更加客观地了解自己的学习情况，更好地控制自己的学习。那么"翻转课堂"能否为初中物理实验带来高效教学呢？我以《测小灯泡功率》这节内容进行尝试。

一、教学常识

（一）教师确定目标明确

教学目标是"翻转课堂"教学设计的首要任务，教师需要确定学生在不同阶段所要达到的目标，包括课前目标和课中目标：

◆对《测小灯泡功率》的课前目标是学生通过在家看书、查找电功率的笔记和实验（电学实验器材每个学生自备一套在家）。

a.知道伏安法测小灯泡功率实验原理、器材、实验电路图、表格设计、实验方法。

b.了解伏安法测小灯泡功率的实验步骤。

c.根据电流值和电压值算出功率。

◆对《测小灯泡功率》的课中目标是通过伏安法测小灯泡功率的实验步骤操作达到要求。

a.掌握实验原理、实验方法、实验步骤。

b.会通过实验数据画出P-U、P-I图像。

c.了解滑动变阻器的应用，提高学生实验操作和分析能力。

d.通过小组合作讨论分析找出小灯泡的亮度与什么因素有关。

e.探究实验数据还可以算哪些量。

f.实验中出现了哪些现象，是怎样解决的。

g.如果给两个电压表和一个定值电阻，还可以怎样测小灯泡的电功率等。

（二）学生自主学习

学生通过看书、查找资料和动手实验（在家），对测小灯泡电功率实验原理、器材、实验电路图、表格设计、实验方法、伏安法测小灯泡电功率的实验步骤，都有了初步的了解，然后按照要求完成老师的导学案，包括测小灯泡功率实验原理、器材、实验电路图、表格设计、实验步骤，以及对数据的处理、实验时对实验现象的记录。

（三）课上反馈总结

在学生完成自主学习以后，教师进行课堂教学设计，具体做法是：

1.小组交流

主要是小组讨论在自主学习中出现的问题，例如电流表、电压表指针的偏转情况、灯的亮度，以及解决的方法。

2.自主学习检查

每组选出一名组员展示导学案，共六组利用多媒体展出，然后其他同学给六个组的导学案进行评价，指出不足和改进的方法。

3.共同解决问题

学生提出小组讨论不能解决的问题，交由全班解决或老师一对一解决。

4.学生展示

老师以抽签的形式选出三组分别到讲台上展示测小灯泡电功率的实验步骤，并展示实验数据、图像，说出在实验过程中出现的新问题以及对新问题的改进方法。在展示过程中其他同学进行评价，提出意见，最后通过交流合作很好地完成老师的导学案。

5.课堂拓展

由学生的实验数据还可以计算什么物理量？这些数据有什么特点？

都可以画什么图像？小灯泡的亮度与什么因素有关？如果只给两个电压表和一个定值电阻，你能测小灯泡的功率吗？利用学过的知识，学生自己探究这些问题，既能提高学生技能、激发兴趣，又能深化和丰富已有的知识。

6.课堂练习反馈、总结

二、教学体会

在"翻转课堂"的模式下，我做了几节初中物理实验教学，有以下几点体会：

（一）"翻转课堂"给物理实验教学赢得了时间

我认为，学生的学比老师的教更重要、更关键。学生通过在家看书、查阅资料、动手实验，知道实验原理、器材、实验电路图、表格设计、实验步骤，这样让学生在课上有大量的时间去动手实验，分析、讨论。传统课堂40分钟的讲解浓缩为15分钟，老师少讲、精讲，节约教学的时间，学生就有了大量的自主学习时间，从而激发他们学习物理的兴趣，培养动手能力。

（二）"翻转课堂"以学生为主体符合学生的学情

强调"授之以渔"而非简单的"授之以鱼"，尽可能为学生提供自主学习和主动探究的活动情境，培养他们主动思考和探究的能力。教师在编写导学案时要符合学生自主学习的层次性。导学案注重学生的思维深度和思维方法的引导，用有形的问题引导学生的思维方法和能力，同时导学案还要问题化。哪些内容学生可以自主学会，哪些内容学生能够互助解决，这是教师编制导学案的原则，是培养学生自学能力的非常好的引导纲领，是指引学生进一步学习的指引棒。

（三）"翻转课堂"给了学生实验创新的机会

实验教学中学生需要充分地与教师和学习伙伴进行交流、讨论，主动接受教师的指导及伙伴的协作。又由于实验教学天然具备促进学生学习及培养学生创造力的教学因素，这就决定了它在实施创新教育中的重要地位，将对物理教学改革产生深远影响。

（四）"翻转课堂"提供了更多的评价机会

"翻转课堂"给了老师更多的机会对学生进行评价，同时给了同学之间更多的机会进行相互评价。《基础教育课程改革纲要》指出，要"建立促进学生全面发展的评价体系。评价不仅要关注学生的学业成绩，而且要发现和发展学生多方面潜能，建立信心"。所以在"翻转课堂"这种模式下，老师对学生能够做到发展性、过程性、多元性、多样性的教学评价。

（五）"翻转课堂"使教师在课堂上由"主演"向"导演"角色转化，真正发挥教师的主导作用

同时"翻转课堂"要求教师熟悉教育技术应用、具备独立思考的习惯，有利于提高教师的教学水平和运用现代教育技术的能力，因此"翻转课堂"是建立在学生、教师和课程内容之间开放有序、互利共生、可持续发展的教学模式上的。所以教师必须自觉终身学习。

三、教学反思

在"翻转课堂"教学模式下我进行了多种课型的尝试，有习题课型、概念规律课型，实验课型，其中有新授课也有复习课。在这些课型中，习题课型和比较抽象的概念、规律课型上的效果不是特别理想，主要是这些知识必须具备一定训练量和反复次数，学生才会掌握相关知识点。实验课型上的效果比较好。"翻转课堂"是否适合所有的课型，是否适合所有学生，教师的教育技术能力是否跟得上，什么样的内容适合采用"翻转课堂"的形式，一堂课上翻转什么，翻转的程度等问题，都有待我们继续研究与探索。

综上所述，利用"翻转课堂"讲解模式，使物理实验课更生动和紧凑；重新调整课堂内外的时间分配，让学生成为知识主体，掌握学习的主动权；更适合学生个人的学情，使学生兴趣不断提高，进而提高了物理实验课堂教学效率，培养学生对物理规律的创新理解精神和实践动手能力。当然，"翻转课堂"是一种新的教与学的模式，成败关键在于老师是否愿意改变，是否愿意放弃传统的教学思维与习惯，这对于老师和学生都是一种挑战！

在"翻转课堂"模式中进行记叙文教学

刘荆京

"翻转课堂"是一种新教学模式,是英译过来的术语,是两位美国科学教师制作教学视频,然后把这些视频作为教学资源引进课堂,逐步固定下来发展成新的教学方式。高质量教学的资源涌现,进一步促进了翻转式教学的发展。在这种课堂里,学生可以通过信息技术根据自己的学习步调进行自主学习,所以越来越受到追捧,后来逐渐成为"以学生为中心"的合作探究创新教学方式。自从我校"翻转课堂"被确立为市级"十三五"课题,本人就开始大胆地在语文课堂进行"翻转课堂"教学模式的实践,通过2016届初三毕业生的语文中考成绩和师生反馈来看,实际的效果和认可度都很高。"翻转课堂"是相对于传统教学而言,即将教学结构颠倒的一种新型的教学模式,是以学为主的整合探究模式。它重新规划课前、课中、课后的时间,实现师生角色的互换,学生学习时间、内容的颠倒。

课前:首先把学生按成绩和意愿分成小组,每组6-7人。按学习能力和职能确定身份,分别为"大师""大将""得分王",他们在组内有各自的分工,回答问题时对应不同的分值。教师将任务布置下去,学生在课下以组为单位,利用教材、网络、辅导参考书完成学习知识的过程,主要是以完成导学案的方式进行,自己或者小组课下自行完成学习任务。

课中:课堂是以游戏的方式进行,围绕导学案内容,编成不同层次、不同角度、内容的题目,完成各项学习活动。上课开始宣布游戏规则,学生熟悉。游戏答题方式设定可以依据学习内容确定,有展示交流、全组抢答、点将等不同形式。每节课结束时当堂总分核算,采取当场加分量化的方法,评价和公布奖励办法。通过这种交流展示、总结探究,有效地激发了学生参与课堂的热情,培养了学习的兴趣。

课后:分阶段兑现全组奖励办法,课后复习作业很少,但要完成下一节课的导学案。

整个课堂实现了师生角色的互换，教师在课堂上由知识的传授者变成了组织者、引导者、帮助者。但不等于完全放手，针对学生不会的和暴露出来的问题在课尾集中进行讲解，在方法、内容上进行拓展，引导学生思考，相互讨论，得出结论。

记叙文教学是语文学科的重要内容，中心任务是提高学生的阅读理解能力，但传统的课堂教学总是教师一个人在前面讲得起劲，学生在座位上无动于衷，整个课堂死气沉沉，老师干着急。但是随着教育深度改革的进行，语文学科作为学习其他文体的前提和基础已是不争的事实，并且重要地位越来越凸显。再有近几年来中考语文试题不断变化，向课堂教学不断提出更高的要求。下面从几个方面具体介绍这种教学模式在语文课堂中的应用。

一、以导学案为核心完成学习任务

导学案即"学案"，是学生学习任务的载体，它又不同于其他课型使用的学案，是课堂进行的依据，也是整个"翻转课堂"顺利进行的前提和保障。所以课前编写导学案就尤为关键，既要与旧知识联系和过渡，又必须全面、周密地把知识、能力安排得有层次，而且利于学生掌握知识，便于操作和执行。

（一）导学案按学习目标分课时编写

我们玉桥中学备课组活动时就分好下一周的任务，每人编写一课。分工合作，资源共享。

1.资料补充

包括创作背景、作者生平简介、必要的知识补充介绍。例如在备《威尼斯商人》一课时就补充了戏剧知识，整部剧的简介，戏剧大师莎士比亚的生平、作品等介绍。

2.学习内容

a.基础知识积累：给生字注音，填写生字，解释课中词语含义，总结四字词语，文学常识，作家生平简介，句子中的修辞、仿句等。

b.感知文章内容：梳理划分文章结构、概况，理解内容，分析人物，概括主题、写作手法。形式有简答、填空等。

c.拓展延伸，读写结合训练：对《变色龙》围绕开头段中"端着一个罗筛，上面盛着没收来的醋栗，装得满满的"一句扩写；还结合文章的结尾续写小说的结局。

d.拓展练习与积累：推荐阅读课文作者的其他文章。

（二）学生前一天在课下完成的家庭作业就是第二天上课使用的导学案

学生在"大师"的带领下利用一切可以查到的资料尽自己的理解完成。为了及时沟通解决问题，有的小组还自建了QQ群，检查组员完成情况，并进行督促、巩固学习内容。组内每个人有侧重地找资料，形式多样：有的下载打印相关的材料，有的做成PPT，有的直接在导学案上补充，字迹清晰，还有在课本旁边密密麻麻地作批示。为了显示得更清楚，学生喜欢用不同颜色的笔……

（三）课上汇报以小组为单位，"大师"带领组员完成组内交流提升，制定比赛策略

给组员分配相应的任务，熟悉游戏规则。课堂竞赛的过程里按整组组员的反应抢答，节奏很快，教师要仔细观察，计分避免疏漏；点评、裁定力求公正，注意加分频率要高，边说边计，课堂比赛气氛十分热烈。教师在这个过程中适时地进行点拨、启发，在遇到学生普遍存在的问题时要集中在课尾讲解知识。通过比较，找出问题，归纳知识要点，从而帮助学生解决问题。

二、思维导图展示解说

思维导图最早是开发大脑的记忆功能的。在记叙文的学习中尝试让学生绘制思维导图，运用图文并重的技巧，把各部分层次及人物关系用图表、框架、文字表现出来，并且把相应的情节、内容链接，用文字标明。主要尝试下面这些形式：

（一）放射状

就是以中心人物为核心向其各个细节方面进行放散，补充发生的情

节。例如《孔乙己》以孔乙己这个人物为中心，向四周发散。外貌：花白胡子、十多年没洗的又脏又破的长衫；动作：书，教小伙计写字，分茴香豆给小孩，被打折腿；人物所处环境：麻木、冷酷。最后归纳出性格、特征和主题。

（二）关系网

一般小说中刻画的人物比较多，关系复杂，既有主要人物，又有次要人物，还有群像。例如《范进中举》这篇文章作者就是对范进、胡屠户、张乡绅这三个人采用前后对比的方法进行刻画，在文中他们的关系发生了微妙变化。学生绘制了网状的导图，文章的人物关系清晰明了，"相邻"这一组群像起到衬托作用，使主题鲜明突出。

（三）解析式

鲁迅的小说《故乡》，全文共90自然段，约6400字，是按照"我"回故乡——在故乡——离故乡的顺序叙述的。所以事先给学生写好思维导图框架，让学生自行阅读课文，然后依据自己的理解和文章中的语句填充完整。《故乡》这张思维导图不仅有整体结构，还有各部分内容，使全文的主体结构清晰；内容非常具体，既有对故乡的景物描写，又有对闰土、杨二嫂的前后对比刻画等，还有对课文内部各个层面内容的一个剖析。学生须仔细阅读全文才能补充完整，培养了对长篇幅作品的把握能力。

思维导图不仅锻炼了学生的动手能力，深入挖掘了课文内容，提升了阅读理解能力，并且还开发了学生的创新思维。学生非常乐意完成，因为在这个过程里学生摆脱了老师的束缚。只有在探索过程中形成的意识和思维，才能发展成为真正的创造力。

三、课本剧展演

在学习戏剧单元时，学生初次阅读剧本找不到方法，我就带领学生钻研。在学《林则徐》《智斗》《请贤》这些课文时，课上主要是以课本剧表演的形式进行的，事先组织观看电影《林则徐》、京剧《智斗》、话剧《陈毅市长》的片段。

学生在课下编写、阅读剧本——选定内容——分配角色——道具服装——排练熟悉——创新完善。

课上进行表演比赛，按评分标准在表上打分，决定名次。这些表演活动往往更开放，常常会令人眼前一亮。学生说台词时语气语调非常夸张，符合人物身份。我们班在表演《变色龙》时，警官奥楚蔑洛夫和身边的警察对比鲜明，其他组员自动变成围观的人群。有一个学生扮演小狗，配合相当默契，就连平常语文成绩不好的学生一下子都好像变了一个人似的，非常活跃，表情、语速、动作，特别是一些细节似乎都能再现人物。有创造发挥，配合默契，这样的精彩表演往往引来同学们的阵阵笑声和热烈的掌声。

表演的过程其实是课文的再创造的过程，试想如果学生不仔细读书认真体会，能惟妙惟肖地表演出来吗？关于人物性格特点还用老师掰开揉碎、不厌其烦地讲吗？学生有自己的理解和表现，在表演与观看的互动中得到交流和提升。

四、课程资源开发

在语文学习中充分利用现代信息技术和网络平台，能让学生更直观地理解内容。在学习《活板》一课时，我发动各组找资料给同学解说原理，视频、文字、图片都可以。课堂上学生拿着准备好的材料，有的组找到动画制作演示"活板制作印刷"，还有找来2008年北京奥运会开幕式——活字表演视频，也有放映电影《毕昇》中毕昇发明活字印刷术的片段。他们娴熟地运用电脑技术，配合有趣的介绍，既生动形象，又调动了学生积极性，高效地完成了学习任务。

"翻转课堂"是一种小组学习的方式，但更重要的是观念上的翻转，更是教师胆量上的挑战。"翻转课堂"使学习变成了游戏，完全放手让学生自己完成学习过程，让学生在游戏中体验快乐和成功。这种课堂抓住了初中生好争先的心理特点，学生的学习变成了竞赛，不仅提升自信，在丰富的语文活动与实践中也提升了语文素养。

美诗美教　陶情润心

——浅谈诗词教学中的德育渗透

岳国新

　　韩愈曾在《师说》一文中强调"授之书而习其句读者，非吾所谓传其道解其惑者也"，意思是说，只教书不育人，不是真正的老师。初中语文面临的是一群天真烂漫、思想鲜活的学生，教师承担的不仅是使学生具备扎实的知识和良好能力的任务，更是塑造学生的美好心灵、提升道德素质的历史使命。韩愈所谓"传道授业解惑"中"道"即是思想道德，自古就有"文以载道"的说法，因此"传道"即是语文老师义不容辞的责任，语文课更是德育的主阵地。

　　我国的诗歌文化源远流长，意境清新，含义深刻，语言生动，韵律优美，是中华传统文化的一座宝库。诗歌借助优美的形象、凝练的语言来表现诗人的感情，抒写诗人的思想，这些感情和思想就是我们可以依托的思想和情感的教育。阅读诗歌史上流传下来的那些洋溢着真情的伟大诗篇时，真挚的情感会给我们带来审美的愉悦和震撼人心的力量。所以优秀的诗歌，不仅让学生积累了精练的语言，又使学生受到了思想的启迪，从而获得情感的熏陶。它能以其优美凝练的诗句带给读者强烈的情感体验，在潜移默化中将真、善、美的种子播撒在学生的心间。

　　那么诗词教学中如何引导学生发现美、体验美、传承美呢？

一、反复诵读——发现美

　　罗丹说："世界上不是缺少美，而是缺少发现美的眼睛。"语文老师的作用就是开启学生发现美的心灵之窗。诗歌是用韵文形式写作的一种文体，因此音韵和谐，有强烈的音乐美。诗歌语言的音乐美表现在节奏和韵律上，为了让学生认识这一点，教学中我教学生标划节奏、圈点韵脚，然后带领他们反复诵读，仔细体会。此外我还注重引导学生发现，诵读时对语音语调的把握，要随诗歌内容感情的变化而变化。具体说，读李白的《行路难》，由愤懑疑虑而慷慨激昂；读诗经中的《关雎》，由初见淑女的惊喜，再到求之不得的郁闷，再到幻想中的喜悦；读毛泽东《沁园春·雪》由对"江山多娇"的热情赞美，到对古代帝王的惋惜，再到对无产阶级革命志士的赞颂与豪情；读臧克家《有的人》读出对鲁迅先生的敬仰与怀念的同时，还要读出对无耻剥削者、统治者的痛恨与鄙视……每到诗词教学时，学生们抑扬顿挫、和谐悦耳的诵读声充斥着教室的每一个角落，故事在诵读中展开，人物在诵读中呈现，性情在诵读中陶冶，心灵在诵读中得到浸润。诵读因诗歌而美丽，诗歌因诵读而精彩。至于诵读的形式，可以是老师范读、学生散读、男女生分读、全班齐读、分角色读等，形式不拘达到目的即可。古人有"七分诗三分读"的说法，通过诵读诗歌可以提高学生的联想、想象能力，进而增加其艺术修养。

二、感受诗意——体悟美

大部分诗歌的内容是围绕一个词或一句话展开的，这就是诗中的重点词句，这些词句往往是诗人思想感情的一个集中点，或是全诗内容所围绕的一个中心，抓住重点词句有利于理清全诗的思路及诗人所要表现的思想。在教学中，必须重视找重点词句的方法，并将它作为分析的切入口或"破译"诗意的重点，让学生充分体验感悟诗的意境美和思想美。例如赏析毛泽东《沁园春·雪》上阕写景，抓住"千里冰封，万里雪飘"一句中"千里、万里"体会北国疆土的辽阔之美，"冰封、雪飘"体会北国雪景的豪迈气魄；抓住"山舞银蛇，原驰蜡象"一句，体会大雪纷飞时，山原驰舞的动态之美，进而体会革命者不屈服于严寒的斗争精神。再有读艾青的《树》，抓住"在看不见的深处，他们把根须纠缠在一起"一句体会，中华民族面对外侮团结一致的民族精神。读王尔碑的《树》，从"半截生命"和"滴血的心上，又艰难地捧出一片新绿"两句的对比，体会树的宽容与无私的品质……抓住重点词句体会诗歌的"境"，感悟诗人的"情"，学生的想象自然会进入诗歌的意境，和诗人的感情产生共鸣。品味诗歌，那字里行间挺立着一个个不屈的民族灵魂，他们都是中国的脊梁，铸造了华夏文明的辉煌，他们忘我追求的豪情壮志，在析读品评之中能使学生激情澎湃，增强民族正义感和责任心。

三、学写诗歌——传承美

诗歌是文学宝库中灿烂夺目的钻石。当我们欣赏着诗歌凝练的语言、和谐的韵律、丰富的想象、优美的意境和激越的情感的时候，有的学生会发出这样的慨叹："我要是会写诗该多好呀！"的确，中学时代正是激情澎湃的年纪，激情出灵感，灵感出好诗。诗歌单元教学完毕，为了深化学生对诗歌的理解和感悟，也为了让学生在创作中体验生活的美好、提升思想境界，我开始教学生写诗。起初是模仿，比如读了教材中胡亮的诗《梦》："人，不能没有梦，没有梦的人，是不会生活的人，因为梦是一种美丽；人，不能拥有太多的梦，拥有太多的梦，是一种负担，一种痛苦，因为梦离现实太遥远。"初三12班满贺诚同学仿写了一首《目标》：

人，不能没有目标，

没有目标的人，

是不会进步的人，

因为目标是人们前进的动力。

人，不能拥有过高的目标，

拥有过高的目标，是一种沉重，一种痛苦，

因为过高的目标人们难以达到。

读了贺宽叶的《老师和我》："我是一叶小舟，逆水时，老师拉起一根纤绳；顺风时，老师化作一片亲切的白帆。"11班的秦宇仿写一首同题诗：

我是一株幼苗，

饥饿时，老师送来肥料；

干渴时，

老师化作一缕清凉的甘泉。

后来是创新，比如12班林伊童同学写的《七彩生活》：

面对这画板上洁净的纸，调色盘中七彩的颜料，

我终于不禁心生绘图之意。

我拿起画笔，画一抹红色。

那么热烈，那么奔放，
艳丽的玫瑰是这样的。
我拿起画笔，画一抹橙色。
那么温馨，那么艳丽，
可口的橘子是这样的。
我拿起画笔，画一抹黄色。
那么明亮，那么动人，
盛开的迎春花是这样的。
我拿起画笔，画一抹绿色。
那么清新，那么舒适，
广阔的草原是这样的。
我拿起画笔，画一抹青色。
那么沉稳，那么神秘，
云雾中的群山是这样的。
我拿起画笔，画一抹蓝色。
那么清澈，那么率真，
汪洋的大海是这样的。
我拿起画笔，画一抹紫色。
那么高贵，那么雅致，
晚霞的余晖是这样的。
我拿起画笔，画一道彩虹，
七抹颜色尽展眼前。
呵，这是快乐的颜色，亦是生活的颜色。

学生作品虽然稚嫩，但却饱含真情，令人感动。创作中我注重引导学生朝着形象美、构思巧、感情真、节奏明、语言新的高层次方向发展，我们还择优自编了《水滴》诗集，全班传阅。通过实践，学生们都觉得写诗不仅不难，而且有意思，在不知不觉中，锤炼了语言，凝结了智慧，升华了思想境界。我国学者鱼霞在《情感教育》一书中说："情感教育是完整的教育过程的一个组成部分，通过在教育过程中尊重和培养学生的社会性情感品质，发展他们的自我情感、调控能力，促使他们对学习、生活和周围的一切产生积极的情感体验，形成独立健全的个性与人格特征，真正成为品德、智力、美感及劳动态度和习惯都得到全面发展的有社会主义觉悟的有文化的劳动者。"我觉得教学生进行诗歌创作，就是完成这一任务的有益尝试。

我国是一个诗的国度，诗词歌赋中蕴含的丰富的人文精神对培养青少年的道德情感有着重要的作用。当前，我国正处于由应试教育向素质教育转轨阶段，加强对诗歌的教学，可以净化心灵，培养青少年良好学风和道德品质。诗词教学的意义不仅在于让学生从小就了解祖国的传统文化，更重要的是通过学习诗歌使学生较为正确地认识社会，学习语言中有生命的东西，发展他们的形象思维能力和审美能力，并增强爱国主义感情，培养高尚情操，从而达到德育的目的。

春日宴　绿酒一杯歌一遍

范君宇

"最是一年春好处，绝胜烟柳满皇都"，这明媚的日光、动人的春宴，如果没有好酒好诗，岂不辜负这春色满园？来来来，小诗翁们，让我们先行个酒令！记得那天，课就这么开始了，春色微醺，现在想来，依旧是那么动人。

那日的"酒令"的确有意思，是以"春"为主题的。班里面分了两个小组，每组20人，两个盒子，每个盒子里有20个小纸条，每个小纸条上有一个字，每个盒子的字能构成一首五言绝句。两个小组，每人抽一个本组盒子里小纸条，根据黑板上出示的平仄规律（入声字在纸条上已注明），判断本组的五言绝句。判断好后，按照黑板上平仄顺序5人一组坐好，并派出一名同学到黑板上写出这首诗。

平平仄平入　平仄仄平入

仄仄平平平　平平平入平

入入平平仄　平平仄仄仄

平平平仄平　平入仄平平

春光投进教室，小诗翁们开动了，三五成群地凑在一起，行着酒令，偶尔发出几声窃笑，偶尔若有所思，偶尔对着黑板的平仄规律唱了起来，偶尔又低眉浅笑做着手势。"啊！当是'春风又绿江南岸'！"一个声音传了出来，"呆子！这可是五言绝句！""咦？怎么可能？莫不是'春眠不觉晓，处处闻啼鸟？'""谁的手里有'春'字？拿过来！快！"我站在一旁，看到他们"为赋新词强挠头"的样子，不禁清了清嗓子道："要注意平仄的对仗哦！尤其是入声字。"他们茫然地看了看我，又开始了讨论。突然，一组中的一个同学大叫："就是了！'月出惊山鸟，时鸣春涧中'，怎的忘记了这首诗！快把纸片给我，我来排好，你们对号入座！"不一会儿一组的小诗翁们就按照王维的《鸟鸣涧》坐好了，另一组看到对方已然找出了诗，更加热烈地讨论起来，不一会儿也坐好了，那是杜甫的《绝句二首（其二）》。

春风拂面，热烈的讨论让他们面红耳赤。我询问他们找出诗的方法，他们争先恐后地说了又说，无非三种窍门：（1）通过黑板上的平仄规律；（2）通过对偶的方法；（3）通过自身积累及对诗的熟悉程度。听着他们侃侃而谈，我寻思基本的诵读方法算是掌握了。

"有诗怎能无歌？既然你们已经找出了诗，那谁敢为这春宴助兴一番？"看他们有的面现难色，有的低下了头，有的嘴唇微启，有的手指轻叩，似有欲言又止之态。我不禁对着黑板的平仄规律，吟诵起了那首"绝句"："江碧鸟逾白，山青花欲燃。今春看又过，何日是归年？"掌声响起，他们也放开了，跃跃欲试。我告诉他们别着急，我们先来弄懂这两首诗，带着理解和感情再来吟诵。

我带着他们走近王维，讲他踱步春山，看着花落，望着月出，听着鸟鸣，就在这感性的世界中他静观花开花落。我带着他们了解杜甫，讲他拍手高歌而来，腰间的酒葫芦哗啦啦地响，春山中荡漾着他的歌声，惊起一滩鸥鹭……他们时而坠入幽深的春谷之中，时而仿佛与杜甫一起踏春高歌。

终于，他们忍不住了，一个女生高高地举起了手吟诵道："人闲桂花落！""这'落'字是什么字？""是入声字啊！""够短促吗？你能告诉老师，你由这个'落'字能想到什么画面？"我展示了一幅风吹落花，点到水面激起层层涟漪的图片。看到这幅图，你怎么处理这个入声字呢？她谈道："应该更加短促，静中有动，更加空灵一些。"于是她又继续吟诵了起来，我闭眼细听，这次的"落"多了几分轻巧，我微笑地点了点头。她继续吟诵道"夜静春山空。"吟诵完后，我在"空"字上加了一个省略号（"夜静春山空……"）她立刻反应了过来，把这"空"字拖长了许多。我又补充道："这是夜里的山中哦！"于是，她的声音由高到低最后到消失，把山中的静谧、悠远表现得淋漓尽致。

随后又有几位小诗翁吟诵了《绝句二首（其二）》，把这两首诗，一静一动、一冷一暖、一夜一日、一虚一实、一无情一有情表现得淋漓尽致，两首同样是写春，却穿越古今在这小小的教室中达到阴阳相融的绝妙境界。我语重心长地告诉他们："这两位，一个是淡泊名利的诗佛，一个是尝尽人间冷暖的诗圣，我们偶得两位诗人的不同境界，要明白生活中无论遇到什么事情，都要保持真性情，不要迷失自我，但也要有淡泊、超脱的心胸去面对困难和挫折。"

平平仄仄平平仄，仄仄平平仄仄平。随后，伴随着古筝声音的响起，孩子们的吟诵声飘荡在整个校园中，荡漾了这个午后的春日。

对主题吟诵的几点思考

董 慧

2014年3月教育部颁布了《中华优秀传统文化教育指导纲要》，提出了要分学段有序推荐中华优秀传统文化教育：初中阶段，以增强学生对中华优秀传统文化的理解力为重点，提高对中华优秀传统文化的认同度。诵读古代诗词，初步了解古诗词格律，提升欣赏品味。孔子说："不学诗，无以言。"《毛诗序》中说："诗者，志之所之也，在心为志，发言为诗。情动于中而形于言，言之不足，故嗟叹之；嗟叹之不足，故永歌之；永歌之不足，不知手之舞之，足之蹈之也。"学习古诗词，能够培养学生的语感，陶冶性情，提升文化素养。在今天国学教育的大背景下，古诗词的教学不能仅仅停留在解释字意、总结思想、背诵全文的模式上，更应该注重激发学生的兴趣、提升学生的品位，因此吟诵教学是一个很好的方式。通过节奏的停顿、平仄的起伏，可以使学生体会到诗歌语言的巧妙，以及诗人的情感变化。

国学的学习，只利用课上的40分钟，是远远不够的，必须用课外的时间加以弥补，所以我们成立了吟诵兴趣小组。吟诵小组每周进行定期的阅读交流和讨论活动，每周都有一个诗歌主题。通过吟诵小组的活动开展，全面深化学生对国学的认识和理解，从而使他们更加深刻地了解中华传统文化的精髓，进而更好地发掘传统文化的内涵。下面是我对吟诵兴趣小组开展的以"月"为主题的吟诵教学活动的几点思考。

一、精选诗歌，创设情境

按照诗人在不同年龄阶段对月亮不同的情感理解，我们精心挑选了五首诗歌。小时候，对月亮充满了无尽天真的遐想，那时候的月亮是一首朦朦胧胧的幻想曲，我们选择了《古朗月行》；青年时期，英俊潇洒的少年勇敢地对自己心爱的女孩表达心意，这时候月亮是一首缠绵的小夜曲，我们选择了

《月出》；壮年时期，诗人考取功名，走上仕途，在背井离乡之时，看到故乡的月亮渐行渐远，不禁潸然泪下，这时候月亮是一首充满淡淡哀愁的相思曲，我们选择了《峨眉山月歌》；暮年时期，诗人空有一腔报国之志而无处施展，这时候月亮是一首孤独寂寞的独奏曲，我们选择了《月下独酌》；最后诗人厌倦了官场的尔虞我诈，选择了归隐田园、云游四海，过上了"梅妻鹤子"的自在生活，我们选择了《山居秋暝》。一共五首诗，分别体现了诗人在不同的年龄阶段、不同情境之下，看到月亮时的不同体会。然后编排成吟诵短剧，学生们在表演的过程中，对"月亮"这个意象有了更加深刻的理解。通过创设诗歌情境，激发了学生学习古诗词的兴趣。学生们还利用课余的时间，收集和整理了关于月亮的诗词，并且制作成了作品集。吟诵教学，不光激发了学生对于诗词的学习兴趣，更可以濡养学生的精神。

二、入短韵长，陶冶性情

著名吟诵专家徐建顺教授说："自古以来，汉诗文就是这样读的。所谓'读'，经常是有曲调、有节奏的。我们的孩子是唱着歌上学的，所以叫'书声琅琅'，不是走到校园里，听到孩子们在大声读书。'琅琅'，两块美玉相碰，发出来的美妙的叮咚之声。说走到校园里，听到孩子们在读书，那声音非常好听、旋律十分优美，叫'书声琅琅'，跟大小声没关系。古代学校，从来是一对一教学的，极少会出现大家齐念什么的情况，读书是各读各的、各唱各的，旋律个个不同，所以如不同的美玉相碰。"

为了让课堂还原书声琅琅的美妙境界，我从最基本的吟诵规则讲起——依字行腔，依义行调，入短韵长。带领孩子们反复吟诵这五首古诗，例如，在讲授《峨眉山月歌》时，先带领学生进行音律分析：

———— ！ ｜ — — —— ↓ ！ —— ｜ ——

峨 眉 山 月 半 轮 秋　　影 入 平 羌 江 水 流

｜ ！ ＿ —— ｜ ——！　　——— ！ ｜ ｜ — ——

夜 发 清 溪 向 三 峡　　思 君 不 见 下 渝 州

诗歌中的韵字是"秋""流""州"，这三个字要拖长来读，拖长是舒缓的意思，这首诗押"尤"韵，因此我把"尤"韵的字全部找出来：

尤邮优忧流留榴骝刘由油游猷悠攸牛修羞秋周州洲舟酬仇柔俦畴筹稠邱……

让学生找出有这些韵的诗句，体会情感。如"烟波江上使人愁""长夏江村事事幽""弃我去者昨日之日不可留""思悠悠恨悠悠""恰似一江春水向东流""却道天凉好个秋"等，这些诗句的情感基调大多是忧伤、忧愁的。因此，为学生揭示"尤"韵的诗，大多表达忧愁、思念的缠绵情绪。

这首诗中一共有五个入声字，分别是"月""入""发""峡""不"。入声字往往表达比较决绝、快速、极端、突出的意思，因此在吟诵时要读得短促有力。"月"字强调了作者抒发情感的对象；"入"是个短音，表示快速，诗人顺流而下，一个"入"字，表明了作者行船的速度，以及诗人不得不离开家乡的哀伤之情；"发"即出发，点出行程；"峡"强调了地点；"不"表达诗人远离故乡的痛苦之情。

通过对这首诗的韵字和入声字的分析，学生更容易体会诗歌的情感。那长长短短、高高低低的美妙音韵，一下子把他们吸引住了。一节课下来在诵读声中，学生们感受到了诗人对月抒发的不同情怀。它可以是相思之情，可以是孤苦的情怀，还可以是悠闲自在、旷达的情怀。

三、依字行腔，激发兴趣

徐教授说，中国的语言，有一种特别的节奏，特别是诗歌的语言，它有平仄、格律、韵字，而且声音能够打动人、感动人的心灵。中国语言有天然的音韵美和旋律美。吟诵与朗诵相比，更充分地发挥了中国语言的魅力。当我们吟诵《古朗月行》时，一首千古传唱的诗歌焕发了新的情味，似乎在入短韵长的低吟浅唱中，透过儿童时期对月亮稚气的认识，感受到了月亮初升时逐渐明朗和宛若仙境般的景致，并且随着音韵的变化，感受作者情感的变化。诗前两句十个字有六个字是入声字，所以要跳跃着读，如同绕口令，宛如儿童的口吻。三、四句却一个入声字也没有，这就是一收一放，顿挫转流畅。"寒"韵的特点是哀婉怜悯，最后诗人表达了"忧来其如何？凄怆摧心肝"的愁苦心情。

在讲授《月下独酌》时，我问学生有谁陪伴着诗人呢，学生会告诉我有月亮和诗人的影子。那你感受到了诗人怎样的情感呢？学生会告诉我是孤独，这确是诗歌的一层内涵。那么诗歌中的哪些字给你孤独之感呢？学生面面相觑，不知道该如何回答。声音！我们习惯了从字义上去理解诗歌，忘记了声音。这首诗用了两个韵，"亲""人""真""春"压的是"真"韵，这四个字都是闭口音，有情感得不到抒发之感，所以感受到了孤独之意。但是诗歌的后半部分的韵字是"乱""散""汉"，韵母是an，这是一个开口音，表明作者心胸豁达，看开了一切的乐观积极的心态。

四、长短高低，探寻奥秘

吟诵近体诗时，要遵循"平低仄高""平长仄短"的规则。徐健顺教授说："吟诵的长短高低的美学追求，使得四声分出了平仄。因此也可以说是格律分出了平仄，而不是平仄形成了格律。"我想在遵守平仄韵律的规则中，更多的是进入诗歌里，反复吟咏感受诗人的情绪。例如，教授《山居秋暝》时：

空 山 新 雨 后　天 气 晚 来 秋

明 月 松 间 照　清 泉 石 上 流

竹 喧 归 浣 女　莲 动 下 渔 舟

随 意 春 芳 歇　王 孙 自 可 留

"空山"低平，"山"是长音，表示延展，有空旷之感。"雨后"高短，好似感受到了诗人描绘的一幅雨后清新、宁静、淡远之境。"秋"是韵字，更要拖长来读，表达了诗人对这种凉爽的秋意的喜悦心情。"月"高读，强调了月亮的明亮皎洁。"松间""清泉"低平，轻读；"照""石上"高读，是读者感受到一上一下、一静一动，静中有动、动中有静，仿佛让人感受到大自然的脉搏在跳动。此时此刻诗人也仿佛觉得自己也被洗净了一般，自然的美与心境的美完全融为一体，创造出如水月镜般的纯美诗境。"竹喧"低平，声音不断延长，好像"浣女"的声音越来越近；"动"高读，写出了莲叶在水面摇摆的灵动样子。"渔舟"低读，表明了小渔船的行驶速度不快，给人一种悠然自得之感。"歇"高读，这是一个入声字，感慨春光已逝。"自可"高读，表达诗人虽然感慨春天的芳华虽歇，但是秋景也佳，自可久留。"留"拖长读，其喜归自然、厌恶宦海之情溢于言表。

在古韵悠扬、庄重典雅的情境之中，学生热烈地讨论探究古诗的文化内涵，我欣喜地感叹，长时间追寻的教学境界不过如此吧！

玉桥中学初一学生中小衔接现状调查报告

卢宝利

初一新生跨进中学校门，由于自身生理心理上的明显变化和客观环境的改变，接踵而来的问题往往会令他们困惑不解、应接不暇，这时，如果没有老师和家长的积极引导和帮助，他们不仅无法达成学习目标，甚至会产生人际交往障碍、学习焦虑、厌学等比较严重的心理问题。所以，在初一帮助学生做好小学初中衔接，让他们顺利地融入初中的学习和生活，可以为学生三年后的辉煌奠定基础。

2015年9月，我校确定了"以养成教育为突破口，促中小衔接"的教科研课题。然而，了解学生是做好工作的前提，为了使课题研究工作更有针对性，2015年9月下旬，学校教科研室对本校初一年级学生进行了一次中小衔接现状问卷调查。

一、调查材料和方法

调查对象，初一年级全体在校学生全部参与问卷调查。共发放问卷371份，回收有效答卷369份。

使用工具自编问卷，以选择题的方式，内容包含环境适应、学习成绩变化、学习习惯与学习方法、教师课堂教学与评价方式、家长期望等方面，共25道题。

操作方法采用实名的方式，调查对象在校内统一的时间独立完成调查问卷，测试人员（班主任）宣读指导语，并对学生提出的疑问进行解释。学生答完后当场交卷。试卷回收率100%，有效率100%。

二、调查结果

（一）作业负担加重、业余时间变少是不争的事实，学生普遍存在焦虑情绪

表1　初一学生入学后的总体感觉自评统计表

序号	问题	选项	人数	百分比
1	走进中学校园一段时间后你感觉自己	A.适应	116	31.4
		B.比较适应	217	58.8
		C.不适应	36	9.8
2	进入中学后你感觉作业负担与小学相比	A.增多	260	70.5
		B.一样	90	24.4
		C.减少	19	5.1
3	进入中学后你感觉业余时间与小学相比	A.增多	15	4.1
		B.一样	75	20.3
		C.减少	279	75.6

从上表可以看出，在开学初的一个月时间里，绝大多数学生对初中学习生活能够比较适应，感觉不适应的只占将近10%。作业负担加重、业余时间变少是不争的事实。

表2　初一学生心理焦虑现状调查统计表

序号	问题	选项	人数	百分比
4	面对教师的要求、家长的期望，升入中学后你的心理感觉是	A.比较焦虑	69	18.7
		B.有些焦虑	224	60.7
		C.没什么感觉	70	19.0
		D.无所谓	6	1.6

从上表可以看出，学生升入初一以后，普遍存在焦虑情绪，接近80%，但不容忽视的是，还有个别学生对家长的期望表示无所谓。

（二）中小学学习差异大，学生课堂发言不积极，学生感到负担较重

表3　初一学生学习成绩及课堂表现现状调查统计表

序号	问题	选项	人数	百分比
5	升入中学第一次参加考试，你感觉试题	A.太难	60	16.3
		B.适中	278	75.3
		C.不难	31	8.4
6	升入中学后你的学习成绩	A.提高	93	25.2
		B.降低	135	36.6
		C.没变化	141	38.2
7	你感觉中学教师授课方式更鲜明的特点是	A.教师一言堂	34	9.2
		B.教师经常与学生互动交流	213	57.7
		C.以学生自学为主的课堂增多	122	33.1
8	升入中学后你感觉自己在课堂上发言的情况是	A.积极踊跃	173	46.9
		B.在教师点名后被动发言	148	40.1
		C.基本不发言	48	13.0

表3表明，学生在入学近一个月的时间里，学习和考试难度还没有感到困难；我校教师的授课方式一言堂的不多；在课堂上被动发言甚至基本不发言的人数比较多，占到53%。

表4　初一学生对初中阶段与小学阶段的学习的不同调查统计表

序号	问题	选项	人数	百分比
9（多选）	你认为初中阶段的学习与小学有哪些不同	A.课程多	319	86.4
		B.作业多	243	65.9
		C.难度大	189	51.2
		D.老师的教学方法不同	213	57.7
		E.需要记忆的多	260	70.5
		F.需要理解拓展的多	209	56.6
		G.自学的多	149	40.4
		H.教师讲课速度快	153	41.5
		I.其他	20	5.4

从上表可以看出，初一学生普遍认为初中课程多、作业多、难度大，需要记忆和理解拓展的知识多，教师的教学方法不同，尤其对课程科目增多、记忆内容增多的现实感到不适应。

（三）学生的学习习惯需要进一步的培养

表5　初一学生学习习惯现状统计表

序号	问题	选项	人数	百分比
10 （多选）	你已经具有哪些 学习习惯	A.课前预习，找出问题	113	30.6
		B.课上认真听课，主动做笔记	259	70.2
		C.积极思考，积极提问	152	41.2
		D.课后整理笔记，及时复习	157	42.5
		E.先复习后作业	110	29.8
		F.早上朗读，晚上默读	105	28.5
		G.先理解后记忆	194	52.6
		H.先思考后提问	145	39.3

上表数据显示，我校初一学生的学习习惯还需要进一步培养，50%以上的学生能够做到认真听课、主动记笔记、先理解后记忆，而只有少数同学具有先思考后提问、课前预习、先复习后作业、早晚阅读的习惯。

（四）学生更看重同学和中学老师的帮助，渴望小学教师提高个人知识储备，给学生更多的引领和提升，渴望中学教师改变授课方式，知识与趣味互融

表6　初一学生认为谁对自己的帮助最重要调查统计表

序号	问题	选项	人数	百分比
11 （多选）	在帮助你顺利由小学过渡 到中学，完全习惯初中学习 生活上，你认为谁对你的帮 助更重要些	A.小学老师	57	15.4
		B.中学老师	194	52.6
		C.父母	61	16.5
		D.同学	218	59.1

上表数据表明，学生认为在适应初中的学习生活上，同学的帮助最重要，其次才是中学老师。这说明学生的影响和帮助更容易让他们接受。

表7 初一学生对教师帮助的需求调查统计表

序号	问题	选项	人数	百分比
12 （多选）	为更好地习惯初中学习生活，你希望小学教师在哪些方面给你更多帮助	A.改变授课方式，突出知识点，进行归纳总结	115	31.2
		B.改变辅导方式，更多地培养学生的自主能动性	115	31.2
		C.教师提高个人知识储备，给学生更多的引领和提升	221	59.9
		D.改变态度情感，更多亲和与包容，减少严厉与斥责	77	20.9
13 （多选）	为了更好地习惯初中学习生活，你希望中学教师在哪些方面给你更多的帮助	A.改变授课方式，知识与趣味互融	150	40.7
		B.改变辅导方式，进行更为细致、全面的学习辅导	113	30.6
		C.教师提高个人知识储备，给学生更多的引领与提升	40	10.8
		D.改变态度情感，更多亲和与包容，减少严厉与斥责	66	17.9

从表7可以看出，为了更好地习惯初中学习生活，学生更希望小学教师提高个人知识储备，给学生更多的引领和提升，更希望中学教师改变授课方式，知识与趣味互融。

（五）中学课堂知识性更强，教师对学生的要求更高、更严格

表8 初一学生对中学课堂的评价调查统计表

序号	问题	选项	人数	百分比
14	你认为小学课堂哪一方面特点更突出	A.趣味性强	234	63.4
		B.知识性强	80	21.7
		C.自主性强	55	14.9

续　表

序号	问题	选项	人数	百分比
15	你认为中学课堂哪一方面特点更为突出	A.趣味性强	70	19.0
		B.知识性强	186	50.4
		C.自主性强	113	30.6
16	升入中学后,你觉得教师在课堂上对你的关注程度与小学比	A.增多了	157	42.5
		B.减少了	85	23.0
		C.没什么变化	127	34.4

从表8可以看出,学生认为小学课堂最突出的特点是趣味性强,而中学课堂最突出的特点是知识性强;升入中学后,有一半多的学生觉得教师在课堂上对自己的关注程度与小学比减少了或没有什么变化。

表9　学生对作业、教师的教学、教育态度等现状调查统计表

序号	问题	选项	人数	百分比
17	在作业的监控、辅导上,你认为中学教师	A.比小学要求更严格,辅导更细致	304	82.4
		B.比小学要求更严格,但辅导不够细致	49	13.3
		C.没有小学要求严格,但辅导更细致	15	4.1
		D.没有小学要求严格,辅导也不细致	1	0.3
18	升入中学后,你感觉教师的教学突出的是	A.为考试而教	42	11.4
		B.关注学生的全面发展	183	49.6
		C.努力提高学生的学习兴趣和能力	144	39.0
19	升入中学后,你感觉教师对学生的教育态度更突出的是	A.要求严格,犯错必罚	228	61.8
		B.更多斥责与批评	30	8.1
		C.更多理解与鼓励	110	29.8
		D.不理不睬	1	0.3
20	在中学,教师对你评价的标准是	A.以成绩优劣为标尺	36	9.8
		B.更多关注你的学习态度及过程	172	46.6
		C.全方面地进行综合评价	161	43.6

从上表可以看出，绝大多数学生认为，在作业的监控、辅导上，中学教师比小学要求更严格，辅导更细致（82.4%）；中学教师的教学突出的是关注学生的全面发展和努力提高学生的学习兴趣和能力（88.6%）；中学教师对学生的教育态度更突出的是要求严格，犯错必罚，更多理解与鼓励（91.6%）；在中学教师对学生的评价标准上是更多关注你的学习态度及过程，全方面地进行综合评价（90.2%）。

（六）家长对学生的期望值更高，学生更需要家长在学习上给予更多的帮助和心理减压

表10　初一学生对于家长期望及希望的调查统计表

序号	问题	选项	人数	百分比
21	升入中学后，你感觉家长对你的期望值	A.更高	301	81.6
		B.降低	1	0.3
		C.没有太大变化	67	18.2
22	为了更好地习惯初中生活，你希望家长在一段时间内给你什么帮助	A.人际关系指导	75	20.3
		B.比小学更多的学习方面的帮助	166	45.0
		C.暂时放低要求，给予一段时间的心理解压	128	34.7

从表10可以看出，80%以上的初一学生感觉到升入中学后家长期望值更高了；为了更好地习惯初中生活，45%的学生希望家长在学习方面给予自己比小学更多的帮助；34.7%的学生希望家长暂时放低要求，给予一段时间的心理解压。

三、对策和建议

结合调查结果，联系工作实践，本人对中小衔接工作提出以下几点对策和建议。

（一）消除心理障碍，培养学生的学习自觉性

小学升入初中是一个重要的转折点，学生或多或少都会产生一些心理问题，主要表现为孤独、寂寞、焦虑等。因为他们面对的是陌生的学校、陌生的教师、陌生的同学，在这种情绪支配下，许多学生往往会不知所措。由于小学课程少、知识简单、压力小，有些学生养成了听课不专心、做作业时边做边玩等习惯，再加上一部分老师和家长看着学、哄着学，使他们没有真正认识学习的意义，没有把学习当作自己的事情，学习是被动而消极的，是凭一时的兴趣和心情。但到了初中，科目增多，学业加重，进而造成学习焦虑，如不能在短时间内缓解焦虑，则会有厌学、逃学、对抗等情况的发生。

要充分了解这些心理特征，采取措施，对症下药，让学生真正从心里想学习好。可以采取如下措施：

一是引导他们端正自我认识，防止消极倾向出现。如在小学经常受教师表扬的学生，升入中学后可能不能经常得到表扬，这就需要使他们正确认识和对待这种差异，保持较强的学习动力。

二是组织学习的意义、个人生涯发展规划等方面的教育，使他们认识到学习是实现自身价值的基础，必须要付出艰苦的努力。

三是教给学生一些心理调整、减压的方法，提高心理素质。

（二）改变教学方式，养成良好的学习习惯

在学习上，中学教学与小学有很大的差别，学习内容的复杂（课程的加多，内容的加深）、学习方式的变化等也不能让初一学生很快适应。在这种情况下，教师应该多了解每个学生的特点，多摸索适合学生的教法，多了解学生的学习方式、思维水平等，以便及时发现问题，迅速采取措施。教师要给学生一个缓冲期，在教学方法上逐步过渡，在教学进度上先慢后快，在管理方式上先扶后放，让学生逐步适应。

最重要的是要培养学生良好的学习习惯，增强其学习的主动性。指导他们摆脱学习上过多的依赖，通过讲座和一对一的指导，使学生学会独立钻研课程和做作业，知道如何养成自觉预习新课、阅读教材、查找资料的习惯，全面掌握中学课程学习方法。

（三）教会学生合理安排时间，学会把学习、娱乐和休息有机结合

小学时学生边玩边学就能够取得比较好的成绩，而进入中学以后，如果

不能合理地安排时间，提高学习效率，娱乐和休息的时间就会越挤越少，长此下去，不仅影响学生的身体健康，还会产生厌学情绪。所以教师和家长要指导学生树立全面健康发展的理念，学会制订学习计划，合理利用时间，不断改进和优化学习风格，探索新型学习方式，从而把握学习的主动权，保持学习的后劲，而不能以牺牲健康为代价换取好成绩。

（四）从细微之处着手，教给学生具体的学习方法

好的方法，是成功的开始。由于小学、初中学习方式的区别和学生水平发展的差异，再加上初中学科知识量大、难度大、学习进度快、综合性强、系统性强、能力要求高等特点，初中教学对学生的学习较为放手，不可能像小学那么具体地要求学生每个环节怎样做，而是要求学生能独立完成各个环节的任务，如预习、听讲、记笔记、课后复习、独立作业、单元小结、考后分析等，学生的自理能力、学习能力很重要，学生应寻找适合自己学习的方式方法。这时就需要教师和家长的悉心指导和帮助。如指导学生不要死记硬背，教给他们一些记忆的方法；每学完一个章节，要让学生自己构建一个知识网络，及时复习；教给学生记笔记的方法，使笔记发挥应有的作用；练习速写，提高记笔记和答题的速度；临考之前教给学生整理知识要点的方法；培养学生准确的计算能力，不因粗心而丢分；指导学生课前预习，明确听课的目的等。

当然，小学到初中的教育衔接，不应该只是中学的事情，而应该渗透到小学教育、家庭教育、社会环境等各个方面。如果我们都能够正确对待，多想想办法，并有预见性地开展一些工作，就一定能使学生快速适应初中的生活和学习。如果在初一能够帮助学生做好小学初中衔接，让他们顺利地融入初中的学习和生活，就是为他们建起了一个支点。有了这个支点，就为学生三年后的辉煌奠定了基础。

培养学生的学习习惯　做好中小学衔接

何　崴

初中是学生成长的关键阶段，初一年级更是这个关键阶段的起点。俗话说："好的开始是成功的一半。"能否顺利地完成中小衔接，让学生尽快地适应初中生活，我觉得班主任的作用特别重要。中小衔接的关键是良好行为习惯的养成。培根说过："习惯是一种顽强而巨大的力量，它可以主宰人的一生。"有一个现象叫"飞轮效应"。为了使静止的飞轮转动起来，一开始我们必须花很大的力气，一圈一圈反复地推，每转一圈都很费力，但是每一圈的努力都不会白费，飞轮会转动得越来越快。达到某一临界点后，就无须再费很大的力气，飞轮依旧会不停地快速转动。学生的学习习惯也是一样，学习不是玩乐，开始可能会很累，但只要坚持不懈，就会逐渐养成稳定良好的学习习惯。良好的学习习惯，有利于激发学生学习的积极性和主动性；有利于学生形成学习策略，提高学习效率；有利于培养自主学习能力；有利于培养学生的创新精神和创造能力，进而使学生终身受益。

刚接手初一（6）班时，我发现很多学生没有养成良好的学习习惯。基于此，我对学生进行了问卷调查，内容主要包括：学习计划、课前预习、课前准备、课堂学习、课后复习等几方面。通过调查分析发现：在进入初中后，大部分学生不会制订学习计划，很少预习或从不预习，不做上课准备，上课不会听讲，极少做笔记或从不记笔记，当天没复习，考试之前也不复习，一部分学生有时不完成作业或经常不完成作业，作业错误不订正。

为此，我制订了培养学生良好的学习习惯的计划书，主要从四方面入手：认真学习，主动学习，讲求实效，创新实践。

同时，我还让学生针对自身情况从两方面进行自我分析：一、我已具备的好的学习习惯；二、我的问题和不足。让学生在了解自我的基础上，根据自己的问题和不足制订"我要养成主动学习的好习惯"行动计划书。习惯的养成至少需要21天，所以我们用一个月的时间培养一个好的学习习惯。

一、培养认真学习的好习惯

（一）抓学生课前准备的习惯

做好课前准备是学生上好课的基本前提，它有利于稳定学生的学习情绪，保证上课的质量。根据学校一日行为规范，课前两分钟预备应该做到：预备铃声一响，必须准备好上课的教科书、笔记本以及文具、工具书等，并置于课桌的左上角；不允许离开座位、说话和干其他的事，静候老师的到来。在此基础上，我还要求学生在静候的过程中，双臂放在桌面上，抬头挺胸，端正地坐着。并让学生明白，这是体现学生及整个班级精神面貌的一个小窗口。两分钟预备，我力求做到节节课到位，及时提醒学生应该注意的地方，指出他们的不足。学生基本养成了良好的课前准备习惯后，就由值勤班长督促检查。

（二）抓上课听讲和记笔记习惯的养成

课上，我对上课提出了统一的要求，要做到"五到"即心到、耳到、眼到、手到、口到。并强调认真听讲、积极思考、踊跃回答问题、勤于做笔记等对提高课堂效率的重要性。在开学之初，我指导学生如何做好笔记，如何做到听讲和记笔记很好的统一，避免只听不记或只记不听的情况出现。每周都开展笔记评比活动，在班上展示那些全面、工整、美观的笔记。经过一个月的坚持，学生都能做到主动记笔记，并学会了如何抓住老师讲的重点，记好笔记。

（三）抓作业习惯的养成

初中的作业量比小学多，我要求学生养成每天放学前记作业的习惯。具体做法是每人准备一个本，这个本被我们称为"家庭联系本"。在本的第一页需要学生写上自己的座右铭，以此激励自己持之以恒。第二页写好学校的作息时间表和本班的课程表，从第三页开始记上每天的作业及老师的要求。在家完成好作业后，学生和家长按联系本上的记录逐一核对，每核对一项在留空处划一标记，如果所有作业都没有问题，家长在下边签字。这种做法有效防止了学生不做作业和落作业的现象。开学初，我每天都要检查学生的联系本并签好字。后来，这个本不仅发挥了记作业的作用，更成了老师和家长沟通的桥梁。学生在学校的种种表现我都写在联系本上，让家长及时了解孩子在学校的情况。家长也主动地在联系本上反映孩子在家的表现，写自己对孩子的要求和期望，写对老师的感激等。每天早上我们改收作业为交作业，学生在头天晚上就要把各科要交的作业整理好，分别放在不同学科的整理袋中，放在书包的最上面。一到教室就把作业交给各小组长处，来一个交一个，这样有效避免了补作业和抄作业的现象。

二、培养主动学习的好习惯

（一）自觉制订具体的学习计划，并认真执行

如果没有目标、缺乏计划，孩子就会失去努力的方向和动力，成绩自然难以提高。要想获得成功，必须有清晰而明确的目标。能够激发孩子为之付出努力的学习目标一般具备如下特点：明确性（例如，我要努力学习，不如改为每天数学做三道课外题），具体性（例如，我要学好英语，不如改成每天记十个单词），合理性，有适度挑战性，在相对短的时间内可以实现。这些需要老师和孩子一起分析孩子的学习现状和面临的问题，从而确定自己的学习目标。许多目标看起来难以实现，可以把它们分成若干可以实现的小目标，然后集中精力想办法逐一实现，当小目标全部实现后，大目标也就实现了。拥有目标后，孩子们要做的就是制订计划并按照计划学习，制订学习计划的好处在于可以帮助孩子克服惰性和倦怠，尤其与自我奖励制度相结合更加有效。这样不仅可以确保孩子不会浪费时间，还能让孩子有时间参加自己喜欢的休闲娱乐活动。制订学习计划的好处主要体现在，使孩子了解自己的学习进度，可以增加学生做事的实效性，每天都有成就感。在安排学习计划时，重要的事要先做，这样才更有效率。例如一个简单的阅读计划：一本书共40章，计划8天读完，那么每天需要读5章，而且要明确每天阅读的时间段。制订好计划之后让孩子逐渐养成严格按照计划进行学习的习惯。

（二）抓预习和复习，及时纠错、总结归纳习惯的养成

从开学到现在，我特别强调预习和复习的重要性。只有充分的预习，才

能提高课堂的效率，只有及时的复习才能巩固知识，领悟到新的知识。我提出的口号是：做完笔头作业并没有真正完成作业，只有做完了预习和复习才算最终完成了作业。并要求学生预习的时候一定要查阅工具书，做好预习笔记；复习时一定要看书、看笔记、看作业。作业本一发下，我要求学生养成看老师评价，有错必纠的习惯。错题只要改对了，老师就会在原分值的基础上划一个对勾。这样，学生每次的作业如何、改错情况如何，学生和老师都一目了然。学生也自然而然养成了作业改错的习惯。对知识进行归纳整理，将分散的知识联系起来，融会贯通，经过反思悟出紧要的东西，概括出知识的要点。课后复习可分四步进行：尝试回忆，钻研教材，整理笔记，有效回忆。分散复习和循环复习相结合。

（三）虚心好问，学习遇到困难主动请教老师和同学的习惯

学习遇到困难主动请教老师和同学，养成虚心好问的好习惯。通过问题，老师也可以了解学生认知水平的发展，提供更合适的教育。老师如果对学生的问题心不在焉或不耐烦，他们就会减少动脑子提问题的热情，渐渐放弃自己的想法。高明的老师"宁给学生一架梯子，不给学生一个果子"，他们面对学生的提问，往往不是简单地告诉答案，而是关切地友好地向学生提出反问，引导学生不断思考，不断探索问题的答案。

（四）关于课外阅读的习惯

课外阅读对于开阔学生视野、丰富知识、提高阅读与表达能力具有重要的作用。为此，我们必须加强课外阅读的指导，培养阅读兴趣，向学生推荐好书；校内外结合，创造良好阅读条件，开设阅读指导课，激发阅读兴趣，引导正确的阅读习惯，开展读书活动，指导学生做好阅读笔记，并开展课外阅读竞赛评比活动。

三、讲求实效的习惯培养

合理安排学习时间，专时专用。学习时精神专注，不做与学习无关的事情。法国生物学家乔治·居维叶说："天才，首先是注意力。"专注使人强大。注意力是孩子进行学习获取知识的重要条件。学习的成败，不仅依赖于

个人的聪明才智，更依赖于他的注意品质。善于集中注意力的人，等于打开了智慧的大门，让知识源源不断地进来，反之，就是拒绝各种知识于大门之外。对于不能集中注意力的孩子，老师要和孩子一起分析哪些因素导致学习时不能专心，对症下药。老师起初不能把标准定太高，不能硬性，应该逐步减少不良习惯出现的次数，最终使之不再出现。这需要一个过程。即使孩子有毛病，老师也不能总把这件事情挂在嘴边，习惯性地抱怨，这样做容易给孩子不良的暗示。

四、创新实践的习惯培养

（一）勤于思考，积极参与课堂讨论

积极的心态可以带动很多的东西，精神状态不一样，学习的效率就不一样。一旦有了推动力，学生就会有明显的紧迫感、危机意识，就会很有欲望去学习那些知识和技能，随之会很渴望得到别人的肯定，会在过程中获得成就感。学生勤于思考，积极参与课堂讨论，就会使他们的努力方向始终清晰，进而会很享受这样一种过程。

（二）独立思考，敢于质疑问难、陈述己见

养成质疑提问的习惯，远比回答问题更重要，是培养创新型人才的最佳开端。质疑提问是主动的思维，养成了质疑提问的习惯，孩子的成长学习过程会成为乐趣无穷的探索之旅，孩子的视野得以扩展，知识得以积累，思维更加灵活，心灵日益丰富。学生学习过程中必然会产生各种不同的疑点或难点，而这些疑点和难点往往就是我们教学的关键。学生大多存在胆怯心理，往往有了疑难问题不愿提、不敢提，更多的学生由于思维能力的局限对疑难问题并未意识到。因此，在教学过程中，要十分注意教学信息的反馈，注意发现和把握学生的疑点和难点，并及时鼓励学生主动质疑提问，组织引导学生讨论解决这些疑难提问。对主动质疑提问的学生要给予充分的肯定。对独立解决疑难问题的学生更要大力表扬，调动他们质疑提问的积极性，引发他们解决疑难问题的创造性，这也是培养学生严谨的求学态度的开端。鼓励学生自主探究知识，善于发现和解决问题。

学生在良好学习习惯的培养过程中应做好记录，小组、家长、班主任进行评价。通过抓学习习惯的养成，我作为班主任，给学生们提供了一个良好习惯养成的环境氛围。在这个氛围中，学生不仅养成了良好的学习习惯，而且掌握了一定的学习方法。

学生学习习惯养成后，不仅学习成绩提高很快，能力也得到提高。抓学习习惯培养，促进了学生的全面发展，也促进了班风、班貌的建设。

参考文献

[1]田慧生.时代呼唤教育智慧及智慧型教师[J].教育研究，2005，（2）：50-27.

[2]潘伟明.中小学衔接工作初探西湖教育研究[J].浙江教学研究.2007，（6）：41-42.

[3]薛月秋.如何培养初中学生良好的学习习惯[J].吉林教育.2012，（8）：75.

关于中小学文言文教学衔接的实践和思考

——教学第十三册语文教材文言文单元案例分析

马丽明

文言文是古代中华民族历史、思想、文化的载体，是我们民族文化之根，它承载着厚重的文化内涵和智慧结晶。文言文的学习，可以促使学生加深对中华民族优秀传统文化的了解，充实其文化底蕴，提升其文化品位，形成正确的价值观，并吸收语言精华，提高书面语表达能力，因此文言文在语文课程中的地位是坚不可摧的。然而文言文的教学现状却令人担忧。

就从2020年9月入学初一新生的情况来看，这些从小学刚升入初中的学生，似乎从来没有接触过文言文，连一些最简单的至今还有生命力的文言实词他们都难以理解，文言文的教学困难重重。主要原因在于：中小学文言文教学出现了较为严重的脱节现象，未能很好地衔接起来，严重影响了文言文的教学质量。

一、脱节现象的具体表现

（一）学生学习文言文的态度、方法

就文言文本身而言，时空跨越较大，小学生感觉很难读顺、读懂。另外，由于小学考试内容基本不涉及对文言文的考察，学生还没有真正进入文言文的学习状态，没有形成一定的学习方法，成绩好的孩子只知埋头完成老师布置的任务，进行机械记忆；成绩差的孩子的情况更是不言而喻了。在上学期文言文起始课上，就文言文学习现状，我在所执教的教学班上（共34人）进行了一次简单的问卷调查：

（1）你喜欢文言文吗？　A.喜欢　B.无所谓　C.不喜欢（　　　　）

（2）你觉得文言文学习……　A.简单　B.一般　C.艰难（　　　　）

（3）你学习文言文的障碍主要是什么？

（4）你通常采用什么方法排除障碍？

调查反馈意见如下：

（1）你喜欢文言文吗？	喜欢	无所谓	不喜欢
	16%	4%	80%
（2）你觉得文言文学习……	简单	一般	很难
	10%	36%	54%
（3）你学习文言文的障碍主要是	翻译语句	内容理解	听不懂
	90%	8%	2%
（4）你通常采用什么方法排除障碍？	背诵	查工具书	请教他人
	96%	2%	2%

（二）教材内容、教学要求、考查内容

随着小学到初中的阶段性跨越，学习内容增多，学习的强度、难度也加大。以北京出版社出版的北京市义务教育课程改革实验教材九、十册为例，一个学期只有两篇，而从课后题看，也并不重视对文言语句的翻译，没有专门考查学生翻译能力的题目。而进入初中后，第十三册课本上的文言文增加到4篇，外加课外补充的，不下10篇，不仅篇目增多，篇幅也加长，难度加大。比如《先秦诸子论学八则》和《扁鹊见蔡桓公》这两篇课文，虽然耳熟能详，但对于文言文接触不多的初一学生来说，难以理解，尤其是前者没有故事情节，缺乏语言环境，内容更显枯燥。还有教学要求上的变化也是相当明显的：新课标（实验稿）第三学段（5-6年级）阶段目标"阅读部分"并没有涉及文言文。小学阶段老师只要求读读背背默默，外加个别几个非常简单的文言实词的理解。期末试卷中只涉及背诵片段。初中阶段，除了背诵课文，还需要掌握常见实词虚词的理解、句意的理解，能借助注释和工具书理解文言文内容，以及相关的作家、作品、文学常识等。中考更占六十分中的十分，近两年还逐步增加对课外文言文的考查，分值也相应有所增加。总之，教材、教学内容、考查内容上的巨大变化，使学生难以招架，对本来就对文言文没什么好感的学生来说，无疑是雪上加霜。

（三）教师的教法

小学是文言文的起步阶段，老师指导搀扶过多，学生自我实践较少。而到了中学，上课内容增多，难度加大，老师上课的速度加快，反复的次数减少，对课文分析的深入，学生一下子适应不了，笔记的速度、思维的灵敏度，都跟不上老师的授课节奏，由此造成学生学习的障碍。

二、基于以上调查和分析，初一上学期所做的尝试

为帮助初一新生顺利地完成中小学文言文学习的过渡，指导他们养成良好的学习习惯，掌握有效的学习方法，从而提高学习效果，发展他们的语文素养，我在初一上学期做了以下尝试：

（一）对中小学文言文教学的不同要求

课程标准是我们的教学依据，课程标准虽然没有给中小学的衔接教学提出指导性意见，但从对每一个阶段的课程要求中，我们能分辨出衔接的关键。课程标准（实验稿）中，对4~6年级的文言文阅读只要求背诵古诗文。也就是说，小学阶段对文言文将不做要求。7~9年级在教学中要求：①能借助注释、工具书和有关资料，大体理解浅易的古诗文的内容，了解文言诗文涉及的作家、作品及相关的文学知识；②能理解古诗文中词句的含义，积累一定量的文言实词；能了解常见的文言虚词的意义或作用；积累一定量的文言句子，能结合语境理解常见文言句式的意思；③能欣赏优秀的古诗词的意境，清楚地表达自己的阅读感受；④能背诵一定量的文言诗文。

由此可见，文言文的衔接包含着从阅读一定量的文言短文到不仅要阅读还要积累文言实词的过渡；从了解文言文大致内容到了解文言诗文涉及的作家、作品及相关的文学知识的过渡；从单纯的阅读到表达感受的过渡；从教师的讲解灌输到学生自查工具书自学实践的过渡。教师只有对这种过渡和衔接的要求了然于胸，才能进行有针对性的教学，也就不会一味抱怨学生上完小学连最基本的文言实词的意思都不知道了。

（二）设法唤醒学生的学习兴趣、学习热情

用事例进行深入浅出的说理，启发引导学生树立传承文学遗产的责任

感，激发对祖国语文的热爱。比如用都德的《最后一课》的小故事来告诉学生法国这个民族是何等重视自己的民族语言，国家是可能被侵占的，但语言绝不能被占领。举唐代贾岛反复"推敲"诗句的例子来印证杜甫所言"语不惊人死不休"的事实，让学生真切感受到自己所拥有的是何等的珍贵。

用同龄人的感受来鼓励学生。文言文起始课上，我特意请喜欢文言文的学生畅谈他们对文言文的感受。在发言中他们谈到文言文的文字凝练优美，有些和我们现代文是息息相通的，还能丰富自己的语言表达。

适当调整教学进程，降低学生学习台阶，消除他们对文言文的惧怕。考虑到《论语十则》对初一新生来讲内容不易理解，并且缺少情节，我决定先讲《精卫填海》《鲧禹治水》等，它们词汇量少，又有故事情节，学生易于掌握，自然有利于帮助学生树立学习的信心，从而激发其学习兴趣。

（三）培养学生良好的文言文学习习惯和学习方法

建立在强烈的学习愿望和兴趣上的学习习惯的培养，是中小学文言文衔接教学的关键性环节。小学里，由于刚刚接触文言文，教师讲得多，到了中学，则要慢慢地过渡到自己学。教师不仅要让学生学会，更要让学生会学。针对初一新生的学情调查，我将培养习惯的重点放在了翻译和积累语句上。

◆指导学生使用工具书扫除文字障碍。我要求每个同学准备一本古汉语词典，教会他们查找的方法，选择义项的方法，养成在阅读中尽可能地自己扫除文字障碍的习惯。

◆教学中重视朗读，并告诉学生学好文言文的最佳方法就是反复朗读。要养成课堂上默读、大声朗读，养成语文课前两分钟预备铃读背文言古诗文的习惯，指导学生有感情朗读，在朗读过程中实现和古代圣贤的"心灵对话"。

◆自编一套浅显的古文翻译十六字原则——"从前向后，逐字翻译，保持顺畅，不变原意"，指导学生按此原则翻译文言语句。

◆教给学生根据记忆规律有效背诵，抵制遗忘，养成积累名言佳句的习惯。

◆规范学生笔记格式。不让学生在笔记本上记大段的译文，那样耗时耗力还没有效果。只要求学生在书上原文中记下重点词句的翻译。

◆培养学生及时总结文言特殊语言现象的习惯。学生在学完一篇文章之后，就在笔记本上总结出本文的文言特殊语言现象。总结分词、句两方面，内容分通假字、多义词、词类活用、古今异义、判断句、省略句、倒装句等。

对教师而言，不只是授业解惑，而且要教给学生开锁的钥匙，让他们自己去打开紧锁的大门。而学习习惯和方法就是把钥匙，它能使学生受益终身。文言文学习习惯的养成，是打好文言学习基础、学好文言文的保证。

（四）根据实际情况，采取灵活多样的教学方式

要引导好学生，首先要了解学生。他们刚从小学升入中学，正处于身体的迅速生长阶段，好动，注意力不集中，好表现自己，喜欢变化，喜欢新鲜的事物。同时，小学时和老师接触较多，和老师比较亲近；而进入中学后，学习内容的增多、难度的加大，使他们产生了畏惧感，再加上和老师的接触时间减少，关系开始渐渐疏远，他们感到失落，进而对学习缺乏热情。针对学生的这些特点，教师在教法上相应地要有所变化。

第一，以朗读为主要教学形式，提高学生的学习效果。六年级学生刚刚从小学上来，以往文言文的学习要求是读读背背，没有过细的字词讲析与记忆，所以如果初中课堂一味地字词串讲，形式化的分析鉴赏，只会招致学生的反感，适得其反，所以，教师可以延续过去读读背背的状态。程序是：先范读，纠正每一处读音，明确语句停顿的位置；然后，学生跟读，熟读成诵。为提高效果，我还采用开古诗文朗诵会的形式展开教学。学生选取的材料课内外不限，一篇古诗、一篇古文。先在小组内比赛，小组选拔优秀的在全班进行决赛。每组再派一名不参赛的同学做评委，从"台风、声音、节奏、感情"四个方面为参赛选手打分。请其他同学作为观众，除认真欣赏之外，还要监督评委，并记下每一位参赛同学朗诵的优点，在赛后进行集体交流。活动中每名学生都有自己的角色，通过参与来调动学生的学习积极性。

第二，在讲内容枯燥、没有故事情节的文章时，设法创设语境、情境帮助学生理解文章。

《先秦诸子论学八则》就是这样一篇文章。以讲解"心之官则思，思则得之，不思则不得也"为例，在扫除文字障碍之后，我将原文中此句之前的

语句演示给学生"耳目之官不思，而蔽于物，……"引导学生结合上文来理解用心对听说读写（学习做事）的重要性。

第三，教学形式上注重同学之间的交流，带动成绩差的学生。热爱古典文学的学生向其他同学展示自己所阅读的古典文学作品，并要向大家进行介绍。我曾利用课上时间请班里的三名同学在班中做这样的展示。他们向大家展示的内容丰富，有《资治通鉴》这样的大部头图书，有《离骚》这样的精品，也有一副副精妙的对联。这些学生在讲解中那种陶醉于古典文学优美意境的情形深深地感染着周围同学，调动了学生学习的积极性。

第四，进行一些课本剧的表演。比如《两小儿辩日》这篇课文，内容较浅显，而两小儿对自然现象积极探索、天真大胆的形象深深打动着学生。于是我指导学生自编自演了课本剧。还是以小组为单位进行表演，学生全员参与。通过课本剧的演出，学生既学习了文章中人物的优秀品质，也减弱了对文言文的畏惧心理。

以上这些教学手段的应用要根据教材、根据学生、根据教学环境，适时地灵活地选用。经过一个学期的尝试，就学生和我个人的感觉而言还是很有效果的，下面的一组数据，从客观上更能说明问题。

所执教的班级在第一学期9月月考和期末文言文测试情况（得分率）比较：

项目班级	默写	加点字解释	句子翻译	内容理解
实验班	（月考）84%	50%	56%	52%
	（期末）100%	98%	98%	97%

从上面这组数据可看出，学生通过一学期的培养，进步的幅度还是比较大的，所以我个人认为上述的一些教学措施还是切实可行的。

综上所述，中小学文言文的衔接教学要本着以人为本的教学理念，教师要多为学生着想，依循学生的生理心理特点，采取灵活多样的教学方式，使枯燥的文言变得灵动，使呆板的文言课堂活跃起来。用我们精彩的课堂教学引发学生对文言文的热爱，用我们精彩的课堂教学来弘扬中华的文化。

作业习惯养成记

王 新

刚接手初一（3）班，在开学第一周就爆发了作业危机。每次收作业时班级里总是乱哄哄的，有没写作业的，有作业缺项漏项的，有忘带作业的，有找不着作业的，只听课代表的催促声一浪高过一浪，甚至拖沓到早自习，作业还是没收完。主任还批评了我班收作业时吵闹的现象，各科老师也都前来声讨，"3班作业怎么还不抱来？""唉，3班作业怎么老是收不齐？""××怎么交空本？"……

作为班主任的我，真可谓是一个头两个大！刚升入初中，如果学生没有良好的收交作业习惯会严重影响学习的适应节奏，后患无穷！抓好同学们的作业习惯是当务之急，也是促进中小衔接的突破口。

第一天，化整为零

我先将班级分为五个小组，由班干部带头任组长，负责收本小组的作业再给课代表。早晨七点，我站在讲台前盯着收作业。五个组长挨个收，有的一时找不着作业本，组长急着提醒，有的没写完，磨磨蹭蹭不肯交。我看了看表，二十分钟，没有收齐。

我及时讲评调整："今天，五个组长是第一次收作业，很负责。可是仍有说话现象，我期待同学们明天有所改进！"下午我悄悄给五个组长开了圆桌会议：收作业时无论遇到什么困难不许讲话，入班即静。

第二天，初露锋芒

早七点，安静多了，只见五个组长迅速起立收作业。收数学作业时，组长就举着数学本在组员眼前晃一晃，学生便心领神会递上。有没及时准备出的，组长就先收后面同学的再返回来收他的。但后来仍有没完成作业的耽误时间，或迟迟找不出作业而引来窃窃私语。我不动声色在讲台前观察，十五分钟完毕。

教师反馈要趁热打铁才能促进习惯养成。我立即提出表扬："今天我们共同努力下节省了五分钟，且安静多了，有进步！但我观察，收作业慢是因为部分同学没完成作业。今天每位同学准备一个记作业小本，晚放学前将作业分项记清。晚上回家写作业时，每写完一项就在记作业本上勾掉一项，这样就不会漏项了。然后准备一个文件袋专门放第二天早上要收的作业，将作业放袋里。我想充分的准备，是第二天收作业提速的保障。同学们，看你们的了！"

第三天，效率大增

早七点，我一声令下："打开作业。"学生迅速从书包中拿出作业袋，将三科作业打开放在桌面上。组长收作业得心应手，只是需要从中找出想收的那一科，但也较快。同学们作业完成质量高，一本一本收得很顺利，无须多话。结果只有两人数学作业缺项，美中不足。

习惯的养成，一定的规矩是关键。作业不做何时补呢？新的一天，新的学习，新的作业，势必有新的错误需要订正，有新的漏洞需要补上。

我顺势提出新希望："明天我们装作业袋时按照语数英三科的顺序，组长也按这个顺序收，就会更快。希望每一位同学都高标准完成作业，不拖后腿，明天比比哪组快！"

事后，我又利用家长微信群，取得家长支持：每晚对照"记作业小本"检查孩子作业是否完成，督促孩子按科目整理好作业。这又为"帮助学生养成完成作业习惯，尽快适应初中生活"取得了一大保障。

第四天，焕然一新

七点整，五个组长按语数英的顺序收作业，几乎不用看，按摆放的顺序直接拿即可。全班都完成了作业，鸦雀无声，八分钟收毕，课代表已抱着作业本奔向老师办公室。

我顺势提出新希望：交作业时每个同学都看着组长收，等着自己的作业被收走，时间白白溜走了。明早要求：到校第一件事，先把作业放在桌子左上角，然后专心看书温习知识。不要左顾右盼，收作业与你无关。

第五天，精益求精

教室内，同学们静静地低头看着书，小组长迅速收着作业，各做各事，互不扰乱。五分钟收完，课代表像得胜的将军般送作业去了。因为有科任老师反映个别同学作业虽交，但数量不够。因此，我想作业习惯还需完善，精益求精。我讲评："今天，同学们表现非常精彩，快静齐！希望组长收时能查一下作业数量、是否按要求写的，再收。把不合格或未交者姓名列在一张即时贴上，交本时顺便交给课代表，以备向老师反馈。老师期待你们能做到独立收交作业，无论我在不在教室里。那时，你们将是我的骄傲！"

第六天，令人刮目

怀着忐忑的心情迎来了周一，因为每次批改双休日的作业，教师都小有郁闷。每周一都有想对作业漏做的、敷衍了事的孩子有所惩罚的冲动。不同以往，没有命令，学生一进班就先从书包里拿出作业袋，把作业放在桌面上，便低头看自己的书。我抽查了几份，都是按照语数英的顺序摆放的。七点整，五个组长不约而同起立开始收作业。唰唰唰，语文齐；唰唰唰，数学齐；英语遇到小插曲，第三组的董子贵差一项没写完。组长扯个即时贴，写上未交者的名字，给了课代表。

课间时，我观察到第三组组长单独找了董子贵，似乎是嘱咐他作业的事。小伙伴间的交流总是悄悄的，却也是最有效的。我看到董子贵重重地点了点头。

第七天，完美收官

清晨，阳光清亮亮地泼洒进窗棂，给教室镀上了一抹柔和的金黄。一切井井有条地进行着。无须督促，同学们安静地读书，组长训练有素地收着作业，五分钟，课代表已抱着作业本奔向办公室。我再不用虎目圆睁、忐忑不安，而是静静地享受着这一切，会心地笑了。至此，班级收交作业习惯养成！

"播下一个行动，收获一种习惯；播下一种习惯，收获一种性格；播下一种性格，收获一种命运。"培养习惯，就像走路一样，久而久之，一条小路便踩出来了，习惯也就养成了。著名教育家叶圣陶先生说："教育是什么，往简单方面说，只有一句话，就是养成良好的习惯……"

探究中小学音乐课五线谱教学衔接问题

张　鑫

2010年教育部开始实施《国家中长期教育改革和发展规划纲要（2010—2020年）》，开始了我国新一轮教育与课程改革，该规划纲要旨在21世纪构建起符合数字教育要求的基础教育课程体系。为了更好地落实规划纲要，北京市中小学全面采用新版音乐教材，以符合纲要要求。然而，在实际教学中我们发现改革初期面临的中小学衔接问题亟待解决。

一、中小学音乐教学衔接面临的问题

通过这一学期执教初一年级的音乐课，笔者在课堂教学中发现很多问题，这对现阶段的音乐课堂教学质量产生了极大的影响，有些问题如果不能及时解决，那么音乐课堂时效性也就无从谈起，学生在课堂上也就不能很好地学习知识技能，进而导致学生对音乐学习丧失兴趣。

（一）中小学音乐教材的区别

通过调查以及和学生交流，这一批学生在小学的音乐课堂学习中，教材普遍采用的是简谱记谱，其中夹杂着少量的五线谱记谱作品。还有一小部分学生在小学音乐课上使用的教材和现阶段初中的新教材能够接轨，其中的所有作品都是采用五线谱记谱。这种差异为我们的中小学教学衔接造成巨大的影响。

记谱方式作为音乐这一学科的基本学习工具，就如同字母之于英语，文字之于语文，数字之于数学。它是学习音乐所必须掌握的基本知识，也是音乐的语言。在我国的音乐教学中，最初一直采用的是专业知识要求较低的简谱教学，这种记谱方式的特点是简洁、直观，学生通过一段时间的学习以后就能快速识读乐谱。但是，这种记谱方式不能体现作品旋律线的起伏，所有音符都采用数字去表示，音高体现得不明显，旋律在谱面上看起来像是一条直线。那么，学生在演唱时如果没有较好的音高概念，不利于培养学生对旋律线的表现以及对音高的认识。相比之下，五线谱教学的优势在于每个音符都有其特定的表示位置，记录的作品从谱面上能够清晰地看到旋律线的起伏和发展走向。这样学生在学习作品时候就会有意识地去表现作品音高和旋律的起伏。

（二）学生对五线谱的认知水平

这一批学生对五线谱的认识与运用水平大致分为三种：第一，在小学音乐课堂学习中完全没有接触的；第二，小学音乐教材中接触过五线谱，能够缓慢识读并且错误较多；第三，利用课外时间学习西洋乐器的同学，能够做到快速、准确识读，但是人数较少。因此笔者主要论述的内容针对的是前两种学生。

（三）教材变化对学生的影响

本学期教学所采用的是新版音乐教材，作品全部采用五线谱记谱，学生由原来的简谱教材转变为现在的五线谱教材，这不仅仅牵涉到识读习惯，这种转变要求学生改变原有的识谱方式，对音乐课堂教学的效果和效率都会产生很大的影响。

通过六年小学音乐课堂的学习，学生都能够熟练运用简谱去识读作品，例如我们给学生一个旋律：5 3 5 | 3 5 5 3 3 5 5 | 3 1 - ‖ 当学生看到这段旋律的时候会很自然地唱出：

sol mi sol mi sol sol mi mi sol sol mi do

这是在小学长时间训练、巩固的结果。但是，现在我们将同样的旋律变成：

这时，多数学生都会出现迷茫的表情。这就是教材改变以后学生要面临的最大问题，对于五线谱的了解很少并且无法运用。更严重的问题在于，当教学中采用五线谱以后学生连原本熟悉的音阶排列顺序都会出现混乱。

二、教学中遇到的问题

在本学期的教学中，笔者所面对的问题很多，例如：学生不具备识谱能力、音准很差、节奏感不稳定、基本技能差。在这里我们主要选择了学生的识谱能力进行研究。

前文已有说明，初一年级的多数学生识谱能力很弱，不能做到快速准确地识读作品，主要体现在几个方面：

（一）学生不了解五线谱是如何去记录乐谱的

在教学中笔者发现，很多学生不知道五线谱上每一个音符传递的信息，也不清楚音符在五线谱上的排列规律，相较简谱的1234567这种简洁的记谱方式，学生在五线谱上所要面对的情况会复杂一些。在简谱中遇到高音或低音的时候也只是在数字上边或下边加一个点来表示，但是，五线谱中每一个音符都有自己特定的位置或符号，它们是不重复的。这时学生原有的知识储备不够，学生会迷茫混乱。

（二）搞不清楚线间与音符的关系

在五线谱上，每一个音符都是通过在谱表上特定的位置去表现音高的，这是通过线和间的相互配合去实现的。在学生学习过程中，在一个音组中的音符通过简单教授学生都可以掌握，当音符出现在别的音组时学生会感觉混乱，他们不能理解为什么同样一个唱名的音符却出现在不同的位置上。

三、尝试解决问题的方式——循序渐进讲授相关知识。

面对这些运用简谱已经熟练的学生，笔者认为不应完全否定他们所学的知识，应让他们由简谱逐步过渡到五线谱，并且不宜贪功冒进，每一节课应重质不重量。我们现在是对学生六年所养成的学习习惯、学习方式发出挑战，这就好比是一次大规模的文物修缮，全面推倒不利于我们的教学，因此我们只能在原有的基础上进行修整、弥补。联系学生所学内容，归纳所要学习的新知识特点，让学生做到以旧换新。这样学生在课堂上所要面对的学习困惑要减少很多。

我们首先需要教授学生五线谱上的线与间的名称。五线谱的五条线是从下往上数的，分别是：第一线、第二线、第三线、第四线、第五线。从下往上依次出现的间是第一间、第二间、第三间、第四间。教师需要强调五线谱上的每一个位置都是代表一个音符。

图例1：

通过这个图标，学生能够对五线谱的位置、名称有一个初步的认识，但这些只是五线谱中的一部分。本着求质不求量的思路，我们最开始只是希望学生能够清晰分辨线与间的位置、名称即可。

当学生能够准确分辨这些位置的时候我们就可以进行下一步了。例如：我们可以利用五线谱的特点——每个音都有特定的位置及符号，去传授学生一部分内容。为避免学生迷惑，笔者认为单纯地从线上音或者间上音开始，二者选其一进行教学。

图例2：

Do通过这个谱例，我们可以看到五个音符分别出现在五条线上，并且第一个音符下边标注上"Do"，这是我们在学习中的主要辅助工具"字母谱"它能够清楚地告诉我们这个旋律第一个音符的唱名。接下来，我们需要运用前边学习的五线谱结构的相关知识，第一线上的音符唱"Do"，展示音阶的阶梯图。

图例3:

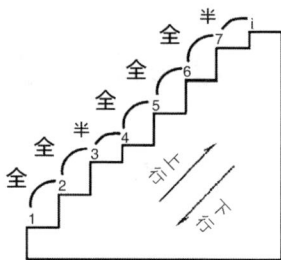

这时同学很容易发现"do"上边的一个音是"re",对照图例2学生发现,"re"所在的第一间上没有音符,只能继续向上去数,在第二线上出现的音符通过比对学生能够知道它唱"mi",通过这种方式把五条线上的音全部找出来。总结规律线上所有音在音阶中都是跳过一个音的。巩固练习,将图例2中的字母谱不断地去改变唱名,让学生自己去对照图例识读,直到能够熟练运用。

通过这种方式逐步地增加难度,让学生做到由简到繁、由易至难,这样能够保证学生的学习兴趣并且重质不重量,也会让我们的课堂做到真正的高效率、高质量。

在下面的学习中,笔者会增加学生对五线谱的识读训练,希望能够平稳高效地让学生由简谱识读过渡到五线谱识读。在这个过程中还有相关的其他问题需在后续的学习中解决。

培养语文学习习惯　促中小衔接

尹春录

一、案例背景

由小学到初一，虽然学生的年龄差距不大，但语文教学中的教学内容、教学目标、学习评价、知识建构、能力发展却有显著的差别，再加上学生开始进入青春期，初一学生的心理也发生了剧烈的变化，这时，做好中小衔接工作就显得尤为重要。本人从培养学生良好的语文学习习惯入手，使其不仅学会，还要会学，从而较快适应中学的学习生活，实现中小学的无痕对接，大大提高了学习效率。

二、案例描述

情景一：多年的工作经验使我对新生入学后的情况格外关注，特别是从小学到初中的过渡。我关注的第一点就是学生读书的能力。初一新生刚入学时，读书很有特点，集体朗诵一篇很短的文章往往需要很长时间，他们从不根据意思一句一句来读，而是一个字一个字地读，自己默读时速度也很慢，往往会影响正常的授课。针对这种情况，开始改变朗读的方法，既要有感情，还要有速度。根据初中速读的要求，我要求初一学生一分钟要默读500字左右，根据学生现阶段的特点，喜欢有趣的内容，我就选择了很多课外有趣的小故事为材料，开展讲故事比赛，要求学生在规定的时间内读完一则故事，并能够将故事比较完整地复述下来，通过比赛，学生读书的速度提高了，口语表达能力也有了明显的进步。还有就是古诗词的积累，不停留在朗诵古诗词上，重在规定时间赏析。让学生回去查阅各种资料，做好准备，然后在课堂上利用三分钟左右的时间，讲解或朗读赏析内容。通过多次训练，学生朗诵课文的水平有了很大的进步，对于语文学科也越发喜爱。语文习惯的培养初步形成，两个月之后，学生能在课上顺畅地朗诵课文，改变了小学的语速过慢的习惯，能够在规定时间内完成。

情景二：开学初，根据初一学生的特点，我制订了培养学生语文习惯行动计划书，让学生了解学习语文都需要有哪些良好的习惯。其中，重点培养主动学习的习惯。例如，课外时间多读书，读书时勤做笔记，主动去探究。为了培养这方面的习惯，我从写作训练入手。先从我们身边开始，让学生知道运河是我们通州的标志，具有悠久的文化和历史。这个材料贴近初一学生的生活，因此，我试着让初一学生写了一篇题为《运河——我的母亲》的文章，我认为，初一新生知识面窄，如果不主动学习的话，这个题目肯定写不好。没想到拿到题目后，很多同学在一起共同思考，并借阅了许多资料，交上来的许多文章内容真实、结构合理，完全超乎我的想象。为了让学生更多地了解通州的过去，我还让学生写了一篇题为《通州这二十年》的文章，原本认为这个题目比上一篇更难写，光查资料会千篇一律。没想到学生通过向长辈了解、积极查阅资料等途径，也很成功地完成了此次作文。由此可见，初一新生的潜力是无穷的，他们的年龄特点、心理特点比起小学阶段已经有了很大进步。主动学习的习惯必须从调动学习兴趣开始，关键是作为教师的我们如何去引导。

情景三：由于很多学生刚入学，胆子比较小，上课发言不是很踊跃。还因为随着年龄的增长，他们开始关注自己的形象，有了"如果说错了，在同学面前多没面子"的顾虑，上课主动举手发言的学生较小学有了明显减少。这样，老师就不能充分了解学生的知识掌握情况，影响了课堂效率的提高。于是，我利用已有课本资料，给了学生一周的时间去准备，在班级开展了一次课本剧表演大赛，为的是培养学生课堂上敢于发言的行为习惯。此外，我还结合本学期《背影》《白雪公主》《民间故事三则》等课文的学习，让学生根据课文内容，进行课本剧表演。同学们自己制作了表演道具，分组进行排练，表演取得了巨大的成功。通过活动，不仅锻炼了同学们的胆量，培养了学生间的友谊，更增进了师生间的交流，此后的语文课堂气氛明显活跃了很多。

三、分析反思

（一）明确教学内容，教会学习方法，培养学习能力

根据小学生的特点，小学语文教材内容较简单，知识点少，要求学生侧重于识记和浅层的理解，思维难度不大；中学语文教材内容一下子加深，知识点增多，从初一上学期开始对学生的要求就大大提高了，知识点除有大量需记忆外，更侧重分析与理解，思维难度增大。例如：小学语文课本中的范文记叙文居多，有着很强的故事性、趣味性；高年级教材（五、六年级）虽然增加了一定难度，但还是停留在了解梗概，简单描述上。而初一语文的范文加入了对文学作品的鉴赏，领悟作品的内涵，要有自己的情感体验。

小学生学习的自主能力较弱，掌握的学习方法较少，主要是按照老师的要求完成学习任务；而中学生由于科目的增多、教学内容的加深，比较重视学生课前的自主学习以及课外知识的获取。学生除了掌握课本知识外，还需涉猎大量的课外知识，这就要求学生必须掌握科学的学习方法，合理地安排好自己的学习与休息时间。

（二）中小学语文课堂的衔接要讲究一定的技巧和方法

首先对学生深入分析，转变其对语文课的认识。小学语文教材单一，趣味性强，内容浅显易懂，知识点少，升学压力小，故课堂容量少，教法以朗读为主，强调熟能生巧，形式多样。而初中的语文课堂更多的是自己独立地思考、自主地学习，从而更深刻地了解文章的内涵。因此，在刚开学时就应该对学生深入分析初中教材，给学生打预防针，让他们在心理上做好准备。当然，我们此时也不能真正放手，要给他们充分的时间让他们适应新的学习环境，师生之间也应该相互认识、相互了解、相互适应。可以说树立学生对语文学科新的认识是做好了中小学语文课堂衔接的第一步。

（三）认真研究学生的心理特点，真正做到因材施教

从小学升入初中的学生，对一切都充满着好奇，对自己也充满了信心，因此大部分学生对各科都会认真学习。当然对于一些教师教授方法的转变，他们往往会感到不太适应，此时的学生正处于青春发育期，自尊心较强，因

此我们教师应充分认识到这一点，主动与学生进行沟通和交流，了解他们在学习中遇到的种种困难，及时排除他们内心的困惑与不安。此外，由于初中属于义务教育阶段，学生素质肯定会参差不齐，我们一定要正视这一点，教学中应循序渐进，争取让每一位同学都有所收获。只有这样才能抓住每位学生，给刚入学的学生带来积极的影响。当然，作为语文教师，我们在了解学生的语文水平后，应做到因材施教，对于底子薄弱的学生应在刚开学时巩固他们的基础知识，规范他们的语文学习习惯，而对于一些成绩较好的学生应鼓励他们多读书、读好书，努力拓展自己的知识面，提高自己的文学修养。

（四）及时规范学生的语文学习习惯，培养学生的自学能力

小学语文课堂主要是鼓励学生自由阅读，有问题提出来，能与别人商量。而初中语文课堂，特别是初一新生不但要做到合作交流，更要做到自主学习，这就要求初一新生在阅读完作品后不但要有自己的心得，更需提出自己的看法或疑问。因此，我们要大胆创新，规范学生的语文学习习惯，通过开展一系列活动提高他们的自学能力。

（五）注重语文的具体学习方法指导

从初一学年段开始，进行不同程度的训练，教会初一新生学习方法的运用，随着年级的升高，逐步提升其自主运用意识。

1.以读为主，巩固基础

阅读课文是学习的第一步。通过阅读，把握全文大意，体验文章情感，了解文章写作手法等。不同类型的课文需要不同的读法：教读课文需精读，字、词、句、篇等各个知识点全方位掌握，精彩语段熟读成诵；自读课文需泛读，有的还需跳读，一目十行，以提高阅读速度。阅读速度，也是近几年中考考查项目之一。所以初一一入学先打牢读的基本功。

2.圈点批画

养成在阅读课文的同时，把文中的关键词句、中心句、名句以至生字、生词，用不同的符号勾画出来的习惯，既能加深印象，又便于复习巩固，一目了然。遇到疑难，还要做标记，便于以后向老师同学求教。这样，就一改小学时的问题，在初一就养成自我阅读的习惯。

3.查工具书，解决疑难

学会查工具书。字典、词典、参考资料，只要用得上，尽可能发挥工具书的作用。自主查找答案，是探索学习方法、摸索学习规律的过程，也是提高运用工具书能力的过程。对于似曾相识的词句，不妨查一查以往学过的课文，把新旧知识联系起来，"温故而知新"。查出的答案经过分析辨别，理解能力又能得到提高。初一学生正好是浮躁的时期，他们在小学以老师为"拐杖"习惯了。所以培养他们自我解决问题的能力，为后来学习打下基础。

4.善于提问，融会贯通

"三人行，必有我师焉。"学习过程免不了有疑难，要独立钻研，实在解决不了的，要善于向老师、同学请教。有时向老师请教一个问题，老师很可能不只讲一个问题，而会把相关知识联系起来，让学生融会贯通。初一学生由于接触新知识、新方法，更要培养善于提问的良好习惯。

5.勤写勤练，多多动笔

俗话说，眼看十遍，不如手过一遍。无论平时学习还是考试，有的同学总把常用字词写错，就是缺少写的训练。生字、生词、重点语句不妨在理解记忆的基础上，反复写一写。又如一些作文题，往往看似容易写来难，也要动笔写写，养成乐于动笔的习惯。小学侧重识字教学，而初一生字词大多是自学，所以勤练才有收获。

6.练习巩固，不断提高

初一第一学年就需要对自己的所学所得迁移运用，通过相应的练习，检验自己对知识掌握、语文能力提升的程度。练习时要弄清楚题意，注意归纳总结，寻找规律，触类旁通。练然后知不足，及时反馈矫正，以求牢固掌握所学知识和技能，为将来学习打下基础。

7.不断思考，为我所用

学习的内容可以通过"想"来巩固，可以从点到面，也可以从整体到部分，或纵向或横向，把知识点有机地联系起来，形成知识体系，印在脑海里。当某个知识点想不起来时，要经过查找及时巩固。这样，才能运用到学习当中，更好地为将来进入初二的学习做准备。

经过一个学期的努力，我班学生基本上养成了学习初中语文的良好习惯，他们学习的积极性、主动性大大增强，不仅爱学，而且会学，学习成绩稳步提高。

总之，语文教师在做好语文课堂中小衔接时，一定要及时制订计划、及时总结、及时反馈，多听听学生的意见和建议，找出衔接中存在的问题并及时加以解决，选出最好的方法。

引导学生使用工具书学习文言文

彭月芳

初一第一学期学生学习的第一篇文言文是《扁鹊见蔡桓公》，起始课，我关注的是学生能够准确流利地朗读课文。老师的示范朗读，再加上反复练习，学生完成这个目标非常顺利。学生个个喜形于色，我便问："谁能用自己的语言给同学讲讲文中的故事？"此时班里立刻沉寂下来，"老师，文中的很多词语我根本不知道是什么意思。""不知道词语意思很正常，但是，老师也不给你们讲。"我的话音未落，班内便沸腾了，"老师，那我们怎么能学会呢？""有办法，请同学们拿出已准备好的《古汉语常用字字典》，它能帮助你们解决疑惑，如果它帮不了你们，老师再来帮助你们。"就这样，学生查字典活动便热火朝天地开展起来。一会儿，我打断了同学们的活动，"同学们，看全每个字的意思，要结合文章内容做准确判断。"同学们听懂了我的意思。二十分钟后，我便问："同学们，还有哪些字不理解？"这时，出现了星星点点举手的同学，在同学的互帮互助下，一个个问题迎刃而解了。"好，同学们，老师有一个问题，前面说'君有疾在腠理'，后面改成'君之病在肠胃'，为什么前一句用'疾'字后面用'病'字了？"话音未落，同学们纷纷翻开字典，"老师，我知道，'疾'指的是小病，'病'指的是比较严重的病，蔡桓公的病是越来越严重了。"我问："桓公的病逐渐加重，你从文中哪些地方可以看出来？"班里学习较差的歧峰抢先举起了手，"君有疾在腠理，君之病在肌肤，君之病在肠胃，今在骨髓。"其他同学向歧峰投来了赞许的目光，同学们学习的积极性一步步高涨起来。此时，我大胆地抛出了最后一个问题："桓公的病逐渐加重，最后深入骨髓，到底是什么原因呢？请同学们用四字成语概括。"这下可把同学们给难倒了，我又补充了一句"请同学们结合桓公的表现来思考"。五分钟的思考、讨论后，讳疾忌医、固执己见、病入膏肓三个成语便出炉了。"同学们，学懂这篇文章，谁是你的得力助手？""字典。""学会运用工具书理解基本内容是至关重要的。"这一节文言文课，就这样轻松愉快地结束了。

这节文言文课，同学们上得比较轻松，基本理解了文章内容，我有几点体会：

一、教会学生用工具书，能够帮助学生解决学习中遇到的困难，帮助学生扫清阅读的障碍

孟子说："工欲善其事，必先利其器。"意思是说，工匠做事如果想做得好，一定要在做事之前将他的工具磨得十分锋利。学生学习也需要工具，他们需要的工具就是字词典等各种工具书，它们就是学生运用起来最锋利的"武器"。这就要求教师要教会学生正确地使用工具书以解决学习中遇到的问题，引导学生不要凭"想当然"理解内容，不依赖老师，不依赖同学，通过自己动手来解决这些问题。学习《扁鹊见蔡桓公》一文时，"不治将益深"的"益"很多同学不理解，借助字典轻而易举地就解决了。

二、教会学生使用工具书，可以培养学生解决问题的能力，使学生个人能力得到提高

我认为，使用工具书可以培养学生几个方面的能力。

（一）可以培养学生善于思考的能力

当学生查完"不治将益深"的"益"后，有的学生便不假思索地回答"益处"，这就是缺乏思考的表现。因此，使用工具书解决问题同样需要思考。

（二）可以培养学生相互沟通的能力

课上学习，也有些问题并不能独立解决，《扁鹊见蔡桓公》一文中，"医之好治不病以为功"中的"之"字，字典中有很多解释，到底选择哪一个，这让很多同学陷入了深思。一番交流之后，能够真正理解的同学九牛一毛，这就给学生提供了探索的机会，在不断的讨论交流后，学生才真正掌握了"之"字的用法。

（三）可以提高学生的总结能力

学习《扁鹊见蔡桓公》一文后，我让学生总结了一词多义词语。学生的总结是这样的：故（特意、所以、旧的知识）、之（的、他、用在主谓之间取消句子的独立性）、以（把、用来），学生的总结，既丰富了知识，又提高了能力。

三、教会学生使用工具书，可以增强学生的成就感，激发学生学习的兴趣

学生的知识基础、能力水平是参差不齐的，对于一些学困生、偏科学生来说，理解文言文内容是非常困难的，如果只是老师讲、学生听，老师的讲课很可能就成为这些学生的催眠曲。让学生使用工具书查词语，他们还是能做到的，老师多提问，多鼓励，使他们感受到成功的快乐，学习积极性自然会越来越高。

总之，教师培养学生使用工具书的良好习惯，可以使学生在学习知识的过程中更加如鱼得水，可以帮助学生解决疑难问题，可以帮助学生提高多方面能力，可以帮助学生增强成就感，其学习效果必将事半功倍。使用工具书自主独立学习，学生收获了知识，收获了快乐，收获了习惯；教师也收获了方法，收获了信任，收获了自豪。

快乐完形直通车

喜 讯

完形填空是英语考试的必考题目，它全面检测学生词汇、句型、语法、惯用语及语感等各方面的综合运用，但是学生往往在这一题型上拉大分数差距。完形填空是考查学生对英语语法的掌握、词汇的应用以及文章的理解等全方面能力的一种题型，也一直是学生学习、演练和应试的难点。从初中到大学，试卷中都有完形填空题，而且占不小的分值，它是一个广大学生绝不可等闲而视之的题型。相当一部分学生把完形填空作为难度最大的训练和复习的题型，这样就导致大部分学生对做完形填空失去兴趣，甚至有的学生谈起完形填空就头痛。

我作为一名一线的初中英语教师，到今年教学已经有九年了。我深知完形填空给学生们带来了不少的烦恼，我觉得，如果让学生把学习当成痛苦的事情，那我们应该反思，肯定是教学过程和方法出了问题。自从认真学习了新课程改革的内容以来，我对教材和题目的观念有了不小的改变。新课程改革所蕴含的思想是要运用平等、开放和多元。平等，即学生享受平等；开放，是指教材的开放性；多元，是提倡教学方式、方法的多元。从此，我对教授完形填空有了新的认识和看法，我试了几种新鲜教授完形填空的方法，感觉效果很好。这几种方法既能调动广大学生的积极性，又能使做题的正确率大大提高，我很愿意在这里与大家探讨。

一、"几何"完形

对于刚刚升入初中的学生，由于小学英语大都重视听说能力的培养，有相当一部分学生存在词汇量少、语法弱的现象。所以，当面对整篇充满了生单词而且又挖了空的文章时，不知从何入手。学生们硬着头皮读下去，错误率还是很高。我曾经问过不少学生同样的问题："你们觉得做完形填空为什么很容易出错，又错很多呢？"很多学生会想都不想就回答道"没读懂！"或者说："太难了！"听到这些回答，我很无奈。其实，学生们无意中都把做完形填空当成了翻译句子，他们想明白每词每句，而不愿意根据文章文句的线索去猜测意思，这成了他们做完形填空的致命弱点。

于是，我就大胆地把各式各样的文章用剪刀剪成不同的几何形状，比如矩形、菱形、圆形、椭圆形、三角形等。记得我第一次给学生们发下去的时候，大家都瞪大了双眼，心想哪有这样的文章啊，老师发给我们这样残缺的文章干什么呢？我神秘地笑了笑，说道："大家一定很奇怪吧，对，这些文章都被咬去了一部分，这节课的要求就是让大家畅所欲言，猜一猜缺失的部分讲了些什么，然后把全篇文章的意思讲给大家听！"我把全班分成了五个小组，大家讨论得很热烈，发言非常积极。学生尽管有分歧，但说的都很有道理。最后我把文章的全部内容呈现出来，当学生们看到自己的猜测竟然和文章缺失的部分如此吻合时，都高兴不已。我趁此鼓励道："大家看，一篇文章缺失了这么多的部分，同学们都猜得这么精确，挖掉区区几个空又算得了什么呢！"根据给出的语句线索联系上下文展开合理想象，这是做好完形填空的一大关键。当然，这是最初练习的几何图形，随着难度的增大，还可以设置成其他复杂图形。这要看文章的难易和学生的水平而定。

二、"想象"完形

完形填空所选短文一般无标题，文章的第一句话往往是引领全文的主题句，或者引出主题思想的相关内容，是了解文章全貌的"窗口"。在主题句中，一般可能出现文章的背景知识，故事性文章的时间、地点、人物、事件等，抓住并理解主题句对统观全文有很大的帮助。除此之外，首句有时还能预测文章体裁和为预测全文大意提供重要信息。尾句往往是段落的灵魂。学生应认真抓住文章首、尾句，对全文做出大致的推测，使得心中有一个做题的方向。

所以，在做完形填空前，我时常利用几分钟的时间让学生根据文章首、尾句来猜测文章的大意，然后再去读整篇文章，这就使得做题的正确率有很大提高。下面以一篇文章的首、尾句为例：

首句：Itzhak Perlman was born in Israel, but his music has made him a citizen of the world.

尾句：Itzhak Perlman has received many honours，and continues to receive honours for his music.

学生1说："我猜文章内容一定是关于Itzhak Perlman的音乐奋斗史的。"

学生2说："文章中一定还讲了他如何有音乐天赋，使他在演出中脱颖而出，取得了著名的奖项！"

学生3反驳道："我猜他不一定有多么好的音乐天赋，也可能是他平时非常刻苦，后来才取得了非凡的成绩。"

我说："虽然大家的猜测有些不大一样，但都很有道理，大家一定很想知道文章讲了什么，那咱们一起来阅读这篇文章！"

Itzhak Perlman was born in Israel, but his music has made him a citizen of the world. He has played in <u>1</u> every large city. He has won fifteen Grammy Awards and four Emmys.

Perlman suffered a terrible disease which hurt his <u>2</u> at four. Today he uses a wheelchair or walks with crutches. But none of these <u>3</u> him from playing the violin. As a young child, he took his first lessons at the Music Academy of Tel Aviv. Very quickly, his <u>4</u> talent was recognized. At the age of thirteen，he went to the United States to <u>5</u> on television. His playing led him to the Juilliard School in New York.

His music is full of power and strength. It can be <u>6</u> or joyful or soft. But people say it is not the music <u>7</u> that makes his playing so particular. They say he is able to show the joy he <u>8</u> in playing, and the feelings that great music can express.

Anyone who has attended his performance will tell you it is exciting to watch him play. His face changes <u>9</u> the music from his violin changes. He smiles and closes his eyes when the music is light and happy. He often <u>10</u> dark when the music seems dark and frightening.

Itzhak Perlman has received many honours, and continues to receive honours for his music. (选项略)

两分钟后，教室里鸦雀无声。我想，可能是文章中间部分的文段和学生们所猜想的内容吻合了，也可能是当他们读到Itzhak Perlman在四岁时就成了残疾人而且终身坐轮椅拄拐杖的时候，被深深震撼住了。经我计算，这篇文章讨论约5分钟，填空约7分钟，在正常做题范围时间内，正确率竟然能达到70%。这对我们普通班的学生来说，真是不小的收获啊！通过认真研读文章的首、尾句，让学生像编故事一样畅所欲言，会使学生在做题中抓住文章的方向，避免出现大量的连续错误。

三、"逆向"完形

在课堂上，实施我的"逆向"完形教学是学生们的一件乐事。"逆向"完形是指把一篇完整的文章设置成完形填空，并配以选项，让学生们把设题过程加以讲解，追求逆向思维和正向思维的结合点，达到融会贯通的效果的教学过程。

我对学生们说过，我们所做的完形填空题实际是由完整的篇章得来的。为了考查我们在英语方面的知识积累和各种能力，就挖掉一些相对应的词，成了我们现在做的完形填空。我会给学生很多不同体裁的文章，让他们设置成完形填空。设题要从以下几个方面入手。第一，语境，即上下文。它包括选择项与所在句子的语义联系，所在句与周围语句的意义上的联系，所在句在本段中所起的作用，所在句在整篇短文中所起的作用以及与文章内容主线的联系。第二，语法知识，即从语法角度考虑动词的形式、句子的结构等。第三，必要的常识。第四，同义词、近义词的细微区别和一些固定搭配。总之，挖空设题要从多角度去考虑，把语境、语法、词法、常识、固定搭配等有机地结合起来，综合考虑是出题的最佳方法。下面是我在课堂上的一个微格教学过程。文章如下：

Miss Joan was a kindergarten teacher who taught in a small village school. She always worked long hours to prepare interesting lessons for her students. She also helped the other teachers, giving them many good ideas to help them teach better. She loved her students and they loved her, too.

Yes, in many ways she was nearly perfect. However, she did have two small shortcomings. First, she would always hide snacks in her desk. Sometimes the food attracted mice and other unwanted guests.

Her the other shortcoming was that she was really afraid of snakes. She would not allow anyone in her class to draw pictures of snakes or even say the word. She was even afraid when her kids were learning about words that start with the letter S.

One day these two things came together. A teacher who knew about Miss Joan's two shortcomings decided to make fun of her. He bought a toy snake in a shop. When Miss Joan wasn't in the classroom, he took away some of her snacks and put the toy snake in her desk instead. When Miss Joan took out the snack to eat, she saw a toy snake. She was too frightened to move, and from then on she never hide snacks in her desk.

我给学生们15分钟时间来阅读并且出题。同时叮嘱这些"小老师们"别忘记出题原则。我来回巡视观察进度，在此过程中不给出任何提示，因为我觉得学生的思维是有连贯性的，尤其是发散思维的时候，他们肯定有自己的理由。如果我觉得哪里不合适，我会用笔悄悄记下，等学生们发言完后补充说明。接下来是我认为比较好的几个同学的发言。

学生1："第一段的lessons被我设了一个空，我又提供了三个选项，分别是books，questions和games.我觉得Miss Joan职业是老师，又由于前面说She always works long hours，她工作很长时间，肯定是为学生准备课，所以我挖掉这个词。"我问道："你说得很有道理，那你要考查同学们的什么能力呢？"这位学生答道："对上下文的理解！"

学生2："我把第二段第一行的However设成了空，因为前一句说她nearly perfect，几乎很完美，后面又说她有两个缺点，中间那个空肯定是表示转折，我提供的其余选项是But，Although和So，因为However后面有一个逗号，所以But虽然有转折的意思，但是它是一个错的选项。"我说："说得非常好，那你在考查什么呢？""语境，也是上下文吧！"学生2说道。

学生3："我去掉的词是最后一段的who，我挖掉这个词是为了考语法。"我说："你考哪些语法呢？"他说："考定语从句。这句话先行词是人，所以用who修饰。设置的选项可以是which，what和where等。"我夸奖道："你答得太棒了！这个空我也考虑到了呢！"

学生4："我把最后一段的in去掉了，为了考查词组'put…in…''把……放在……里'，通过读文章可以知道，有一个人悄悄地把玩具蛇放在了书桌里。"我说道："太好了，这是常见的固定搭配啊！"

　　……

最后我说道，大家的发言都很精彩，但是，有些同学选择去掉的词似乎考点太单一了。所以，我们还要多开动脑筋，出的题考查的方面越多越好。

带领学生做这种练习时，由于学生自己当小老师，都非常有积极性。难度自己控制，发言也会很踊跃，收到的效果很好。经常做这样的训练，在做完形填空时会潜移默化地站在更深更全面的角度思考问题，做题正确率会有很大程度的提高。"逆向"完形做起来简单易行，既可以在课堂上集中做，又可以留作课外兴趣作业；既可以由老师找篇章来做，也可以就本单元所学习的主课文或主要段落进行操练，方法灵活，材料丰富，评价方式应以鼓励为主。

以上三个方法是我学习新课改以后在教授完形填空时的新体会和新尝试，学生在这样的情境中找到了做完形填空的乐趣，提高了英语知识应用能力。在我所教的班级里，做完形填空不再是成绩优秀的孩子的专属。

对中学篮球课教学现状的研究

陆文斌

随着经济的迅速发展，群众性篮球运动遍地开花，篮球运动以及篮球文化在北京这个城市和市民中留下了深深的烙印。21世纪中国的发展需要高素质的人才，在"健康第一"的指导思想下，将进一步注重学生的兴趣培养和个性发展，培养学生的自我锻炼能力和终身体育观念已成为当今篮球课教学的主要任务。在对篮球运动如此狂热的这块热土上，学校篮球起着举足轻重的作用，如何让学校篮球教学更好地为当地篮球运动发展服务，使篮球运动更加蓬勃发展，为实现"全民健身计划"做出新的贡献，同时进一步完善我校篮球教学条件和手段，满足学生对学校篮球教学的需求，以便在课内不断提高篮球教学质量，在课外更好地运用该健身手段……这就是本课题要重点研究的问题。

一、研究对象与方法

（一）研究对象

我校500名中学生。

（二）研究方法

1.文献资料法

主要查阅了有关篮球运动开展、篮球教学、体育教学、篮球运动的现状等资料，以及有关促进篮球运动发展的相关文献。

2.问卷调查法

（1）问卷的效度和信度。为了确保问卷调查的效度和信度，将问卷在自己学校内对老师和学生进行重测试验，对两次调查数据进行相关分析和显著性检验，其相关系数均达到P＜0.050，具有显著意义。

（2）问卷的发放与回收。在抽样的学生中，样本发放与回收情况见表1，共发放问卷500份。其中专家访谈问卷20份，回收18份，回收率90.0%；教师问卷发放40份，回收35份，回收率87.5%；学生问卷440份（其中男300份、女140份），共回收380份，回收率86.3%，共计有效问卷433份，有效率86.6%。

表1　样本发放与回收情况一览表

对象	发放数量	回收数量	百分比%
专家	20	18	90
教师	40	35	87.5
学生	440	380	86.3
总计	500	433	86.6

3.专家访谈法

对我校部分主管学校体育教学的领导以及从事篮球教学多年的专家进行电话采访或实地采访，向他们了解学校内篮球课教学的改革情况及所面临的困难，获得了许多宝贵的意见。

4.统计分析法

计算各变量的频数、平均差，对结果进行量化分析。

二、研究结果和分析

（一）我校篮球教学的现状

篮球教学是在特定的条件下通过对篮球知识技能有组织的学习和传授来实现特定的教育目标的教学过程。通过篮球的教学，可以使学生了解篮球运动的有关知识，掌握篮球的方法和技术技能，把篮球运动作为终身体育锻炼、增进健康的方法手段，同时篮球运动中蕴含着丰富的文化内涵。通过篮球的教学，可以提高学生的心理健康水平，促进个体的社会化，对学生整体素质的提高有着很大的作用。

但在实际中篮球教学是否起到了这些作用？结果不容乐观，由于教育思想、体育课程结构等方面的原因，篮球注重技术技能的教学。当前教师占主流的教学观有二：一是认为教师本质就是传授知识、技术和技能，教学中以技能的教学为中心，强调运动技能传授的系统和完整性，苛求技术细节；另一种则认为教师最主要的教学方式就是帮助学生在考试中取得好成绩。在教学中，教师倾向于采用传授式、注入式的教学方法对学生进行灌输。教学的组织形式以教师为中心，注重教师教学任务的完成与篮球技术传授的系统性。在这种教学环境中，学生的学习是被动的、接受式的，这就扼杀了学生学习的主动性和学习篮球的兴趣，结果是学生对课堂中的篮球教学越来越疏远。长此以往，篮球教学对促进学生身体健康、提高心理健康水平的作用就无从发挥。

近几年虽有部分教师进行新的尝试，但大部分仍然沿袭一讲解、二示范、三练习的传统教学模式。更多的教师在讲解示范后采取放羊和半放羊式的方法。调查发现，学生普遍反映"喜欢篮球运动，但不喜欢教师现在上的篮球课"。

1.学校对篮球课的态度

随着经济的快速发展，学校对教育的投资在不断加大，学校对体育的投入也在逐年增加，特别是篮球这项运动在北京这块热土有着优良的传统，可以说篮球课在我校从未受到冷落。篮球课是本校在体育方面中的重点，设有篮球兴趣班、篮球队等，学校还采取激励法激发学生对篮球课的兴趣，常举办篮球赛，每年两次，并颁奖品，如毛巾、被罩等礼物激发学生的兴趣。

2.我校篮球器材设施情况

场地与设施的合理配备直接涉及学习环境的优化，是激发学生学习情感、提高教学效果的重要因素。本校有5块篮球场地，网兜若干，球车3个，篮球80个。在调查中发现，有66.1%的学生反映篮球器材完全能满足选项教学需要，有30.2%的学生反映篮球器材基本上能满足选项教学需要，认为不能满足选项教学需要的学生仅有3.7%。其中不能满足学生需要的原因是篮球场地不够用。

3.我校篮球课的教学内容和教学方法

学校篮球课堂的目标是传授篮球知识、技术等最主要的形式，也是学校教学的一项重要内容。在现在的篮球教学中，篮球课堂教学存在着很大的问题。①教学内容结构不完善，缺乏时代特征性，没有与当前人才培养的目标紧密地联系在一起；②教学内容教学时数比例分配不合理，过于偏重篮球运动技术、技能知识的传授，体育教育专业的教育目的在教学中没有得到体现，忽略了中学篮球教材教法知识的传授和篮球教学训练能力的培养。

表2　本校篮球教学现状

教学现状	教学方法人数%	师生比重人数%	内容、手段人数%	评价模式人数%
合理	12	9	15	17
较合理	9	16	16	11
一般	24	32	27	19
不合理	55	43	42	53

由表2可知，我校篮球课堂教学开展的现状并不是很理想，觉得所在学校教学方法、师生比重、教学内容和手段、评价模式不合理的占40%以上，很多学生反映在教学中，教师的教学方法仍旧是以往教师讲解动作要领、示范动作，学生模仿、强化练习，在这样的教学形式下，讲解与示范主要依靠教师来进行。

这种教学方法的缺点是很难将讲授与模仿、部分与整体、动态与静态完整地结合起来，给学生留下的往往是很短暂的技术回忆，难以使学生的各个器官充分地调动起来，最终导致了教学效率的低下。

教学内容和手段缺少体现主体的特性。我校篮球教学在内容和手段上与其他中学篮球教学的内容和手段有很多的相同之处，国民教育系列中的体育教学缺乏连贯性和系统性，这也在一定程度上抑制了学生学习的积极性，导致学生在上篮球课时宁愿自己打球也不愿听老师讲解。

篮球课程教学的评价模式不够科学。很多篮球课程的最终考核都只是考查几项基本的篮球技术的掌握情况，或者学生分组打比赛，通过在比赛中的表现由老师给予一定的分数，这样的考评方法对于原来基础较差的学生是不公平的，影响了他们学习的积极性和主动性。在这种目标的导引下，老师和学生对课程的责任心都有所下降，造成了篮球课程教学的效果很差。

4.我校教师的情况

教学的过程中，教师篮球专业能力不强，往往采取"一刀切"的方法，使部分水平高的学生得不到进一步的提高，部分基础薄弱的学生不能很好地掌握技术。这样的统一教学、一致方法，抑制了学生的创造性和自主性，制约了他们特长和潜力的发挥，造成了体育课上普遍存在的"吃不饱"和"吃不了"现象。

近几年来，我校的体育教师都在篮球课程技术教学和理论教学等方面做了许多的改革与创新，有一部分也收到了很好的效果，但是从总体上来看，这些改革离学校篮球科学化、现代化、理性化教学的目标还有一定的距离。

（二）学生对学习篮球的兴趣及态度

我校学生篮球兴趣情况调查中，我们将本校学生篮球兴趣情况分为三种类型，即兴趣浓厚型、兴趣一般型和无兴趣型。（见表3）。

表3　我校学生篮球兴趣情况表

分类		兴趣浓厚型	兴趣一般型	无兴趣型
男生	人数	48	30	10
	百分比	54.5%	34.1%	11.4%
女生	人数	3	6	33
	百分比	7.1%	14.3%	78.6%

由表3可知，在被调查的88名男学生中，对篮球感兴趣的占88.6%，其中表示对篮球有浓厚兴趣的占54.5%，仅有11.4%的人对篮球不感兴趣。而在被调查的42名女学生中，表示对篮球无兴趣的占78.6%，仅有21.4%的人对篮球感兴趣，其中仅有7.1%的人表示对篮球兴趣浓厚。由此可见，篮球在男学生中具有广泛的兴趣基础，而女学生的篮球兴趣现状却令人担忧。导致男女中学生篮球兴趣情况显著差异的原因主要有：

主观原因：一是男生喜欢交往、争强好胜，自我表现欲望强，因而对技术性强、对抗激烈的集体项目较感兴趣。而篮球运动恰能满足男生的这种需求。但女生较文静，不喜欢对抗性强的运动，因而对运动量相对较小的个人项目较感兴趣。二是女中学生对篮球运动的认识不足，认为这种激烈的运动不适合自己，是影响其篮球兴趣的又一主观因素。

客观原因：一是女生自身客观条件所限。二是学校体育工作者没有能够积极主动地创造客观条件，引导和培养广大女学生参与篮球运动的兴趣，这也降低了她们参加篮球运动的积极性。

我校学生对学习篮球理论知识的态度。据调查，目前的学校篮球教学中，除了少数几所学校在教学内容上尊重学生的选择，其余基本上由教师指定，学生很少参与，忽视了学生的学习需要。通过问卷调查发现：我校的篮球教学课存在实践课多理论课少的现象，忽视对学生进行篮球基础理论知识的传授，有57.3%的学生反映在课堂上老师没有进行篮球基础理论知识方面的教学。而在对此方面教学的学生意愿调查中发现：有58.4%的学生赞同应加强对篮球基础理论知识的教学，有24.8%的学生表示无所谓，仅有16.8%的学生反对进行篮球基础理论知识的学习。另外，据调查显示，有90.5%的教师认为篮球理论课重要，但真正给学生进行这方面的教学却非常少，有也仅仅局限于普通篮球规则和常见运动损伤及预防；对篮球运动介绍、竞赛组织方法、裁判手势以及篮球行为规范和礼仪方面的教学几乎没有。调查显示，学生在除了学习篮球技战术知识以外，还对其他方面的篮球知识有较高的需求，而这些方面的篮球知识同样也是我市高中篮球选项班学生愿意学习掌握的内容。

因此，随着篮球运动在学校的不断发展，学生对篮球技能、理论等方面的教学需求也在不断发生变化，这是我们教师在篮球教学中不容忽视的问题。

（三）我校篮球课教学的解决对策

在篮球课教学中，以培养学生兴趣为前提，力求用多样化、有趣味性的教学内容和教学方法来激发学生的学习欲望和兴趣。

影响学校体育教师工作积极性的原因之一是工作环境差，首当其冲的是运动场地与设施跟不上学校体育工作的需求，严重束缚体育教师的手脚，阻碍学校体育改革的深入。应该加大学校体育经费的投入，在努力改善和加强体育经费管理的基础上，提高其使用效率，尽快改善场馆与设施条件。还有就是目前有些体育设施、场馆的利用率不够高，应当积极地去提高其利用效率。

提高教师地位，进一步改善待遇，为教师创造良好的学习科研机会，加强体育教学业务研究，开展各种教研活动、学术交流、专业培养。通过学习掌握现代篮球理论，树立正确教育观，同时还应培养教师终身学习的自觉性，掌握和运用现代篮球教育手段，促进学科建设和发展，及时了解掌握教育信息。

三、结论与建议

（一）结论

大部分体育教师的篮球教学模式合理，但仍有部分教师采用传统的教学模式，没有充分尊重学生的兴趣和爱好，不能满足学生的学习需要。

篮球教学评价以教师评价为主，学生自我评价、互评为辅，领导、家长评价基本没有；评价内容多样，但仍以运动技能掌握、提高为主。玉桥中学篮球运动的开展还受学生身体条件、业余训练时间、家庭因素、学校篮球运动的环境等条件约束。

（二）建议

学校应根据实际情况，加大体育经费投入，改善器材设施情况；积极开展小组分层教学，经常举办篮球比赛，提高学生兴趣和关注度，充分调动学生的积极性，满足学生对篮球选项教学的需要。

加强理论知识的传授，提高学生对课堂篮球教学及课外篮球运动作用的认识，学会自我锻炼的方法，培养终身体育活动的习惯。提高教师教学理论等方面的培训，使教师更好地掌握先进的教学方法和理论，在教学实践中运用灵活多变的教学方法，更能促进学生的技术发展和学习态度的改变。

参考文献

[1]〔美〕布基.篮球心理训练[M].北京：中国轻工业出版社，2005.

[2]邓全.篮球基础和实战技巧[M].四川：成都时代出版社，2008.

[3]吴兆祥.篮球入门[M].安徽：安徽科学技术出版社，2009.

[4]葛浩.大学数学教育中面临的问题与思考[J].新西部下月.2008，（6）：176-182。

[5]〔德〕皮德·克林斯曼，潘祥.篮球教学[M].北京：北京体育大学出版社，2005.

[6]吴谋，王方椽等.高校篮球教学与训练[M].上海：复旦大学出版社，1998.

[7]〔法〕让·皮埃尔.篮球战术图解[M].北京：北京体育大学出版社，2008.

[8]韩国太.篮球教学训练游戏[M].北京：人民体育出版社，2006.

培养学习兴趣　提高生物课堂实效性

金　花

爱因斯坦曾说过："兴趣是最好的老师。"兴趣是学习新知识的直接动力，每个人都会对他感兴趣的事物给予优先注意和积极探索，培养学生兴趣，激发学生热情，挖掘学生潜能，是我们每位生物学教师必须研究的课题。

一、学习兴趣的定义

兴趣一般是指个体积极探究某种事物或进行某种活动，并在其中产生积极情绪体验的心理倾向。学习兴趣是兴趣的一种，我们将它看作是学生对学习活动产生的心理上的爱好和追求的倾向，是学习动机的重要组成部分，是推动学生努力学习的动力，也是影响学习效果的重要因素。

二、学习兴趣的作用

学习兴趣具有定向作用和动力作用。学习兴趣的定向作用是其可以促使人将注意力指向和集中于某一特定事物。有了学习兴趣就能促使学生在课堂上更好地专注学习，提高学习效率。学习兴趣的动力作用是指人的兴趣可以直接转化为动机，成为激发人进行某种活动的推动力。学生对于某个学科有浓厚兴趣，常常会积极主动地探索、学习该学科的相关知识。而新课改下的生物学科教学内容就需要学生主动探究和积极参与实践活动。因此，学习兴趣对学生学好生物学科起着决定性作用，对生物学科的高效课堂教学尤为重要。

三、学习兴趣的培养

我国的研究者对学生学习兴趣进行了大量研究。近20年来，我国研究者主要从以下几个方面对学习兴趣进行了研究：①对国外兴趣研究做了初步介绍。②对学习兴趣的作用以及如何激发学生的学习兴趣进行了较为广泛的研究。学生学习兴趣的激发是研究学习兴趣的重要部分。研究者从导入语、板书的设计、课堂气氛、教材与教法、教具、多媒体的使用以及师生关系等方面进行了系统的研究。下面结合我平时课堂上的教学经验，谈一谈培养和激发学生兴趣的一些经验和方法。

（一）建立良好的师生关系，促使学生尽快产生学习兴趣

融洽的师生关系是生物教学的有力保障，很多学生喜欢某个学科，在某个学科上积极主动表现是因为喜欢该科目的老师。为了做一名学生喜爱的生物老师，我会做到以下几点。

第一，记学生姓名。在新任教的班级上课之前，我会向几个班的班主任要一份学生名单，用心记住学生的姓名，第一节与学生互相介绍一遍，我便很快能与学生认识，学生也因被老师记住名字而惊喜，马上喜欢我这个老师了。

第二，多鼓励和表扬。我总是在课堂上多表扬和鼓励学生，及时对学生的表现给予肯定，自然流露出对学生的喜欢，学生被老师肯定，就更加愿意在课堂上积极表现，同时拉近了与老师的情感。

第三，语言幽默。为了烘托生物课堂的气氛，调动学生学习的积极性，我经常用幽默的语言和丰富的表情对他们提问和质疑，甚至经常假装说错引起学生注意和反思，等学生反驳后我就大力表扬一番，学生则会更加认真听讲和思考了，这也使学生觉得在课堂上他们与老师是平等的，拉近了师生的关系。

第四，认真判作业，写评语。对于每个学生的作业，我都会认真批改，并用心写上鼓励性评语，而且一定要进行复批。因为我的认真，学生也更加认真对待作业，上课更是认真了。因为这些行为，我的课也就成了学生们喜欢的课。

（二）联系实际，精心创设情境，激发学生学习生物学的兴趣

教育家夸美纽斯曾经说过："教学是一种教起来使人感到愉快的艺术。"生物课堂的情境教学可以让学生被一种愉快和谐的特殊气氛所陶冶、感染和鼓

励，激发学生对生物学习的兴趣，培养学生对生物知识真挚而深厚的情感。在生物课堂教学中，我们要尽可能地创设情境，这样才能更好地激发学生的好奇心和学习兴趣，最终取得较好的教学效果。例如，在教学"人的呼吸"时，我并没有上来就引出课题内容，而是先带学生比憋气，然后说出人几天不吃饭、几十个小时不喝水都可以勉强维持生命，但是几分钟不呼吸就会窒息而亡，呼吸对我们是多么的重要呀！那人体中负责呼吸工作的是什么呢？呼吸系统是怎样完成我们的呼吸过程的？由此使学生带着极大的兴趣学习呼吸系统的结构组成及功能特点。再如，讲"细胞的吸水和失水"内容时利用很多生活中的例子，如买菜的人会时不时地往蔬菜上喷洒水、家里做酸白菜的容器里会出很多水、吃拌黄瓜的盘里会出很多水等，让学生尝试解释并推测原因，之后再指导学生针对自己的猜测设计实验进行验证，得出结论。这样，学生的学习兴趣就特别浓，主动性很强，大大提高了课堂实效性。

（三）充分利用多种教学资源和教学方法，提高学生的学习兴趣

初中生物是一门理论性、实验性和社会性都很强的学科，内容非常广泛，初中生学起来就存在许多困难。因此，在生物教学中，教师要尽可能地利用多种教学资源，将抽象知识直观化、难感知的知识生活化，让学生轻松愉快地学习生物。比如，在讲"小肠是主要的吸收器官"时，我准备干净的鸡小肠分组指导学生观察环形皱襞和小肠绒毛，并用折叠多层的纸展平让学生感受褶皱扩大表面积的效果，然后用显微图片展示小肠绒毛的放大结构，帮助学生理解突起的绒毛扩大了吸收面积。再用结构模式图帮助学生分析绒毛外壁是一层细胞构成，内部有丰富毛细血管有利于营养充分吸收。学生在不同的环节中逐步深入探究，兴趣浓厚，积极性高，学习效率很高。再如，讲"咽喉的结构"时，通过播放动画让学生明白吞咽的过程，直观的展示使学生兴趣浓厚，易于理解，有效提高了课堂实效性。

在教学过程中也要采用不同的教学方法吸引学生，提高课堂实效。在我的生物课堂教学中，最常用到的方法有以下几种：①结合生活实际，以激发学生兴趣。②利用实验教学，引导学生探究性学习。③在教学中注重应用练习，使学生体验应用知识的收获。例如，在讲"霉菌"时，我会提前一周让学生在教室温暖湿润的地方放几个橘子，待它们逐渐发霉，便在课堂上指导

学生用肉眼观察菌丝，讨论它是如何长出来的、如何吸收营养的等，并组织学生观察霉菌的永久装片，使学生从宏观到微观认识霉菌，了解霉菌的结构特点，探讨其与人类的关系，树立科学的人生观和价值观。最后通过几道练习题巩固和强化学生的理解，使学生学会应用知识解决问题，提高知识学习的灵活性。通过不同的教学方法，组织学生探究学习，不仅抓住了学生的兴趣，还培养了学生的学习能力，提高了课堂实效性。

生物学是自然科学，它与人类的生产、生活实践及科学实验是分不开的，所以学好生物学对于学生的发展非常重要。要想使学生喜欢学、主动学好生物学，培养学习的兴趣至关重要。所以教师应该抓住学习兴趣的力量，大力培养学生学习生物学的兴趣，指导学生主动积极地学习，这样才能提高生物课堂的实效性，同时培养学生的学习能力。

参考文献

[1]余悦.教师教学风格对学生学习成绩的影响：学业自我效能感、学习兴趣的中介作用[D].上海师范大学论文，2012年10月31日.

[2]李世荣.小议如何培养学生学习生物学的兴趣[J].学周刊：上旬.2014，（4）：88.

[3]田凤玉.激发学生兴趣使生物课堂有声有色[J].科技教育.2014，（1）：145-146.

以"问题"为引领　提高学生认知能力

王　新

《中学数学课程标准》中指出，教师要通过教学"使学生学会运用数学的思维方式去观察、分析现实社会，去解决日常生活中与其他学科中的问题"。这就是说，数学学习的最终目的是解决问题。从教学过程来看，数学课堂的教学是教师通过"设计问题——组织学生讨论、探究解决问题"，使学生在问题的解决过程中获得知识并形成技能来开发智力、提升数学素养。从这两方面看，数学的核心是"问题"，数学的心脏是"问题"。因此，离开了问题的设计与解决，数学就失去了灵魂，失去了学习的意义。那么，在教学中我们应该怎样发挥"问题"的积极作用来开展好教学工作呢？下面谈一下我在教学中的几种做法。

一、铺设"问题情境"，引发求知欲

问题情境是问题与情境的结合体。所谓问题，是指与学生已有的认知发生冲突而不能解决或不能正确解答的内容。情境，是问题产生的具体环境。在这两者中，问题是核心，是与课堂教学内容息息相关的东西，而情境则起到一种辅助作用。

爱因斯坦曾说："提出一个问题往往比解决一个问题更为重要，因为解决一个问题也许只是一个数学上或实验上的技巧而已。而提出新的问题、新的可能性，从新的角度看旧问题，却需要创造性的想象力，而且标志着科学的真正进步。"一个好的问题、一个好的问题情境能启迪思维，激发和调动探究意识，展现思维过程。

教学过程中，恰当地设置问题情境能有效加快新课的学习进程，同时可以调动学生参与课堂的积极性。

例如，在学习全等三角形判定方法时，我带了一块被打碎的三角形玻璃片走进教室，一脸愁容地对学生说："昨天老师不小心将一块三角形玻璃打碎了，谁能帮老师想办法到玻璃店去配一块与原来一样大小的？"

"您把碎玻璃片都给我，我让玻璃店师傅，把它拼好后再配块新的！""您把打碎的玻璃摆放好，量出各边长，我也可以去！"学生们你一言我一语地说。

"你们的方法都很好，那么，如果我的玻璃在打碎过程中，中间的部分无法再拼接了，那该怎么办呢？"在对他们的想法适时表扬的同时，我又提出了新问题。

"那就不好办了。"思考了几秒钟后，有的同学失望地说。

"请大家动动脑筋，想想办法，该如何解决呢？你们可以相互研究一下。"我对他们鼓励说。

"老师，我有办法了。把最右边的破块玻璃沿着破损的两条边延长就可以得到原来三角形了，只需要最右边的这块就行啦。"由此，引出了两个三角形全等的判定公理——角边角公理。这种处理方式使学生自然而然地将新知识纳入自己的知识结构，问题情境的设置起到了积极的作用。每个学生的思维都是一个个精彩的世界，创设一个好的问题情境不仅能将孩子脑中最精彩的思维唤醒，也能为我们的教学提供丰富、有价值的教学资源。

二、关注"问题变式"，拓宽学生思维

美籍匈牙利数学家波利亚曾经说过："专业备课的教师能够拿出一个有意义但不太复杂的题目去帮助学生发现问题的各个方面，使得通过这道题就好像通过一扇窗户把学生领入一个完整的理论领域。"在教学中我们往往是可以做到这一点的，只要我们头脑中有对问题作适当变式的意识，就一定能抓住时机做好此方面的工作。

问题变式教学是对教学问题进行不同角度、不同层次、不同情形、不同背景的变式，以暴露问题的本质，揭示不同知识点之间的内在联系。通过问题变式，可以使一题多用、多题重组，可以给人以新鲜感，能唤起学生的好奇心和求知欲，使学生产生主动参与的动机，保持其参与教学活动的兴趣和热情。

比如，在特殊四边形有关知识复习时，我们可以利用以下题目进行一题多变的变式形式，对其性质与判定进行相关强化训练。

已知：如图，平行四边形ABCD中对角线AC、BD相交于O点，AP∥OD，AP=OD，试判断四边形OAPD的形状，并说明理由。

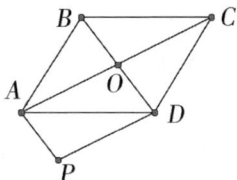

变式1：若将上题中的"平行四边形ABCD"改为"矩形ABCD"，试判断四边形OAPD的形状，并说明理由。

变式2：若将上题中的"平行四边形ABCD"改为"菱形ABCD"，试判断四边形OAPD的形状，并说明理由。

变式3：若将上题中的"平行四边形ABCD"改为"正方形ABCD"，试判断四边形OAPD的形状，并说明理由。

这组变式题目并不难，却能有效地起到对四种图形性质与判定的复习作用。与此同时，更加深了学生对四种图形之间内在关系的把握。

在数学课堂教学中，遵循学生认知发展规律，根据教学内容和教学目标加强变式训练，对巩固基础、培养思维、提高能力有着重要的作用。

三、关注"问题开放"，引导积极探究

传统的数学教学"教师出题，学生解题"、"教师讲题，学生倾听"，这是一种以知识为本位的教学。其只注重知识的传授，一味地灌输给学生，这是与素质教育相违背的。新课程标准指出："人人学有价值的数学，不同的人在数学上得到不同的发展……"在鼓励和促进学习方式改变的同时，也在督促着教师教学观念的改变、教学方法的改变。为了体现新课标要求，教学过程中要打破"问题—解答—结论"的传统式教学过程，积极建立"问题—探究—结论—问题—探究……"的开放式教学过程，激发学生的探索欲望和学习积极性。关注"问题开放"教学，可以培养学生质疑问题的能力和创造性思维能力的培养。

例如：在研究"中点四边形"问题时，我们可以这样设计：

◆任意作一个四边形，顺次连接其各边中点，得到一个新的四边形，这个新四边形的形状有什么特征？请证明你的结论。

◆顺次连接矩形各边中点，得到的新四边形有什么特征？证明你的结论。

◆顺次连接菱形各边中点，得到的新四边形有什么特征？证明你的结论。

◆顺次连接正方形各边中点，得到的新四边形有什么特征？证明你的结论。

◆当任意四边形的对角线满足什么条件时，顺次连接各边中点所得的四边形是矩形？

◆当任意四边形的对角线满足什么条件时，顺次连接各边中点所得的四边形是菱形？

◆当任意四边形的对角线满足什么条件时，顺次连接各边中点所得的四边形是正方形？

这种将常规题目改造为开放性问题的处理方法，充分运用了变化的观点，在不断变换的问题情景和学生的解答过程中，培养了学生的数学能力、探究能力和创新意识。

建构主义理论认为，学生获得知识不仅是通过教师传授得到，而且要求学生在一定的情境即社会文化背景下，借助他人的帮助，利用必要的学习资料，通过意义建构的方式获得。数学教学中，问题是核心，承载了编者、教材、教者对学生的太多梦想和希望。作为教师，不能草率地就问题论问题，或者简单地将课本中的问题一个接一个地进行处理，而是要潜下心来，认真研究教材，研究学生，研究与数学有关的现实问题，研究问题的类型以及呈现给学生的有效方式，真正起到引领者、组织者、指导者的积极作用。

参考文献

[1]教育部.数学课程标准[M].北京：北京师范大学出版社，2003.

[2]钱阳勇.初中数学教学中创设有效问题情境的做法[J].中学课程辅导·教学研究.2009，（18）：57-58.

如何提高中学生上体育课的积极性

金满成

在教学过程中，如何调动学生学习的积极性，使学生全身心地投入体育课，经过多年的教学实践，我认为应从以下几方面入手：

一、提高学生对体育课的认识

学习动机是推动学生学习的心理动因，良好的学习动机是掌握知识、技能的基本保证。动机分为直接动机和间接动机。直接动机的形成主要依赖于兴趣，比如：当学生看到老师带领同学高高兴兴地进行游戏或比赛时，就会情不自禁地产生一起活动的要求，这种直接动机是暂时的，易于消失，教师要利用这个机会，对他们进行体育锻炼目的性的教育——体育锻炼能强身健体，能促进智力发展，能使人具有坚强的意志品质……当学生了解了体育锻炼的好处，懂得了德智体三者的辩证关系后，就会更加主动地进行体育学习与锻炼，那种暂时的直接学习动机也会转变成永久性的间接动机。由"要我学"、"要我练"转变成自觉性的"我要学"、"我要练"。

二、教材要符合学生的年龄、性别、生理和心理特点

青春期以前，学生身体生长发育尚不成熟，身体素质较差，掌握动作技术的能力比较低，应多安排一些技术简单、难度较小、强度不大的教材内容，以适应学生的生长发育。进入青春期，男女生身体素质差异明显变化，随着年龄的增长，男生身体素质逐渐增强，掌握技术的能力也逐渐提高，身体发育日趋成熟，安排教材时，动作难度、运动强度应与年龄增长相适应。而女生不论身体素质还是心理素质，与男生差距较大，但身体的协调性、柔韧性和艺术感、韵律感方面要强于男生，所以，安排教材应特别注意由简到繁、由易到难、循序渐进，教材的难度、强度不应过大，可多安排些优美

的、富于艺术性、节奏韵律感强的教学内容。

总之，学生通过教材习得体育知识、掌握体育技能，所以教材的使用要符合学情，只有这样，教师才能正确地采用多样的教学方式，有效地激发学生的学习兴趣，达到提高教学质量的目的。

三、采用多种教学方法

"教学有法"，但若采用单一、固定不变的教学方法，就会使学生感到厌烦。故此，教师要依据教材内容、学情选用适宜的、多样的教学方法。

（一）准备活动形式多样

根据课的任务、教学内容的不同，采取多种形式的准备活动，如自编多种徒手操、行进间操，花样繁多的侧身跑、交叉跑、变向跑等，以及活动量较小的游戏，使学生兴趣盎然，注意力集中，练习积极性高。

（二）重视图片教学

在学习新教材时，首先应使学生建立一个完整的动作概念，然后再循序渐进地掌握动作。对于一些教学内容可采用图片教学法，进行分解教学。例如：排球双手下手垫球教学，教师就可先画好动作分解示意图，并对照分解示意图，边示范、边讲解。学生在单独练习时，也可随时参看动作示意图，并判断自己的动作技术是否合乎要求，这不仅利于动作技能的掌握，还可培养学生独立思维的能力。另外，学生间亦可对照示意图互相切磋，互相纠错，共同提高，无形中学生又体会到了与人合作学习的乐趣。一节课下来，既学到了知识、技能，又增进了友谊，学生上体育课的兴趣自然会越来越浓，积极性自然会越来越高。

（三）利用竞争机制，激发学生的探究欲望

通过多年的教学实践，我深深地感受到：在学生已掌握了一些基本的动作之后，采取适当的竞争机制，让学生自己利用已学完的动作，探究利用这种技术完成更多形式的动作，可以大大提高学生上课的积极性。比如：学生掌握了原地双手胸前传接球后，可让学生思考、尝试利用这种技术完成更多形式的动作，并比一比，看谁想出来的动作多。在求胜心理的支配下，学生

积极思维，探究出了诸如跑动中双手传接球、双手胸前投篮、双手胸前传弧线球、反弹球……学生自己探究出的成果，记忆更深刻，掌握更牢固。这种成就感会激发学生以更好的精神状态去上体育课。

（四）灵活分组

教学小组合作学习，有利于学生充分发挥自己的聪明才智，有利于学生之间互相启迪，共同提高；小组竞赛有利于学生用心钻研技术要领，因其想为组争光。但若一组成员长期固定不变，总是A组或B组赢，学生渐渐就会不感兴趣，所以，分组合作不能只是固定在某一种模式上，应针对不同的教学内容、教学阶段以及学生的个性特征，灵活分组。在分组时，教师应民主，不能强制，以免影响学生的学习情绪。但教师可以提出一些方案，比如：在篮球教学时，合作小组长的选举，最好让合作小组成员根据需要自己商量选举，可建议让球性好、接受能力强、身体素质好的学生担任，或让小组内有威信的学生担任；还可以采取轮换制，让每一位组员都有做小组长的机会，都能得到锻炼。在进行全班统一的分组比赛时，建议学生自己按身体素质及能力均匀分成几个小组。在练习时，学生可以充分考虑个人交往的意愿，兴趣相近的学生编成一组。在学习新动作技术时，可建议学生根据学习能力等方面，做出相应调整，既能保证小组内成员彼此接受，融洽相处，又能保证小组内学习水平均衡，学生在愉快合作的同时，都有所收获，上课的积极性自然就高了。应强调的是，在课堂上应建立一个展示平台，给学生一个充分表现的空间来促进合作。比如，在上课的过程中，每一个学习内容结束，就可以让好的小组在这个平台上向大家展示他们的练习、创新成果。毫无疑问，被肯定的自豪感会激发学生更好地合作、更好地学习。

（五）结束部分欢笑愉快

学生经过一节课紧张练习，必须在身心两方面都得到放松，所以课程结束时，不仅要做一些放松练习，还可加进些舞蹈，讲一则小幽默，使学生在欢笑中结束这节课。另外，也可以让学生自己总结在这节课上的收获，课后留有余兴，更盼下节课的来临。

四、改进评价机制

教育目的在于引导学生行为或倾向的改变，而考试是衡量教育目的是否达到的手段，因此，教师要善于运用考试来评价学生学习后的情形。事实证明，正确的评价机制有利于学生挑战自我，将自己的潜能发挥出来，积极参与课上活动。我的具体做法如下：

（一）善于放手，促进主动参与

对学生的评价不再是教师的专权，学生亦参与其中。比如：在篮球教学中，我打破以往僵化的考试模式，下放一部分权力给学生，即以小组为单位，把原来处于被动考试位置的学生，提升到主考官的位置上来，在教师的引导下，让每个学生都学会如何公正地评价别人，如何正确地对待别人给自己的评价，减少了考试对学生的心理压力，学生主动学习的积极性也越来越高了。

（二）利用测试，提高主动学习的积极性

考试不再是每个项目学习的结束，而是每个项目学习的途中加油站。把每项考试时间划分为两个部分：第一部分为初考时间，这个时间段不宜太长，以每人轮流考一次，有成绩记载为准。第二部分为自我超越时间，这部分时间没有具体哪一节课的限制，也没有长短的限制，只要是上课，在学生自己支配练习的时间内，如果学生对自己的考试成绩不满意，都可以去练习，再重考，直到满意为止。这样评价学生，不管是对能力差的，还是对能力强的学生，都有一定的促进作用。要想取得好成绩，不管你是哪种类型的学生，都必须主动地参与练习。这样，长期下来，学生主动参与的好习惯就不知不觉地养成了，知识和技能的掌握也能大大地得到提高。

五、教师要善于调动学生上课的积极性

（一）教师在课上要注意自己的言行

体育教学过程中，教师的一言一行，无时无刻不在影响着学生，教师在课上精练的讲解和准确优美的示范动作，无疑能够激发学生练习的兴趣。而

教师在纠正错误动作时，若能循循善诱，讲清道理，对练习失败的学生给予热情鼓舞和耐心帮助，无疑更会激发他们再次试做的勇气和改进错误动作的信心。

（二）教师的表扬和批评要适度

教师在体育课上表扬和批评的过程是赏与罚的过程，应多表扬少批评，这样不仅有助于教师课上的组织，同时还能起到激发学生练习热情、活跃课堂气氛的作用。但是，要注意：不切合实际的表扬和过分的批评，都会影响学生情绪，降低学生练习兴趣，故表扬和批评要适度。

（三）教师的表情和口令要富于感染力

体育课上，教师的表情、情绪起着一种无声的主导作用。教师在课上精神焕发、情绪高涨，学生的情绪也会受到感染。教师的语言生动、富于趣味性，口令变化灵活、抑扬顿挫，直接影响学生情绪，对激发学生积极性有很大作用。

总之，在教与学的双边教学活动中，学生是教学的主体，故只有提高学生对体育课的认识，只有依据学情合理安排教材，只有根据教材及学生情况采用多种适宜的教学方法，只有改进评价机制，只有教师注意自己的言传身教，才能重塑体育课在学生心目中的形象，使学生"爱"上体育课，使学生精神饱满地上体育课，从而达到强身健体益智的目的，从而达到在勇于挑战自我中形成坚强的意志品质的目的，使教学效益最大化，为学生的可持续发展打下坚实的基础。

参考文献

[1]毛振明.体育教学论[M].北京：北京高等教育出版社，2005.

[2]邵伟德，邹旭铝，俞富根.体育课堂"有效教学"含义与例析[J].中国学校体育.2010，（6）：26-27.

[3]殷恒婵.体育心理学[M].北京：北京人民教育出版社，2008.

[4]张力为，毛志雄.运动心理学[M].上海：华东师范大学出版社，2003.

利用语篇教学　提高英语阅读能力

杨京梅

阅读教学以培养学生的阅读理解能力为目标，使学生掌握一定的阅读技巧并从阅读中获取信息。根据《英语课程标准》的要求，初三阶段的英语阅读教学中，培养学生的阅读技能是一个非常重要的方面。根据语篇分析的相关理论，英语阅读课程应该以语篇教学模式为主，通过理解文章大意和作者观点，分析文章结构特征、语言表现特点、原著写作背景等来进行阅读教学。而传统的阅读教学是一种停留在句子水平上的教学，教师将大部分的时间花在分析和讲解文章中的字、词、句上，而忽视了阅读整篇文章的技能训练。本文旨在探索语篇教学法的应用，以求更有效地培养学生的阅读能力，同时提高学生的语言交际能力。

一、语篇与语篇教学

语篇是语言的基本单位，是一个有逻辑结构且语义连贯、符合语用和认知原则，可以达到一定的交际目的的功能语言整体。它不仅包括个体语句的含义，而且涵盖了它们之间因相互关联而产生的、所有未明确表述但对完整理解必不可少的隐含意义。认知心理学认为，人们在使用语言时，并不是把所有的信息都用语言表达出来，有显性语言和隐性语言之分。显性语言表达的是字面义，隐性语言表达的是隐含义，而作者的写作意图和情感态度往往会隐藏在语篇的字里行间，需要通过对句群的逻辑关系进行推理，通过对句子和段落间的衔接和连贯手段进行分析，利用自身已有的文化背景知识才能捕捉得到。

语篇分析就是发掘语篇的显性意义和隐性意义的过程。它是对比句子、话段更大的语言单位所作的语言分析，目的在于解释人们如何构造和理解各种连贯的语篇。因此，语篇分析是从语篇的整体出发来解释词、句子的意思和语篇的主要内容。它既包括语篇表层结构的语法手段（照应、替代、省略等）与词汇手段（复现关系、同现关系等）和逻辑联系语的语言形式分析，又包括从语篇深层入手的篇际分析模式，如叙事分析、语境分析、体裁分析和篇章结构分析等。它强调语言学各个层次、组织及结构上的分析，强调读者对作者语篇生成的修辞意图的理解。

语篇分析教学主要按照语篇分析的模式，从宏观的角度出发，以语篇为基本单位，立足于篇章整体，对课文进行分析、理解和概括。它包括语篇的主题分析、结构分析以及文体分析，也就是对语篇的中心思想、情节发展路线、段落推进层次、支撑细节的结构布局等方面进行分析，以此了解作者所传达的信息及其信息的构筑方式。同时语篇教学围绕语篇的中心思想进行语法、词汇等语言知识的学习，通过对作者布局谋篇的特点和遣词造句的手法进行分析，帮助学生了解不同语篇文体的特点，掌握常见语篇文体的结构，向学生传授社会文化和其他各种文化知识，使学生在语言知识、语言技能、学习策略、情感态度以及文化意识上得到全面的发展，从而提高语言的综合运用能力。

二、语篇分析法应用于阅读教学的意义

"阅读教学不应是一个单纯的认字释义的过程，而是一个重视心理因素和文化背景知识，积极引导学生将语言知识和非语言知识结合起来完整地理解语篇以及获取信息的过程。"把语篇分析法应用于英语阅读教学，就在于既要让学生领悟作者所传达的思想，又要使他们掌握语言的表达方式，扩充词汇，认知各种语言现象，进而从语篇上尽量多地获取文章所传达的信息。

运用语篇分析法进行阅读教学，有以下几方面的意义。

◆通过对文章结构和主题的分析，可以帮助学生全面透彻地理解文章，还原作者的经历、情感和思想，从而加强学生对文章主旨的理解。

◆通过对文章文体的分析，可以教会学生在阅读中识别文章的体裁和作者所采用的语篇策略，从而提高阅读理解的准确度。另外，语篇体裁所体现的文化背景知识有助于学生理解不同的文化，提高学生的文化敏感性，易于理解那些晦涩、枯燥的术语、语句或段落。

◆运用语篇分析法进行阅读教学，可以提高学生语言技能的综合运用

（如根据上下文揣测生词含义，根据标题推断文章大意等），培养学生获取信息的能力，运用语言进行交际的能力以及分析、推理、归纳和判断的能力。

◆对教师而言，合理而灵活地运用语篇教学法，可以改变过去教师"一言堂"式的教学模式，逐步形成以学生为中心的课堂教学，从而激发学生学习的积极性和主动性，使英语学习由被动地接受知识转变为能动的思维活动，培养学生的合作学习精神和探究学习的能力。

总之，把语篇分析法应用于阅读教学，不仅可以提高学生语言知识的学习，又能提高学生的阅读技能。

三、语篇分析法在英语阅读课的应用

初中英语教材内容丰富，所选文章的题材和体裁具有多样性，因此教师在课堂上可以进行不同体裁的语篇教学。在教学中，教师应从文章的总体结构入手，重点分析文章的布局谋篇，通过对相似语篇的篇章结构以及修辞特点的分析和归纳总结，培养学生的语篇意识，教会学生在较短时间内借助语篇衔接手段识别文章的体裁，通过阅读文章的标题以及段落的主题句，预测语篇的内容，把握文章的中心思想，捕捉作者的写作意图，从而实现与作者的交流，变学生的被动学习为积极主动的思考，使学生由单纯的语言学习者转变为语言的驾驭者。当学生的视野从词汇、句子层次被引导到语篇层次时，读者与作者之间的交流就变得更为有效，阅读的目的就能得以实现。在具体阅读教学过程中，教师可以通过对课文的篇章结构的宏观分析和句群以及段落的衔接与连贯的微观分析来进行语篇阅读教学。

（一）设计问题，培养语篇预测能力

课前教师可以结合课文内容提出一些问题，让学生带着问题去预习。教师可让学生就课文的体裁、文章的中心思想以及文章的一些细节问题进行思考；相互交流收集到的与课文有关的背景资料；根据文章标题推测课文内容；联系自己的生活实际，就相关话题表达自己的见解和感受等。这样做的目的是激发学生的学习兴趣，培养学生积极思维的能力，同时激活他们头脑中已有的语篇知识和世界知识，培养语篇预测能力，从而为下一步的文章结

构的理解奠定基础，同时也为学生提供一个预测作者观点、态度的机会。

（二）介绍文化背景知识，理解语篇文化内涵

语言的学习不仅包括语言知识和语言技能的学习，还包括对目的语国家文化的学习。

要真正理解一篇文章，没有一定量的相关文化背景知识是不可能的。对有关英语国家的历史、文化、政治、经济、宗教、风土人情等背景知识的了解在英语阅读中举足轻重。如果对语篇所涉及的文化背景知识缺乏了解，就不能真正理解文章的内涵，甚至可能产生误解。因此，必要的文化背景知识是引导学生正确理解语篇的重要条件，它不仅有助于扩大学生知识面、激发学习兴趣，而且有助于学生充分理解词汇的文化内涵及外延，对句子的理解起到预测作用，由此提高对全文的理解。

在语篇教学前，教师要充分了解学生的知识结构，事先给他们提供理解语篇所需要的背景知识或提供获取这些背景知识的途径，引导学生从作者的角度理解和体会语篇的社会背景和文化背景，达成与作者的共识，从而准确把握文章的深层含义。

（三）识别语篇衔接手段，把握文章内容和结构

阅读理解是对语篇直观信息（词、句、段等）进行加工处理的认知过程。从功能语言学角度讲，词、句、段等都是语篇语义系统的组织成分，这些成分之间通过各种衔接手段产生语义上的关联，最终形成一个语义统一体——语义连贯的语篇。

英国当代语言学家韩礼德（Halliday）和哈桑（Hasan）把语篇语义衔接手段分为语法手段和词汇手段。衔接方式主要包括照应、替代、省略、连接和词汇衔接。北京大学英语系教授胡壮麟认为语篇的衔接手段包括指称衔接、结构衔接、逻辑衔接和词汇衔接，他把词汇衔接归纳为重复、泛指词、相似性、分类关系、组合搭配五种方式。综合中外学者的观点，我们可以将英语语篇衔接手段分为指称性衔接、结构性衔接、词汇性衔接、显性连接（有连接性词语）和隐性连接（无连接性词语）。

掌握语篇的衔接手段，可以帮助学生进行词汇和语法知识的学习，了解

文章是如何围绕主题展开的，理解文章的主要内容和中心思想。其中，词汇衔接手段的掌握对提高学生的阅读速度和阅读理解能力有很大帮助。根据韩礼德和哈桑的观点，词汇衔接分为词汇复现和词汇同现。词汇复现指的是在语篇中重复出现的词汇。它们可以是某一词的原词、同义词、近义词、上义词、下义词、概括词和换喻词。而词汇同现是指上下文有关的词或倾向于在同一语境中出现并有衔接功能的词项，也就是我们说的词语搭配。了解了这一点，学生可以不必查阅字典，只是通过分析语篇中的词汇衔接关系就能推断出生词意义，达到理解文章的目的。

对语篇衔接的结构层次的分析可以帮助学生从整体内容上理解文章。语篇的衔接有三个层次，即词际衔接、句际衔接和段际衔接。段际衔接手段服务于主题思想的连贯性，使语篇脉络流畅，中心思想明确。句际衔接手段服务于段落大意和主题思想的连贯性。词际衔接手段通过跨句或跨段词项间内在的体现语义关联的近义关系、上下义关系、组合搭配关系等，形成照应关系，使语篇语义结构更为紧凑。句际衔接和段际衔接除了利用词汇衔接手段以外，通常还可以靠连接词或者句群间的逻辑关系进行衔接。

识别语篇的衔接手段，不仅可以帮助学生较快地掌握语法、词汇知识，而且可以提高学生对文章的整体结构的把握，帮助学生了解文章是如何围绕主题展开的，各个段落、句群之间存在怎样的逻辑关系，从而有利于理解文章的中心思想。

（四）掌握连贯技巧，加强对语篇思想性的理解

连贯指语篇中语义的关联，它运用衔接手段、语境、世界知识、修辞文体及想象等手段来实现。连贯是语篇最基本的特征之一，存在于语篇的底层。在连贯的语篇中，句子与句子之间相互衔接、相互照应，具有一定的结构关系，整个语篇在一定的语言环境中构成一个有机整体。连贯是一种整体流畅感，是读者在阅读中产生的一种感到语篇中语句彼此联系、语义表达流畅、明了的感觉。

（五）分析语篇修辞特点，培养高层次理解能力

要想把握文章的深层含义和作者的主要意图，达到推断性理解、评价性

理解和欣赏性理解，我们还必须从文章的结构入手，分析语篇的修辞特点。语篇体裁分析的重要性在于将语篇归类，使看似烦杂无章的语篇简单化和系统化。通过对不同体裁的语篇进行比较与对比，学生可以把握一类语篇的内在结构及其组织机制，提高对同类语篇的预测能力。

英语语篇常见的文体有四种类型，即说明文(exposition)、记叙文（narration）、议论文（argumentation）和描写文（description）。每一种语篇类型都有其特定的模式和组织结构。记叙文多注重情节性，说明文多注重条理性，议论文多强调逻辑性，而描写文则侧重于景与情的关系。体裁不同，所具有的语言特色也各异。通过对文章修辞特点的介绍，可以帮助学生领悟语篇的语言特点及篇章的布局结构，加深对作者的写作意图、写作思路以及写作风格与技巧的理解，不仅能够提高学生的阅读理解能力，并且能够培养学生的作品鉴赏能力，形成自己的见解和看法。语篇分析法应用于阅读教学，能够有效地培养和提高学生的阅读理解能力。但在具体实施过程中，教师应该处理好语言知识的讲解和语篇结构分析的关系。在侧重培养学生语篇的整体把握能力和英语文化素质的同时，还应当注意语言知识的传授，把分析难句、解释语法现象、总结惯用法、口语交际等常规教学内容融入语篇教学，使学生的阅读理解能力得到更好的提高。

在初中英语阅读教学中语篇分析理论发挥着重要作用。语篇分析教学对提高学生的阅读能力，培养学生的分析、归纳、综合和推断能力以及初步的语篇交际能力有较大的帮助。做好语篇分析教学，有助于更好地达到《英语课程标准》中对初中学生语篇能力方面的要求，让学生能根据上下文和构词法理解推断生词含义，找出文章的主题，并在语篇中学习语言知识，提高其阅读理解水平，提高阅读课的教学质量。

预习是求知过程的良好的开端

潘海平

语文课程标准中强调："语文课程应致力于学生语文素养的形成与发展。……应着重培养学生的语文实践能力，而培养这种能力的主要途径也应是语文实践。……语文课程应倡导自主、合作、探究的学习方式。"这与叶圣陶老先生提出的"教是为了不教"的教育思想相统一。语文实践能力的培养不仅要在课堂上训练、课后巩固提高，还应在课前预习时进行。这是真正意义上的自主学习，并能使同学们的语文能力得到有效的锻炼。

在语文学习上，家长和学生普遍存在一个认识误区，认为书面作业才是作业，口头作业尤其是语文思考题向来不认为是作业。在这种意识下，学生在课前通常不会预习，只有在上课时才去阅读文本，老师提问时才去思考，这样上课时被老师牵着走，疲于奔命哪有时间进行探究？长期被动学习导致思维的被动，课堂气氛死气沉沉。与此同时，老师则被这样的现象所误导，一些简单的问题反复讲解，必然导致教学进度赶不上，而为赶进度，只好把一些值得研讨的问题压缩，蜻蜓点水般"满堂灌"，或者加班加点增加课时。这样不但影响学生对新知识的理解和接受，而且更不易积极思维，求疑思疑，触类旁通。久而久之，就会对学习语文失去兴趣，甚至产生畏惧心理，严重影响成绩的提高和能力的培养。

预习是求知过程的良好的开端，是自觉运用所学知识和能力，对一个新的认识对象预先进行了解、求疑和思考的主动求知过程。面对一篇新鲜生疏的课文，产生一种求知的愿望，在这种内动力的驱动下，主动地去研读课文。在预习的过程中，不可避免地会遇到一些新的知识，就会竭力地运用所具备的知识和能力去了解、分析和吸收。勾连和融汇就成为一种自觉的行为，一则有利于对旧知识的回顾和复习，乃至运用；二则有利于培养自觉思考问题的习惯，提高分析问题、解决问题的能力。

一、预习的方法

（一）阅读法

阅读是预习的主要方式之一，首先应把书本上有关内容从头到尾，仔细阅读一遍。容易理解的可以"走马观花"，对于陌生的新知识，绝不能仅看一遍，而要多看几遍，反复研读，可在重点和难点部位做记号，以引起自己足够的注意。

（二）扫除障碍法

在预习过程中通过查阅工具书、资料及请教他人扫清学习障碍的方法。这种方法的特点是具有学习的自觉性，同学们能自觉地去克服学习中所遇到的困难。同学们进行课前预习，应该认真阅读教材，弄清重点和难点，待听课时解决，但有些问题是必须在预习中自行解决的。正确运用扫除障碍法，不仅能够为完成学习任务而扫除障碍，并且能够提高学生的自学能力。

运用扫除障碍法的做法是：①生字、生词、句子、文章主旨障碍，通过查阅字典等工具书解决；②有些疑难句子之类的问题，通过复习过去所学知识或图书馆查阅相关书籍而求得解决；③在预习的过程中不能单单局限于书本上的知识，还要了解语文的相关知识。有些问题，一时查不到书籍及相关资料，如果去问爸爸、妈妈，他们也不一定知道，这时候可以通过网络，找到我们想要知道的内容，拓展知识。总之，通过各种方法扫除学习障碍，明确学习重点及自己的难点所在，以便自觉地听好课，积极、主动地学习，真正掌握学习的主动权。

（三）符号圈点法，也称符号标注法

它是指读教材时，用一套能代表某方面的理解意义的符号在字、词、句、段上圈点勾画来帮助阅读的一种方法。符号圈点的步骤为读、想、记三个环节结合进行，好处是使用方便，促进理解，易于检查，增强记忆。运用符号圈点法必须注意：

◆符号简明醒目，意义明确、稳定。至于用什么符号，可根据各人的爱好而定。如经典论述或定义用"="，作者的观点、要点用"—"，关键词句

用"……"，需要认真考虑或理解的地方用"？"，对其观点、论据或逻辑的正确性存有疑问用"？？"，要特别注意的地方用"△△"等。但一定要有个严密的系统。

◆圈点勾画，要在理解内容的基础上进行。

◆符号不宜于过多过滥，否则会因零乱而难以辨认。

◆这种方法限于在个人的课本上使用，若是公家的书籍或别人的书则不能使用。

（四）联想法

联想是预习不可缺少的贯穿于全过程的重要方式。由于语文知识之间有着紧密的联系，因此，在预习时总会引起一些联想。联想的过程，实际也是将知识融会贯通、初步掌握的过程。有了联想，就能使自己的想象力得以发展。想象力对学好语文有着重要的促进作用。

（五）设问法

从某种角度讲，能对某物提出问题，说明对该事物是了解的，同样，若对预习的内容能提出几个为什么，则说明预习是成功的。不怕不会学，就怕没问题。在预习时，除了将自己不懂的地方提出来外，还应逐步锻炼自己变换思维的角度，要一题多问，故设难关。可见预习时应特别避免的是那种表面无所不知，其实一无所知，头脑中一片混沌的状态。勤于思考，多多设问，无疑是解决问题的有效方式。

设问质疑的方法有哪些呢？

1.查异

就是发现作品中的不寻常、不合常规的内容和写法，并从这些情况出发，进而提出问题。叶圣陶的《古代英雄石像》中"在石像脚下的小石块与骄傲的石像评说历史的英雄，后来，大家不再说话，像是在想事情，半夜里，石像忽然倒下……"显然，作品从"大家像是在想事情"一下子跳到了"半夜里石像忽然倒下来"，略去石像倒下之前的情形和倒下的具体经过，作者写这些的用意是什么？

2.揭示内容矛盾或语言之间的矛盾

如朱自清的《背影》中写"父亲由于事忙，本不打算送我，可犹豫再三，终于决定亲自送我……"，"本不打算送我"，为什么又送呢？父亲为什么"犹豫再三"？

3.在比较中发现问题

如单项比较，不同文章中内容、结构、写法、语言方面的比较，还可以综合比较文章的相同处和不同处。刘绍棠《如果我人》中写了几位老师，风格各异，为什么作者对他们都充满感激？

4.探求

如寻求详情，寻求原委，探求写法等，胡适的《差不多先生传》本是虚构的人物，为什么用传记的形式去写？这就是写法的探究。

（六）整理法

整理是预习过程中不可忽视的。通过预习，对新知识的掌握会做到心中有数，对已学会的知识自己会感到喜悦，同时，也会留下一些尚未得到答案的疑问，这是正常的。这些问题可等待老师讲解。这就需要做好预习的后期工作，将预习中产生的问题总结出来，整理清楚，记录在册，以便老师讲解后，填上正确答案。

二、预习的步骤

（一）总览单元

现行中学语文课本都是以单元作为基本单位的，同一单元的几篇课文除各具特色外，尚有其共同的知识和规律。因此，对整个单元浏览一遍，预先形成一个知识系统，明确单元要点，高屋建瓴，可少走弯路，便于对比和总结。

（二）粗读课文，解决字词，了解主旨

预习课文，应对课文有一个大概了解。为此就应首先粗读课文，解决字词，扫清障碍，弄清课文的主旨，知道课文围绕什么而写，写了些什么，线

索是什么，文章好在哪里。

（三）分析题目

题目是文章的眼睛，是"透视"美景的"窗口"，充分利用这个窗口，也就占据了"攻击"课文的有利地势。有的题目概括了文章内容，例如《散步》《我的老师》等；有的题目则直接告诉我们文章的中心，如《伟大的发现》《伽利略不相信权威》等；有的题目是文章的线索，如《背影》《风筝》。

（四）辨别体裁

不同体裁的文章，有其不同的特征和基本要素。例如，议论文的论点、论据和论证方法；记叙文的事件及事件本身的发生、发展和结局；说明文的说明对象、说明顺序和说明方法；应用文的基本格式和基本写法等。预习时紧紧围绕这些基本特征来思考，就能选准角度。初一年级以记叙文为主，但也要注意区分不同类型，如写人的、记事的、写景的、状物的等。

（五）熟悉作者

作者的生活经历、文化素养和思想观念往往影响其作品的风格。例如，选入我们语文课本的《春》《背影》都是著名散文家朱自清的作品，它们在表现手法和语言风格上就呈现出一致性。

（六）了解背景

文章都是为时而作，有针对而写，有感而发的。对背景的了解有利于把握文章的写作目的和中心内容，课文中选入的鲁迅的文章，有些内容与背景有直接的联系。

（七）分析提示

在现行的语文教材中，每篇课文都有"预习提示"或"自读提示"，这些"提示"就是帮助预习课文的"钥匙"。"提示"一般提供以下信息：写作背景、中心思想、结构安排、艺术特点及语言风格等。预习时若带着这些信息去了解课文，分析问题，就会有的放矢，从而提高学习效率。

（八）研读课文

在研读时，切不可浅尝辄止，应仔细阅读，深入体味。阅读中遇到的难字生词应查工具书。生动而典型的句段要反复阅读，进而阐明和作注。发现疑点，若思之不解，可在听课时解决；若课堂上未涉及，下课要问老师或与同学讨论，切不可就此放过。

（九）思考练习

对课后的思考和练习，若能事先思考，就会做到心中有数，在老师讲授时，就会找到这些问题的思考角度或答案。这样既提高了作业的质量，同时又节省了时间。预习是一种科学的学习方法，它对培养我们勤于思考的习惯，提高分析问题、解决问题的能力及语文成绩有很大的帮助。

让英语课堂成为学生的"乐"堂

赵美英

随着中学英语教学改革的不断深入，在由应试教育向素质教育转变的过程中，减轻学生过重的学业负担已成为一个亟待解决的问题。作为英语教师，我们应认识到优化课堂教学、提高课堂教学质量、强化课堂教学效果的重要性，真正让学生从繁重的学习负担中解脱出来。多年的英语教学实践使我深刻地认识到，要想搞好初中英语教学，提高教学质量，最根本的就是课堂教学。"课内损失课外补"只会增加学生的负担，使学生产生厌学心理，最终导致学生对英语兴趣的丧失。

如何减轻学生的学习负担，让英语课堂成为学习的"乐"堂，最大限度地提高学生的吸收率呢？我认为作为教师要做好以下几个方面：

一、充分做好课前准备，带着"三有"走进课堂

"三有"即心中有目标，心中有教法，心中有学生。俗话说"台上一分钟，台下十年功"，其实课堂教学亦如此。要上好一节课在很大程度上取决于教师在课前的准备活动中所付出的劳动。备好课是上好课的基础。教师在上课前必须做到认真钻研教材，对所上每一节课的教学目标一定要做到心中有数，避免在教学中出现"眉毛胡子一把抓"的现象。带着学生兜圈子，到头来却丢了西瓜捡了芝麻。同时还要考虑如何用正确的方法把知识传授给学生。"教无定法，教学有法，教有良法"，就是说不要盲目，而要根据自己学生的实际情况及所教内容，灵活而创造性地运用教学方法，高效地组织教学，处理教材中的重点难点。得当的教学方法能极大地调动学生参与教学的积极性，使整个课堂教学快速、高效、事半功倍。课堂是学生的课堂，课堂教学的主体是学生，因此在教学中要考虑如何鼓励学生观察、提问、归纳以及培养独立、创造性思维，自己去发现知识。

二、充分利用现代化教学手段，开展有意义的教学活动

根据美国哈佛商学院有关人员的研究资料表明，人的大脑每天通过五种感官接受外部信息的比例为：味觉1%，触觉1.5%，嗅觉3.5%，听觉11%及视觉83%。这一研究表明，如果我们单纯使用口头讲授的方法，学生只能通过听的渠道获取大部分的信息，其潜在能力只能被挖掘11%。而充分利用现代化的教学手段，如投影、幻灯及录像等，在单位时间内提高各种信息的活动强度，最大限度地刺激学生的各种感觉神经，可于无形中增强学生的记忆力，促使其更好地掌握知识。

现代化的教学手段能引起学生的新奇感、注意力和求知欲，调动他们的学习兴趣和积极性，比教师的单方面讲解更生动、更有效。例如我在教学方位介词in，on，under，behind时，就制作了PPT课件，用一个盒子和一个小圆球来展示小球与盒子的位置关系。当小球在画面中沿着既定轨道缓缓滑动时，吸引了全班学生的注意力，有效地帮助学生掌握了知识。在教现在进行时态时，我在网上下载了一些动态图片来配合我的教学，这些动态图片也极大地调动了学生的学习兴趣，使教学达到了事半功倍的效果。

三、创设轻松愉快的外语环境和教学气氛，注重语言激励

轻松愉快的课堂气氛，师生融洽的情感，不仅使学生获得情感上的满足，还能激发学生对英语的浓厚兴趣，从而积极主动地参与教学活动，更好地完成学习目标。心理学家罗杰斯认为，成功的教学依赖于一种真诚、理解和信赖的关系，一种充满心理安全感的课堂氛围。因此在英语课上，我注意捕捉每一个有利的契机，多用鼓励式的语言激发他们学习的积极性，使他们乐于学习、主动学习。

对于那些主动发言且回答正确的学生，及时表扬，使他们感受到胜利的喜悦，如：well done, good job, you are clever, excellent等。而对回答错误的学生我从不批评斥责，而是用鼓励诱导的语言保护他们的自尊心。如：It doesn't matter, please think over again. I am sure you can do better next time.等，从而激励他们不要因一次失误而放弃下一次的积极思考。

班里总会有一些学习困难的学生，这类学生的特点是课上不爱发言，就

怕老师提问。对这些学生，我就让他们回答一些简单、容易的问题，使他们也有成就感，维护他们学习的热情，消除他们的心理负担，使他们把学习当成一种乐趣。正如美国教育家斯宾塞提倡的那样，要让学生带着快乐的情绪去学习，变求知为一件快乐的事，那么学好英语也就不再是一件难事了。

四、巧用课堂进行有效复习，增加知识的复现率

德国著名的心理学家艾宾浩斯发现的记忆规律表明，学过的东西不经过复习就会遗忘，而通过及时的复习就会成为人的一种长时间的记忆。学习英语的过程也如此，只注重了学习当时的记忆效果，而忽视了后期的保持和再认同样是达不到良好的效果的。例如英文学习中的单词、短语和句子，甚至文章的内容，都是通过记忆完成的。从"记"到"忆"是有个过程的，这其中包括了识记、保持、再认和回忆。在教学中，我十分注重复习这一环节，因为只有通过反复的复习学生才能巩固所学的知识，同时复习也要讲究方法，才会起到事半功倍的效果。

在课堂教学中，我利用新课前的三至五分钟时间帮助学生复习知识。在复习单词、句型时，我不是以教师说中文让学生翻译的方法，即教师说"气体"学生给出"gas"，教师说"你最好…"学生就要说出"You'd better…"等。这种方式简单，易操作，但是学生会感到很枯燥，毫无挑战性，久而久之学生就会失去兴趣。为了让复习达到预期的效果，我鼓励全员参与，采取"单词、词组、句型与旧知识整合"的方式，即word—phrase—sentence来调动学生的积极性，让学生在积极的思考和激烈的竞争中巩固知识。

例如：在复习初中英语八年级下第六单元单词gas（气体）和poisonous（有毒的）时，我先让学生说出单个单词，然后再问他们："有毒气体"该怎么说呢？学生很快就会把这两个单词进行整合，给出答案"poisonous gas"。为了更好地巩固新单词"poisonous"，我鼓励他们大胆联想，看看谁能够用"poisonous"说出其他短语。学生们积极思考，争先恐后说出了很多以"poisonous"为中心词的短语，如"poisonous water""poisonous food""poisonous milk"等。当学生可以很灵活地运用单词说短语后，我又给他们新的任务，要求他们用所说短语造句。学生的表现欲很强，一个个你争我抢都想在同学、老

师面前展示自己想出的句子。学生的想象力远远超出了我的想象，他们会说出各种各样的句子。如："Poisonous water is bad for our health." "It is poisonous food." "The boy drank some poisonous milk."

这种方法在复习句型时更能达到惊人的效果。举例如下：在复习句型"stop doing"时我鼓励他们比一比，看看谁造的句子多，学生你一句我一句，层出不穷。待他们熟练掌握后，我又给他们提出新的目标：请用所学过的句型why not，make sb do，You'd better，too...to等与"stop doing"整合，至少用上两个，当然越多越好。学生们广开思路，想出许多丰富多彩的句子。如：why not stop smoking? Why not make your father stop playing computer games? 等，大大提高了课堂复习效率。

工作二十多年来，我自始至终在课堂教学中不断地探索和实践，并不断反思教学中的得与失。也正是凭着对教育教学的这份热爱与多年来坚持不懈的努力，我的课堂教学得到了学生的认可和同学科教师的夸奖及校领导的称赞。所任班级的教学成绩也一直在年级中名列前茅。此外，还曾代表学校参加了三次区"春华杯"与"秋实杯"的比赛，并取得了优异成绩。在"绿耕"培训中，代表通州区教师参赛并获得一等奖。

课堂就是教师的舞台，而教师就是一名演员，演员要演好，得到观众的认可，需要付出艰辛的努力，教师的教学何尝不是如此。"路漫漫其修远兮，吾将上下而求索。"新课程改革向每一位教师提出了新的挑战，虽然取得了一些成绩，但我会一如既往地努力下去，因为我知道：在课堂教学中只有让自己更好，才能适应新形势的新要求。

📖 参考文献

[1]席玉虎.当代英语教学实用模式与技巧[M].北京：清华大学出版社，2002.

[2]王松美，林继玲.英语教育与素质教育[M].北京：中华工商联合出版社，2000.

运用数学错题集　促进学生复习习惯养成

王永平

九年义务教育《数学课程标准》中指出："教师要注重培养学生良好的数学学习习惯，使学生掌握恰当的数学方法。"在这一理念的指导下，我着重进行了初中学生数学课后复习习惯的培养和指导研究，并把复习中的纠错环节作为研究的重点，通过建立数学错题集，提高学生复习效果和学习效率。

一、深入了解学生的数学学习现状，分析问题产生的原因

当前，几乎所有教师都苦于学生难教，一部分学生学习习惯差，对于数学学习更是没有心思。主要有以下几种表现：

（一）看到数学就联想到深不可测的题海

学生总认为只要做得多，就不会在考试中因为遇到陌生的题目而束手无策，只要反复地练习就会熟能生巧。于是大搞题海战术，结果导致心力交瘁，最终造成学生害怕学习，逃避学习。

（二）一错再错懊恼自己没有学数学的天赋

学生的错题，教师费了九牛二虎之力才讲解"透彻"，可没过多久，学生还在同类题中犯同样的错误，搞得教师或怀疑学生的智力和上课的专注度，或怀疑自己教学方法上的缺失。可怜我们的孩子心灰意冷，畏惧数学的深不可测，最终放弃，没有学的勇气。

（三）临近考试"眉毛胡子一把抓"

临近考试，数学复习存在两种弊端：要么学生对自己的学习优点和缺点茫然不知，根本做不到查漏补缺；要么"眉毛胡子一把抓"，累得招架不住，自卑丧气，自暴自弃。

针对这些表现，教师要引领学生揭开数学神秘的面纱，让学生亲近数学，

感受到数学的魅力，激发学习的兴趣，这是数学老师面对的最棘手的问题。

二、运用错题集，培养良好的复习习惯

错题源于学生自己的错误，自己集自己的错误，自己分析自己的错误，自己解决自己的错误，可以为学生搭建自己学习数学的平台。通过"错题集"的建立，可以拉近学生与教师的关系，使学生对数学感兴趣，在不知不觉中提升学习的能力。

错题集的设计与要求：

（一）本子要求

每个学生准备好硬皮本一个，保证本子的质量，结实不易脱落。

（二）书写要求

字迹端正、整洁，用钢笔或碳素笔记录。抄题和解题用不同的颜色区分。

具体步骤要求：

第一步：写清错题所属章节；

第二步：采用剪贴的方式搜集错题的题目，也可以抄写错题的题目；

第三步：分析自己错误的原因，可以从学习习惯和学习方法两方面结合分析；

第四步：完成正确的解题过程。

三、使用错题集应注意的问题

（一）集错对象的确立

集错的对象是单元、月末、期中、期末等一些规范性练习、考试中的错题。因为这些考题、练习典型新颖，题目大多出自教师的精挑细选和专家的精心研究，所以题目涵盖知识点丰富，且具有代表性。另一方面，可以节约学生的时间和精力。如果把每天的作业和练习作为集错的对象，学生一定会苦于集错任务的繁重，而惧怕集错，教师也会身心疲惫而放弃集错。

（二）集错时间的确立

每周一次，通常在双休日完成。每次试卷分析完，家庭作业的一部分是抄错题。首先把试卷中自己的错题抄下来，包括粗心的错也要抄下来。然后重新完成错题的解答。让学生详细解答错题，包括填空题、选择题也要有详细的思考过程，以便学生能知其所以然，对错题有深刻完整的掌握。

上周抄的错题，要放到下周做。为什么要安排抄题和做题隔周进行？我们在平时的教学中发现，好多学困生和中等生存在当堂讲解完错题，当堂能顺利解答，但过段时间，一模一样的题目他们就会重新出错的现象。短时的记忆并不代表学生对问题的真正解决。

四、错题集应用

（一）教师层面对错题集的应用

1.错误原因分析

（1）反思教师教学设计、教学过程中的缺陷与不足。

（2）诊断学生的知识基础、学习习惯、思维品质等方面的问题。

2.教学调整

（1）针对自己的教学设计、教学过程中的不足，有计划地调整教师自身的缺陷。（2）针对学生在错题上暴露出的问题，设计有针对性的教学，弥补学生的短处。（3）改进评价。等级评定：不及格，指出存在的问题；及格，指出需要改进的地方；良好，指出需要完善的地方；优秀，指出值得别人称赞的地方。专项评定：字迹端正的"整洁标兵"，解题完善的"做题能手"，分析错因细致入微的"错因卫士"，反思总结一针见血豁然开朗的"反思健将"。

建立一套完善的集错评分制度，将集错的评定作为"数学赋分细则"中的一部分，将其分为优秀（加4分）、良好（加2分）、不规范（减2分），从而让学生重视集错。

（二）学生层面对错题集的应用

1.自我认识

了解自身在数学学习上的缺陷。

2.自我提高

利用错题集改进缺陷，做到有针对性地解决数学问题。

（1）错题集循环利用的时间。在单元考试和期中期末临考复习时，不必再搞所谓的"题海战术"。教师可以让学生拿出自己的错题集，解答自己的错难题，在最短的时间内最有针对性地给自己查漏补缺，再次反思自己在解题过程中学到的方法，吸取经验教训。这样既能让学生学习到最有用的数学，还可以让学生最有效地学习数学。

漫长的寒暑假，教师担心学生会遗忘一学期所学的知识，所以布置大量的作业加以巩固。而学生讨厌让他们喘不过气的作业，埋怨教师不善解人意。这时，错题集又可以将矛盾化解。教师可以让学生在假期里重温错题集里的错题，规定每天做3-5道，抄下题目，然后做个自我小检测。对再次错的习题决不放过，做上记号，第二轮再做，直到全部攻克。

（2）错题集循环利用的方式。方式一：学生合作——学生出卷，学生批改。每周一次，大约30分钟的时间，进行错题大盘点，检验自己对错题的掌握情况。可以为学生准备一张白纸，同桌两人为一组，在对方的错题集中抽抄5道对方的错题，然后交于对方解答。等对方完成后，批阅对方的解答（可参阅对方错题集里的正解），向对方反馈解题的情况，评出成绩，订正完成后上交教师。教师最后了解学生掌握的情况，并强调对再次做错的题要做上记号。利弊分析：利为体现自主，亲身体验；弊为难把规范关，费时较多。

方式二：师生合作——教师出卷，学生测验，教师批改。教师从学生的错题集中搜集学生集中性的错题出一份卷子（题量适中），周五进行检测，当天订正完成。利弊分析：利为易形成规范，节省时间；弊为学生自主性降低，能力培养相对较弱。

通过一年多的实验，取得了明显的效果。大部分学生的复习时间有所减少，但学习成绩明显提高，养成了课后复习的习惯，还有学生利用其他形式进行阶段复习,例如数学小报、思维导图等。不仅如此,通过错题集的使用,还提高了学生数学学习的自我监控能力,而且有利于教师及时发现学生知识缺陷,反思课堂教学中的不足。通过对错误的分析和整改,有针对性地解决问题,提高课堂教学效率,在一定程度上达到轻负优质的目的,促进了学生学习的积极性和主动性,数学学习兴趣也提高了,学生学得更好、更轻松、更愉快。

寓环保教育于生物教学之中

周金秀

中学生物课程与环境知识息息相关，中学是培养青少年认识环境、热爱环境、自觉地保护环境的重要阶段，是对青少年渗透环保教育的重要阵地。在初中生物教学中应该有意识地渗透环境保护教育，增强环境保护的意识和责任感，培养学生养成关爱环境的习惯。

一、立足教材，将环境教育渗透到相关知识点教学中

教材中关于水的知识，只是简单讲授水的作用，对我国水资源的现状及保护措施没有涉及。在讲课过程中，我进行适当的拓展，培养学生的环保意识。水是生命的源泉，是农业的命脉，是工业的血液。我国的水资源严重不足，北京更是严重的缺水城市，人均水资源占有量不足世界平均水平的四分之一，可是有些人仍肆意地浪费、污染水源，任凭水"哗哗"地流淌。节约用水是全社会共同的责任，也是一种美德。家庭是社会的细胞，节约用水必须从家庭做起，从我做起。

"假如地球上只剩下最后一滴水，那么就是我们的眼泪。"当我重复这一句话时，我感到同学们的心不禁地紧张起来，害怕真有这么一天。我追问：你家是怎样节水的？同学们畅所欲言，归纳起来有四方面：首先是思想上高度重视，时刻以没有水就没有生命。其次做到一水多用，洗淋浴时调节冷热水比例，不要让喷头的水自始至终地开着，底下放一个澡盆，预备两个收集废水的大桶，以备冲厕所。淘米水是天然的去污剂，而且无任何副作用。比如，浅色衣服用淘米水浸泡一下，然后用肥皂洗涤，就会洁净如新。又如，有油污的碗、碟等炊具，仅用淘米水洗就能光亮如初。新鲜蔬菜、水果用淘米水浸泡10~15分钟，然后用清水多冲洗几遍，降低农药的伤害。第三，在生活中，安装节水龙头，尽量最小化，下面放置水桶，收集起来二次

利用。衣服量少手洗、量多机洗，选取半自动洗衣机，收集废水擦地、冲厕所等。再者，洗车用水桶接水擦洗，不去汽车美容店，不仅节约水，还节约不少开支呢。最后，号召每个家庭有专门负责人定期记录水表、进行核对，严格控制水量。

同学们纷纷表示，节水生活要从我们身边的小事做起，从现在做起，并逐步唤起公众的节水意识，保护水资源，不要让最后一滴水成为我们的眼泪！

二、丰富课外活动，强化环境意识

采用适合学生特点、丰富多彩的课外活动，对学生进行多层次的环境教育，可促进学生树立牢固的环境意识，培养良好的环保行为。我开展的课外教育活动主要有三类：

（一）宣传文艺活动

每学年都要就环境教育开展一系列的主题教育活动。一年一度的"植树节""地球日""世界环境日""人口日""爱鸟周"等都是我们传统的环境教育活动。配合有关主题，举办环保知识讲座，组织学生进行演讲比赛、征文比赛，利用黑板报、手抄报进行宣传展览，排演环保节目，进行环保知识问卷调查等，这样使学生对环境保护有了新的认识。

（二）环保教育与社会实践活动相结合

除了在课堂上进行环保教育以外，还可要求学生在日常生活中要尽量符合环保的要求，让学生亲自参与到环保活动中来。如建议学生采集化工厂排污口附近的土壤和有机质丰富的土壤，进行植物栽培；老师发给学生几种植物的种子，让学生播种，观察出芽及生长状况，进行记录。通过观察，同学们发现化工厂排污口附近的土壤出芽率很低，叶子枯黄，生长缓慢，有的萎蔫一段时间后死亡，正常土壤的植物种子出芽率高，叶色浓绿，生长健壮。再结合食物链和食物网的知识，发现动物等级越高，体内含有的有毒物质越多。由此可见，环境与生物关系很大。我又让学生展开充分的讨论：我们该怎样保护环境呢？学生归纳如下：①植树造林，不乱砍滥伐。②垃圾分类处理，节约用电，节约用纸，不乱扔废电池。为了拒绝"白色污染"，倡导使用环保饭盒。③少用塑料袋、一次性筷子和饭盒等。结合校园绿化设计，每年的3、4月份组织学生在学校内开展植树、绿化活动等，组织学生调查附近的工厂、小河、垃圾处理场、生活小区等，当他们看到污浊的河水、遍地的垃圾、工厂排出的废气、公路上的尘埃时，自然就会明白环境保护的重要性，并自觉行动起来保护环境。

通过以上活动，让学生切身体会环境对生物的影响，进一步认识环保行动的重要性，使他们真正具备保护环境的责任心和使命感，认识环境保护的紧迫性和长期性，从而自觉养成保护环境的好习惯。从我做起，从身边做起，真正成为生态环境保护的主人。

（三）环保兴趣小组活动

成立环保兴趣小组，参加生物园的建设，培植各种植物，学习饲养小动物，进行如香烟对蚯蚓生活的影响、酸雨对植物和小鱼的影响、家蚕变态发育的观察等小实验。学生对这些活动都有浓厚的兴趣，这样不仅开拓了学生的视野，而且也培养了学生的观察、分析、动手能力。

通过渗透环保教育，起到了"润物细无声"的作用，学生在不知不觉中养成了保护环境的好习惯。讲究卫生，随手关灯，用自带水杯喝水，少买饮料，用环保袋买菜，珍惜粮食，爱惜一草一木。学生主动对家人、朋友宣讲环保知识，不断弹奏绿色旋律，播种绿色希望。

地球是我们生存的家园，破坏生态环境的后果必然是毁灭人类自身。保护环境，势在必行，在教学中渗透环保教育，增强学生的环保意识，为保护环境、美化家园做出贡献。